Kräuter & Gewürze

das Kochbuch

Susanne Bodensteiner | Reinhardt Hess | Bettina Matthaei
Kräuter & Gewürze
das Kochbuch
Fotos: Westermann Studios GbR
Jan-Peter Westermann,
Nikolai Buroh, Bea Singer

EINFACH GUT WÜRZEN

Seit jeher sind Kräuter und Gewürze für uns etwas Vertrautes und doch immer wieder etwas Besonderes. Wer in der Kunst des Würzens bewandert ist, der gilt als guter Koch. Denn er weiß um die verschiedenen Aromen und um deren Zusammenspiel auf Zunge und Gaumen. Folglich schmeckt es an dessen Tisch einfach besser, vielfältiger, aromatischer. Würzen nämlich bedeutet mehr, als Speisen nur mit Salz und Pfeffer abzuschmecken.

Zu früheren Zeiten waren manche Gewürze teuer wie Gold und wurden auch bisweilen damit aufgewogen. Denn im kühlen Mitteleuropa wuchsen die wenigsten. Meist hatten die begehrten Spezereien einen weiten Weg hinter sich, bis sie in Europa landeten. Viele kamen zu Land oder zu Schiff aus dem fernen Orient, später auch aus der Neuen Welt. Nicht anders war es mit den Kräutern. Zahlreiche mediterrane Kräuter wurden als Samen oder zarte Pflänzchen von Mönchen gen Norden über die Alpen getragen, andere erreichten Europa erst im Gefolge von Christoph Kolumbus.

Von dieser wechselvollen Geschichte ahnen wir heute kaum etwas, wenn wir vor dem Gewürzregal im Supermarkt oder dem Kräuterstand auf dem Wochenmarkt stehen. Anders als früher, steht uns heute eine breite Palette von Kräutern und Gewürzen aus aller Welt zur Verfügung. Und wenn wir ein bestimmtes Kraut mal nicht finden, können wir es selbst ziehen. Sogar ausgefallene Samen und Pflanzen gibt's mittlerweile im Fachhandel oder Internet.

Aber was tun mit dieser ganzen Vielfalt? Wie verwendet man die einzelnen Kräuter und Gewürze richtig? Was passt zu welchem Gericht? Und – ob frisch oder getrocknet, ob als Pulver oder Paste – was gibt welchen Geschmack? All diese Fragen beantworten die folgenden Kapitel. Ein ausführliches Lexikon stellt Ihnen heimische wie auch exotische Kräuter und Gewürze vor. Die anschließende Küchenpraxis gibt Auskunft über den Anbau im eigenen Garten, über die optimale Vorbereitung in der Küche und über die richtige Aufbewahrung. Hier finden Sie viele Ideen und Rezepte für Würzmischungen, Marinaden, Essige und Öle. Der Rezeptteil schließlich führt Sie an den Herd. Jetzt können Sie nach Herzenslust mit den verschiedenen Aromen jonglieren. Tauchen Sie ein in die wundervolle Welt der Kräuter und Gewürze, denn gut würzen ist ganz einfach.

Lexikon und Küchenpraxis: die wichtigsten Kräuter und Gewürze und ihre Verwendung in der Küche.

Rezepte: einfach köstlich gewürzt und raffiniert abgeschmeckt. Mit vielen Vorschlägen für Würzvarianten.

Nachschlag: Register und nützliche Bezugsadressen.

LEXIKON

Kräuter und Gewürze geben vielerlei Gerichten erst ihre besondere Note. Hier die Basics im Überblick.

AGAVENDICKSAFT

Der eingekochte Saft der Agaven hat eine höhere Süßkraft als Zucker. Sein Geschmack ist aber dennoch mild und am ehesten mit Honig zu vergleichen. Agavendicksaft enthält als Kohlenhydrate nahezu ausschließlich Fruchtzucker, er ist daher als Süßungsmittel für Diabetiker geeignet.

AHORNSIRUP

Den eingedickten Saft des Ahornbaums gibt es »light amber« (mild), »medium amber« und »dark amber« (dunkel und mit kräftigem Karamellgeschmack). Die höchste Qualitätsstufe ist »100 % pure, US Grade A«. Zum Süßen von Eis, Mehlspeisen wie auch für pikante Saucen verwenden.

AMCHOOR

Das weißlich gelbe Pulver besteht aus unreif geernteten, getrockneten und dann gemahlenen Mangos. Es schmeckt fein säuerlich mit einem leicht harzigen mango-typischen Beigeschmack. Amchoor wird in der indischen Küche vorwiegend für vegetarische Linsengerichte (Dals) verwendet.

ANGOSTURA

Ursprünglich als Medizin gegen Magenbeschwerden entwickelt, wurde Angostura erst nach und nach in die Küche integriert. Kein Barkeeper kommt ohne den klassischen Spritzer Angostura aus, der ebenso gut zu Softdrinks wie auch zu Marinaden für Steaks und in Salatsaucen passt.

ANIS

Süß, sehr aromatisch, dabei ein wenig scharf und lakritzartig. Anis passt gut in mediterrane Fischgerichte, ebenso in Currys und ist ein beliebtes Brotgewürz. Er gibt Gebäck und Likör sein unverwechselbares Aroma. Die sichelförmigen, graubraunen Samen verwendet man ganz oder gemahlen.

BÄRLAUCH

Wildkraut, im Frühjahr im Wald, aber auch in Gemüseläden zu finden, nur frisch zu verwenden. Schmeckt etwas zwiebelartig und zart nach Knoblauch. Die Blätter ähneln denen des giftigen Maiglöckchens, duften aber kräftig nach Knofel. Bärlauch wächst auch an schattigen Plätzen im Garten.

BASILIKUM

Appetitanregender Star der italienischen Küche mit frischem, würzig kräftigem Geschmack. Kleine Blätter bergen das stärkste Aroma. Basilikum nicht mitgaren, trocknen oder einfrieren, sondern nur frisch verwenden. Frisch-würzig: Zitronenbasilikum, das nicht nur Desserts veredelt.

Basilikum wird meist in Töpfchen angeboten. Sie dürfen frühestens Ende Mai raus, denn sie überleben kühle Frühlingsnächte nicht. Für eine lange Ernte immer ganze Stiele oberhalb der untersten Blätter abschneiden. So können immer wieder neue Blättchen nachwachsen.

BERBERITZEN

Die kleinen Früchte bieten zugleich Säure und fruchtige Frische. Sie passen zu vielen orientalischen Gerichten, zu Reis, Lamm und Desserts. Am besten frisch verwenden. Getrocknete Berberitzen kurz vor der Verwendung einweichen, dann werden sie wieder schön prall.

BERGBOHNENKRAUT

Das immergrüne Bergbohnenkraut ist robust, mehrjährig und schmeckt würziger als das zartere Bohnenkraut. Sein bestes Aroma besitzt es vor oder während der Blüte. Deshalb am besten vor der Blütezeit ernten. Das Kraut sollte mitgekocht werden und behält auch getrocknet den Geschmack.

BITTERMANDELN

Bittermandeln enthalten geringe Mengen giftiger Blausäure. Daher diese Mandeln niemals roh verzehren, sondern nur zum Backen oder Kochen verwenden. Hitze nämlich zerstört das Gift. Alternativ Mandeltorten und -cremes mit ungefährlicher Bittermandelessenz aromatisieren.

BITTERORANGEN

Die auch Pomeranze genannte Zitrusfrucht ist die Urform aller Orangen. Aus ihr stellt man etwa die berühmte schottische Orangenmarmelade her, außerdem Orangeat und Liköre. Aus ihrer Schale werden appetitanregende Tees und Tinkturen hergestellt und sogar ein neuer Süßstoff.

BOCKSHORNKLEE

Bitter und aromatisch, mit leichter Schärfe. Wichtiger Bestandteil von Sambaar Powder, Panch Phoron und vielen Currymischungen. Die kleinen, gelbbraunen Samen sind steinhart. Geröstet lassen sie sich leichter mahlen, verlieren dann aber schnell ihr Aroma. Darum immer frisch mahlen.

BORRETSCH

Auch Gurkenkraut. Die behaarten Blätter schmecken frisch, leicht säuerlich und wirklich etwas nach Gurke. Zarte Blätter gibt es fast das ganze Jahr, sie passen zu Salaten und Eiern. Die leuchtend blauen Blüten sind essbar und sehr dekorativ. Im Garten samt sich die einjährige Pflanze selbst aus.

BRENNNESSEL

Schwierig ist nur das Sammeln, denn die Brennhaare hinterlassen juckende Quaddeln. Also Handschuhe anziehen und das Kraut vor der Verwendung kurz blanchieren. Zarte Blätter schmecken streng und herb-gemüsig; gut als Salat oder wie Spinat zubereitet. Etwas Sahne mildert die Herbheit.

BRÜHWÜRFEL & FLEISCHEXTRAKTE

Gekörnte Brühen und Brühwürfel auf Basis von Rinder- oder Hühnerbrühe verbinden Salziges und Würziges (Umami) mit dem typischen Fleischgeschmack. Ideale Basis für Suppen und Eintöpfe. Feiner sind reine Fleischextrakte und Fonds.

CHILIS, FRISCH

Im Supermarkt bekommt man die Sorte »Dutch Red« sowie einige südeuropäische Arten (Peperoncini, Peperone) und kleine, sehr scharfe Thai-Chilis. Grüne Chilis sind unreif geerntet und etwas milder als reife, rote Schoten. Für mexikanische Sorten in Spezialgeschäften oder auf Märkten fragen.

CHILIS, HALTBAR GEMACHT

Wer ausgefallene Sorten ergattert hat, kann sie mit einer Nadel auf einen Faden aufziehen und in der Sonne trocknen. Danach trocken, kühl und dunkel lagern. Getrocknet sind Chilis oft noch schärfer als frisch. Haltbar sind auch eingelegte Chilis, die aber an Schärfe und Aroma verlieren.

CHIILISAUCEN

Seit über 130 Jahren gibt es »Tabasco« – das erste Markenprodukt seiner Art. Es gibt das klassische rote und das mildere grüne. Das asiatische Sambal Oelek ist beißend scharf, Sambal Manis süßlich und milder. In Nordafrika schärft man mit Harissa. All diese Pasten kann man auch bei uns kaufen. Daneben führen Asienläden unzählige scharfe Saucen. Die wohl bekannteste ist die hellrote süßscharfe Chilisauce zum Würzen von Hähnchen. Man erkennt sie an den vielen Chilisamen. Sie eignet sich auch als Dip. Die Schärfe anderer Saucen basiert auch auf Zwiebeln oder Pfeffer.

CURRYBLÄTTER

In Asienläden findet man die Zweige mit myrtenähnlichen Blättern, deren Geschmack an Bockshornkleesamen und Kurkuma erinnert. Sie würzen asiatische Schmor- und Currygerichte aromatisch scharf. Mitgaren, vor dem Servieren entfernen. Getrocknete Blätter haben kaum Aroma.

CURRYKRAUT

Die gelb blühende Pflanze mit weißfilzigen Blättern hat mit Currygewürz nichts zu tun. Es ist die Mittelmeer-Strohblume, die rund ums Mittelmeer gedeiht. Ihr herbes, leicht bitteres Aroma erinnert an Tannennadeln. Passt frisch und getrocknet zu Suppen, Gemüse und Schmorgerichten.

DILL

Fein gefiedertes Grün, das kurz vor der Blüte am intensivsten schmeckt. Klassisch zu Fisch, Gurken und Senf. Kombiniert mit Säure und Zucker entfaltet Dill sein leicht herbes Aroma am besten. Nicht garen, nur frisch über fertige Gerichte streuen. Gurken mit getrockneten Blütendolden einlegen.

DUFTPELARGONIEN

Die duftenden Geranien lassen sich leicht in Töpfen ziehen. Sie riechen und schmecken, wie ihr Name sagt: Es gibt Zitronen-, Rosen-, Pfefferminz-, Ananas-, Zimtpelargonie und viele mehr. Die Blätter können das ganze Jahr geerntet und frisch für Salate, Desserts und Konfitüren verwendet werden.

EPAZOTE

Das mexikanische Kraut ist leicht aus Samen zu ziehen, wächst auch in Griechenland und ist bei uns in Kräuterhandlungen zu finden. Den an Zitrone und Terpentin erinnernden typischen Geruch und Geschmack haben nur frische Blätter, die man über Bohnengerichte und Rührei streut.

ESSIG: ACETO BALSAMICO

Der edelste und teuerste Essig hat die Farbe von Ebenholz. Er reift nacheinander in Fässern aus verschiedenen Hölzern. Ausgangsprodukt dafür ist nicht Wein, sondern eingekochter Traubenmost. Die beste Sorte muss mindestens zwölf Jahre reifen und nennt sich »tradizionale«.

ESSIG: OBSTESSIG

Der bekannteste seiner Art ist der Apfelessig – ein beliebtes Allheilmittel. Doch mit seiner fruchtig-frischen Note ist er auch ein wohlschmeckender Sauermacher für Salate und Rohkost. Es gibt jedoch auch Obstessige aus Himbeer-, Zwetschgen-, Heidelbeer- oder Kirschwein.

ESSIG: REIS- | KOKOSESSIG

Reisessig schmeckt feinsäuerlich und ist eine unentbehrliche Zutat in der asiatischen Küche. Dagegen schmeckt Kokosessig deutlich saurer und zitroniger. Er eignet sich besonders zum Marinieren von Fisch für Currys und andere exotische Gerichte.

ESSIG: WEINESSIG

Entscheidend ist immer die Qualität des Weines, aus dem der Essig hergestellt wird. Ideal sind sortenreine Rot- oder Weißweinessige mit Angabe von Sorte, Herkunft und Jahrgang. Aromatisierte Weinessigsorten erhält man durch zugesetzte Säfte, Gewürze oder Kräuterauszüge.

ESTRAGON

Gehört wie Kerbel zu den »Fines herbes« der französischen Küche und harmoniert gut mit Säure. Feinwürziges Aroma mit lieblicher Note hat französischer Estragon, herber und leicht bitter ist der russische, der auch größere Blätter hat. Die Blättchen frisch genießen oder mitgaren.

FENCHEL: GEWÜRZFENCHEL

Die dillähnliche Pflanze bildet im Gegensatz zum Gemüsefenchel keine Knollen aus. Verwendet werden die zarten Blättchen und die fleischigen Stängel. Sie schmecken süß-würzig nach Anis und verleihen Salaten, Suppen und Saucen eine aromatische Note. Die Stängel taugen auch als Gemüse.

FENCHELSAMEN

Die getrockneten kleinen Spaltfrüchte des Gewürzfenchels stammen ursprünglich aus dem Mittelmeerraum. Mit ihrem süßen, anisartigen Aroma würzen sie in den Küchen Europas u. a. Brot, Gebäck, Linsen und Salami. In Asien schätzt man sie für Currys, Gemüse und Reisgerichte.

FISCHSAUCE/AUSTERNSAUCE

Aus der südostasiatischen Küche sind Fischsaucen nicht wegzudenken. Die bekanntesten Sorten sind die thailändische »Nam Pla« und die vietnamesische »Nuoc Mam«. Die dickflüssige Austernsauce schmeckt übrigens kaum nach Austern, sondern angenehm würzig-süßlich.

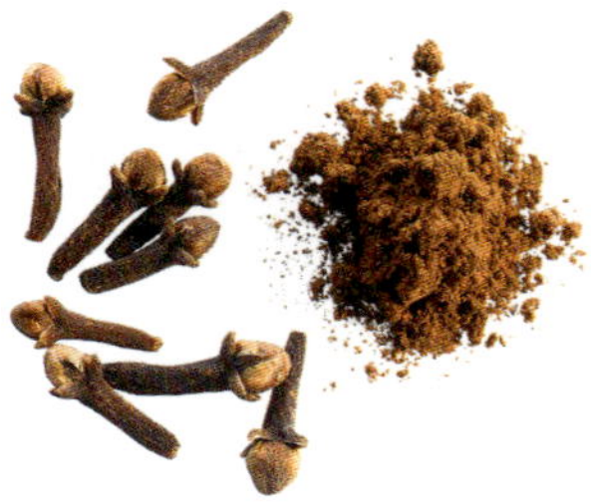

GEWÜRZNELKE

Intensiver, aromatisch-warmer, süßer Geruch. Starker brennender und würziger Geschmack. In vielen Gewürzmischungen enthalten. Die ganzen schwarzbraunen getrockneten Blütenknospen verwendet man vor allem für Punsch und Glühwein. Gemahlen vorsichtig dosieren, da sehr intensiv.

GRANATAPFELSIRUP

Der bräunliche Sirup schmeckt fruchtig und säuerlich. Er gibt arabischen sowie persischen Gerichten mit Auberginen, Walnüssen und Hähnchen ein einmaliges Aroma. Unbedingt den ungesüßten Sirup kaufen, keine süße Grenadine! Erhältlich im Feinkostregal oder im Orientladen.

HONIG: BLÜTENHONIG

Am üblichsten ist Mischblütenhonig. Sortenreiner Honig variiert stark in Farbe, Konsistenz und Geschmack: z. B. der cremig weiße, milde Kleehonig, der helle, klare und zartsüße Akazienhonig oder der herbwürzige, goldbraune Heidehonig. Lagenhonig entstammt einer bestimmten Region.

HONIG: WALDHONIG

Tannen- oder Waldhonig wird nicht aus Blütennektar gewonnen, sondern aus Honigtau, einem Sekret von Pflanzensaft saugenden Insekten. Die Bienen verarbeiten ihn zu Honig. In der Farbe variiert er von bernsteinfarben über rotbraun bis schwarz. Er schmeckt würzig-aromatisch.

INGWER

Zu feinen Kräuteraromen am besten frischen, jungen Ingwer wählen. Sein saftiges Fleisch, das von einer hauchdünnen, straffen Haut umhüllt ist, besitzt zwar schon den typisch zitronig scharfen Geschmack, jedoch noch nicht die dominante Geschmacksintensität älterer Wurzeln.

KAFFEE/ESPRESSO

Der echte Kaffeefan trinkt ihn schwarz und ungesüßt. Sein leicht bitterer Geschmack wird jedoch auch in der Küche geschätzt. Kaffee verträgt sich gut mit Süßem: als Eiskaffee, in Tiramisu, in Kaffeelikör oder Moccacremes. Er würzt aber auch Gemüse-, Fisch- und Fleischgerichte.

KAFFIRLIMETTENBLÄTTER

In Südostasien nimmt man zum Würzen nicht nur Saft und Schale, sondern auch die Blätter des Baums. Sie werden wie Lorbeerblätter im Ganzen mitgegart und verleihen Gerichten eine fein zitronige, aber nicht saure Note. Die glänzenden dunkelgrünen Blätter sind auch gut einzufrieren.

KAKAO

Aus den fermentierten und getrockneten Samen des Kakaobaums gewonnenes Pulver. Kakaopulver ist stark bitter. Erst Zucker und Sahne oder Milch machen daraus das beliebte Getränk. Kakao ist die Hauptzutat für Schokolade und wird auch gerne für Desserts und Gebäck verwendet.

KAPERN

Sie sind ein Klassiker unter den Sauermachern. Kapern sind unersetzliche Zutat für Königsberger Klopse und Vitello tonnato oder Nizzasalat. Sie peppen aber auch Vinaigrettes und Kartoffelsalate auf, krönen so manchen gegrillten Fisch und verleihen Pizzas und Tomatensaucen säuerliche Würze.

KARDAMOM

Charakteristisch im Aroma, im Geschmack süßlich-harzig, brennend mit herber Note. Am besten die ganzen Kapseln kaufen, sie bewahren das Aroma der darin liegenden schwarzen Samen. Die Kapseln im Mörser leicht anstoßen und mitkochen oder aufbrechen, die Samen rösten und mahlen.

KARDAMOMBLÄTTER

Kardamom wird manchmal auch als »Zimtstrauch« in Gartencentern angeboten. Die lanzettförmigen Blätter würzen dezent wie eine Mischung aus Kardamomsamen und Zimt, aber süßlicher und milder. Frische Blätter klein geschnitten in indischen Gerichten oder in Reis mitgaren.

KERBEL

Die filigranen Blättchen geben Suppen und Salaten, Fisch und Gemüse einen süßlich frischen, leicht anisartigen Geschmack – am besten im Frühjahr. Nicht mitkochen, sondern immer frisch kurz vor dem Servieren unterrühren. Weniger süß mit Anklängen an Sellerie ist wilder Wiesenkerbel.

KNOBLAUCH

Das ätherische Öl Allicin macht den Kräuterliebhaber so unverwechselbar in Geschmack und Duft. Erntefrischer Knoblauch (im Juni, Juli und August) hat pralle, saftige Zehen und leicht feuchte, rosafarbene Haut. Getrocknet sollte er fest, ohne grüne Triebe oder braune Flecken sein.

KNOBLAUCH-HEDERICH

Die alte Salatpflanze, auch Knoblauchsrauke genannt, wächst an Waldrändern und in Parks. Die herzförmigen Blätter sind weich, zart und duften dezent nach Knoblauch. Frische Blätter sind das ganze Frühjahr zu sammeln, sie schmecken würzig und nussig. Roh als Salat, in Quark oder als Gemüse.

KORIANDERGRÜN

Das auch chinesische Petersilie genannte Kraut der Korianderpflanze steckt in Currypasten und verleiht vielen asiatischen wie auch lateinamerikanischen Gerichten ihren charakteristischen mild-pfeffrigen Geschmack. Das Kraut am besten nicht mitgaren, sondern frisch aufstreuen.

KORIANDERSAMEN

Holzig-nussiges und würziges Aroma, im Geschmack süßlich mit leichter Schärfe und an Orange erinnerndem Akzent – ganz anders als das Koriandergrün. Die kugeligen hellbraunen Samen (3–4 mm Ø) am besten ganz kaufen und frisch mahlen. Trockenes Rösten verstärkt noch das Aroma.

KRESSE

Ob Brunnen-, Garten- oder Kapuzinerkresse – pfeffrig scharf und frisch würzig schmecken die schnellen Sprießer mit ihren Senfölen und Bitterstoffen. Sparsam und nur frisch verwenden. Brunnenkresse darf auch mal mitgaren. Voller Vitamine und einfach schön: Kapuzinerkresseblüten.

Kapuzinerkresse ist unkompliziert: Einfach die Samen in oder auf nährstoffreiche Erde streuen und gießen. Nach einer Woche zeigt sich erstes Grün, nach einigen Tagen kann man ernten. Brunnenkresse benötigt viel Feuchtigkeit. Kresse frisch über Salate oder Gemüsegerichte streuen.

KREUZKÜMMEL (CUMIN)

Kreuzkümmel hat einen intensiven, würzig süßen Duft und einen leicht bitteren, scharfen Geschmack. Das Aroma wird durch Rösten gesteigert. Kreuzkümmel gehört in viele Curry- und Garam-Masala-Mischungen und in die stark gewürzten Gerichte Indiens, Nordafrikas oder Mexikos.

KÜMMEL

Stark aromatisches, warmes Aroma, leicht bitter im Geschmack. Ein klassisches europäisches Brot- und Käsegewürz. Die hell- bis mittelbraunen Kümmelsamen sind leicht gekrümmt und gerippt. Meist werden sie im Ganzen verwendet, man kann Kümmel aber auch gut selbst mahlen.

KURKUMA

Kurkuma hat ein pfeffriges Aroma und einen warmwürzigen Geschmack mit bitterem Nachgeschmack. Es gehört in zahlreiche Gewürzmischungen und gibt vielen Currygerichten ihre goldgelbe Farbe. Mit Kurkuma werden auch Chutneys und nordafrikanische Lammgerichte gewürzt.

LAVENDEL

Häufig als Zierpflanze in unseren Gärten. Seine Blätter und besonders die Blüten eignen sich frisch oder getrocknet gut zum Würzen und Dekorieren. Lavendel schmeckt aromatisch und herb mit leichter Bitternote, der Duft ist markant. Die Blüten verwendet vor allem die südfranzösische Küche.

LIEBSTÖCKEL

Alias Maggikraut: Markant aromatisch wie die Flüssigwürze schmeckt Liebstöckel. Intensiv würzig ist dieser Spitzenkandidat für Suppen und Eintöpfe: Man dosiere ihn also eher sparsam. Schon die alten Römer schätzten das Kraut, vielleicht wegen der aphrodisierenden Wirkung, die man ihm nachsagt.

LIMETTE

Limetten haben ein frischeres und intensiveres Aroma als Zitronen. Sie verleihen nicht nur Drinks, sondern auch vielen Gerichten eine unverwechselbare exotische Note. Beim Einkauf darauf achten, dass sich die Früchte schwer anfühlen, dann sind sie saftreich. 1 Limette ergibt 2–3 EL Saft.

LORBEER

Die ätherischen Öle und Gerbstoffe der würzig bitteren, stark aromatischen Blätter verflüchtigen sich beim Trocknen etwas. Der Lorbeer wird so milder. Ob frisch oder getrocknet: Die Blätter, die gut zu Saurem passen, sparsam dosieren, immer mitgaren und vor dem Servieren entfernen.

LÖWENZAHN

Bis in den Sommer hinein sind zarte, junge Blätter zu finden, die zartherb, ähnlich wie Chicorée, schmecken. Ideal für die Frühjahrskur, da entwässernd. Derbe Blätter in lauwarmes Wasser legen, dann werden sie milder. Als Salat, in Kräuterquark oder als Blattgemüse, die Blüten für Konfitüre.

MAJORAN

Ein Kraut fürs Grobe: Mit kräftig würzigem, zartbitterem Geschmack und starkem Aroma passen die beflaumten Blättchen zu deftigen Eintöpfen mit Kohl, zu Hülsenfrüchten und fettem Fleisch. Majoran steckt in Blut- und Leberwurst und verträgt auch Trocknen und Mitkochen.

MEERRETTICH

Die Wurzel lockt die Tränen wie die schärfste Zwiebel und treibt den Schmerz bis unter die Kopfhaut. Ein Scharfmacher der Extraklasse, den man aber mit Butter, Eigelb oder Schlagsahne etwas mildern kann. Meerrettich gehört zu Karpfen und Tafelspitz. In Österreich wird er Kren genannt.

MINZE: ANANAS- & ORANGENMINZE

Unter den vielen Minzearten mit fruchtigem Duft sind diese beiden besonders beliebt. Ananasminze ist dabei etwas »minziger« und kühlender. Die Orangenminze schmeckt eher fruchtig süß mit einem Hauch Weihrauch. Sie eignet sich gut für Desserts.

MINZE: JAPANISCHE MINZE

Auch Krause Wasserminze genannt. Sehr kräftig würzende, dunkelgrüne Blätter, hoher Mentholgehalt und feines, zartbitteres Aroma. Gedeiht auch bei uns gut. Je nach Sorte erinnert der Duft an japanisches Minzöl, das man daraus gewinnt. Gut auch zum Mitschmoren in asiatischen Gerichten.

MINZE: PFEFFERMINZE

Bekannteste Vertreterin der Minze-Familie, Liebling der orientalischen Küche und auch in Thailand, Vietnam und England beliebt. Ihr hoher Mentholgehalt sorgt für sehr markantes Minzaroma. Am besten frisch, lässt sich jedoch auch trocknen oder einfrieren. Beim Mitkochen verliert sie aber an Aroma.

MUSKATNUSS | MACIS

Beide sind Teile der Frucht des Muskatnussbaums: Macis (Muskatblüte) umhüllt den Samen, der als Muskatnuss bezeichnet wird. Beide haben ein eigenwilliges, intensives Aroma und sind im Geschmack süßlich würzig, bitterscharf und leicht harzig. Macis würzt Suppen und Saucen. Das Gewürz gibt es getrocknet in Stücken, die sich nur schwer mahlen lassen, und fertig gemahlen. Muskatnuss ist ein typisches Gewürz für Lebkuchen, es passt aber ebenso zu Spinat, Käse, Nudel- und Kartoffelgerichten. Am besten frisch reiben und erst am Ende der Garzeit zu den Speisen geben.

MYRTE

Die kleinen, harten Blätter des immergrünen Macchiagewächses (in Gärtnereien als Zierstrauch, es gibt aber auch eine »falsche« Myrte) würzen duftig aromatisch, ähnlich Lorbeer, aber auch herb und recht bitter. Wird in Italien und Südfrankreich zum Würzen von Schmorgerichten verwendet.

OREGANO

Auch wilder Majoran oder Dost genannt. Das Trocknen intensiviert noch seinen Geschmack. Seine vielen Arten haben vor allem verschiedene Blattgrößen. Ob frisch oder getrocknet: Das klassische Kraut für Tomatensauce braucht Hitze, damit sich sein würzig herbes, dezent bitteres Aroma entfaltet.

PAPRIKAPULVER

Das Pulver aus gemahlenen Gewürzpaprikaschoten ist je nach Sorte mild aromatisch (Delikatess und edelsüß), leicht scharf (halbscharf) oder aromatisch scharf bis brennend scharf (Rosenpaprika). Paprika passt gut in Suppen und Saucen oder ganz klassisch in Gulasch und Liptauer.

PETERSILIE

Ob Meerrettich oder Mango: Kaum eine Zutat, zu der Petersilie mit ihrem würzigen Geschmack nach Sellerie und Muskat nicht passt. Für Salate und zum Bestreuen die aromatische glatte Petersilie, zum Garnieren krause verwenden. Zum Mitschmoren eignet sich feste Wurzelpetersilie.

GRÜNER PFEFFER

Grüner Pfeffer ist früh geernteter, noch ganz unreifer Pfeffer, der vakuumgetrocknet oder in Salzlake eingelegt wird. Er ist frisch im Geschmack und etwas weniger scharf als schwarzer oder weißer Pfeffer. Sehr gut harmoniert er z. B. mit Ingwer und Zitronengras sowie mit Zimt.

SCHWARZER PFEFFER

Für schwarzen Pfeffer werden die Beeren des Pfefferstrauchs direkt vor der Reife, gerade noch grün, geerntet und langsam getrocknet, bis sie schwarz sind. Sein Geschmack ist kräftig und aromatisch. Gemahlen verliert er zwar schnell an Aroma, doch im Ganzen ist er lange haltbar.

WEISSER PFEFFER

Hierfür werden reif geerntete Pfefferkörner mehrere Tage eingeweicht, bis die äußere Hülle vom Samenkern abgetrennt werden kann. Weißer Pfeffer ist schärfer und anders im Aroma als schwarzer Pfeffer. Aus optischen Gründen werden die weißen Körner gern für helle Saucen genommen.

PIMENT

Riecht stark aromatisch nach Gewürznelken, Zimt und Muskat, ist auch im Geschmack ähnlich, aber mit leichter pfeffriger Schärfe. Piment passt zu süßen wie zu pikanten Gerichten, zu Glühwein und zu Gebäck. Man kauft Piment am besten als ganze Beeren und mahlt bei Bedarf frisch.

PIMPINELLE

Die rosettenartig wachsende Pflanze, auch Kleiner Wiesenknopf genannt, wächst im Garten und wild auf trockenen Wiesen und Hängen. Verwendet werden die zarten, frischen Blättchen vor der Blüte, die ähnlich wie Borretsch schmecken und Salate, Quark und Kräutersaucen würzig verfeinern.

PORTULAK

Auch als Postelein oder Bürzelkraut mit fleischigen Blättern fast das ganze Jahr frisch erhältlich. An sonnigen Plätzen wächst eine ebenso verwendbare Wildform mit kleineren Blättern. Frischer Portulak ist erfrischend säuerlich und salzig. Er passt in Salate, Joghurt und Saucen.

QUELLER (SALZKRAUT)

Die fälschlich auch als Algen gehandelten Sprossen gedeihen an den Küsten und werden bei uns oft in Fischtheken zur Dekoration verwendet. Sie schmecken pikantsalzig nach dem Meer und werden roh oder auch kurz blanchiert oder gedünstet verwendet. Prima als würzende Salatzutat.

ROSA PFEFFER (SCHINUS)

Der Rosa Pfefferbeeren gehören gar nicht zur Pfefferfamilie und besitzen auch nicht deren ausgeprägte Schärfe. Vielmehr ist Schinus im Geschmack süß-aromatisch, leicht fruchtig und dezent wacholderartig. Er passt gut in die mediterrane Küche und ausgezeichnet zu Fisch. Es gibt die Beeren eingelegt oder getrocknet zu kaufen. Die trockenen Beeren werden für die Pfeffermühle gerne mit weißem und schwarzem Pfeffer gemischt. Sie harmonieren auch gut mit Obst, Desserts und Schokolade.

ROSMARIN

Mit seinem kräftig würzigen Duft und dem harzigen, leicht bitteren Geschmack passt Rosmarin bestens zu Lamm, Geflügel und sonnengereiftem Gemüse. Das eisenhaltige Kraut roh nur sparsam verwenden. Besser Zweige mitschmoren oder mitbraten. Oder die Nadeln abstreifen und mitkochen.

RUCOLA

Das alte deutsche Kraut Rauke nahm einen Umweg über Italien, um als Rucola wieder in unsere Küchen zu finden. Mit seinem herben, leicht nussigen Geschmack (besonders bei wilder Rauke) eignet sich Rucola zum Würzen oder wird pur als Rohkost oder gedünstet als Gemüse gegessen.

SAFRAN

Safran ist das edelste und teuerste unter den Gewürzen. Sein unnachahmliches zartherbes, dabei honigartiges Aroma würzt Gebäck, Paella oder Bouillabaisse. Man sollte immer nur ganze Fäden kaufen, dann ist die Gefahr der Fälschung durch Saflor (Färberdistel) oder Kurkuma geringer.

SALBEI

Blätter mitkochen oder in Butter oder Olivenöl braten. So kommt das würzige, fast strenge Aroma, das etwas an Kampfer erinnert, am besten zur Geltung. Salbei wird auch getrocknet, schmeckt frisch jedoch milder und duftiger. Köstlich und dekorativ sind die kleinen, blassblauen Blüten.

SALZ: HIMALAYASALZ

»Diamanten« nennt man die 3–6 cm großen Salzkristallbrocken auch. Denn in Form und Farbe erinnern viele an den weißen Kluntjes-Kandis. Manche »Diamanten« haben aber auch einen zarten Roséton. Man kann die Kristalle mahlen oder direkt über die Speisen reiben.

SALZ: MALDONSALZ

Aus England kommt dieses begehrte Salz. Das naturbelassene Meersalz bildet charakteristische, pyramidenförmige Kristalle und ist dabei so zart, dass man es leicht zwischen den Fingern zerkrümeln kann. Es ist kräftig salzig im Geschmack und sollte daher sparsam dosiert werden.

SALZ: MEERSALZ

Meersalz wird in Salzgärten (angelegten Wasserbecken) z. B. in Frankreich, Afrika, Portugal und Spanien durch Verdunstung aus Meerwasser gewonnen. Ohne weitere Bearbeitung enthält es wichtige Mineralien und Spurenelemente. Bio-Meersalz stammt aus besonders sauberen Gewässern.

SALZ: SCHWARZES SALZ

Aus Indien und Pakistan kommt das Schwarze Salz. Es ist pulverfein gemahlen, rosagräulich und hat ein ungewöhnliches Raucharoma. Es wird vorwiegend in Nordindien verwendet und ist Bestandteil der Chat Masala, einer speziellen Gewürzmischung für Obst- und Gemüsesalate.

SALZ: SEL DE GUERANDE

Viele Feinschmecker schwören auf das aromatische (Fleur de) Sel de Guerande aus der Bretagne mit seiner typischen gräulichen Farbe und den unregelmäßig geformten Kristallen. Den Namen »Fleur de Sel«, Salzblume, hat dieses Salz von der blütenartigen Struktur der großen Salzkristalle.

SALZ: SIEDE-/SALINENSALZ

Dieses Salz wird aus den Salzschichten im Gestein gewonnen, indem man Grundwasser darüber- bzw. hindurchleitet, das das Salz auflöst. Die so gewonnene Salzlösung wird dann eingedampft. Von diesem Verfahren seiner Herstellung leitet sich auch der Name Kochsalz ab.

SALZ: SPEISE-/TAFELSALZ

Aus Steinsalz oder Meersalz entsteht durch weitere Verarbeitungsschritte raffiniertes, weißes, rieselfähiges Speise- oder Tafelsalz. Im Handel wird dieses Salz auch mit gesundheitsfördernden Zusätzen angeboten, so z. B. mit den Mineralstoffen Jod und Fluorid sowie mit Folsäure.

SALZ: STEINSALZ

Das ursprünglich graue Steinsalz wird aus unterirdischen Lagern abgebaut. Es entstand aus Meerwasser, das vor 200 Millionen Jahren verdunstete. Unbehandelt ist es besonders reich an Mineralien und Spurenelementen. Im Handel wird es in verschiedenen Feinheitsstufen angeboten.

SARDELLEN/ANCHOVIS

Sardellen- bzw. Anchovispaste verwendet man gerne auf Sandwiches mit Ei sowie zum Abrunden von pikanten Saucen, z. B. für Königsberger Klopse. Deutlich würziger sind in Salz oder Öl eingelegte Sardellenfilets. In Salz eingelegte Filets vor der Verwendung nach Belieben kurz wässern.

SAUERAMPFER

Die grasgrünen, pfeilförmigen Blätter entdeckt man leicht auf feuchten Wiesen. Im Frühjahr sammeln. Das Grün schmeckt frisch säuerlich, enthält viel Vitamin C, aber auch Oxalsäure. Also nicht zu viel davon essen. Gut für gemischte Salate und grüne Saucen, Suppen und gedünstet als Gemüse.

SCHNITTKNOBLAUCH

Auch »Knolau« oder »Chinesischer Schnittlauch«. Der Verwandte von Bärlauch und Schnittlauch schmeckt leicht scharf nach Knoblauch und Frühlingszwiebeln, verschont jedoch vor einer Knofel-Fahne. Rundet nicht nur Pfannengerührtes aus dem Wok ab, sondern ist auch als Gemüse beliebt.

SCHNITTLAUCH

Sein frisch-würziges, dezent scharfes Aroma, das er seinem Gehalt an Lauch- und Senfölen verdankt, passt zu allem, was auch Zwiebeln verträgt. Schnittlauch nach Möglichkeit frisch verwenden. Trocknen oder Mitgaren kostet Vitamine und Aroma. Von Mai bis Oktober wächst Schnittlauch im Freiland. Er ist ein dankbares Kraut für Garten oder Blumentopf: Schnittlauch mag Sonne wie Halbschatten und feuchten, nährstoffreichen Boden. Deshalb sollte man regelmäßig gießen und düngen. Am besten mit der Küchenschere schneiden, so bleiben die Röllchen saftiger.

SCHOKOLADE, DUNKEL

Wichtigste Zutat für Schokolade ist der Kakao. Je mehr eine Schokolade davon enthält, desto dunkler und bitterer ist sie. Bei zartbitteren Sorten beträgt der Kakaoanteil 50 %, bittere Sorten enthalten 60–75 % und mehr. Alle eignen sich für Schokoladentorten oder dunkle Mousse au chocolat.

SCHOKOLADE, HELL

Vollmilch- und Milchschokolade hat einen deutlich höheren Anteil an Zucker, Kakaobutter und Milchpulver als zartbittere und bittere Schokolade. Noch süßer ist weiße Schokolade, für die jedoch gar kein Kakao, sondern nur Zucker, Milchpulver und Kakaobutter verwendet wird.

SCHWARZKÜMMEL (KALONJI)

Die kleinen, schwarzen Samen haben einen erdig herben, intensiv aromatischen Geschmack. Man kennt das Gewürz von türkischem und indischem Fladenbrot, oft gemischt mit Sesam. Schwarzkümmel ist auch ein wesentlicher Bestandteil der bengalischen Würzmischung Panch Phoron.

SCHWARZNESSEL

Heißt auch »Perilla«, in Japan »shiso«, in China »chi su«, in Vietnam »tia to«. Wird bei uns in Asienläden oder im Kräuterversand, oft auch in Bioläden angeboten. Sie lässt sich leicht ziehen und verleiht asiatischen Gerichten ein feines, an Zimt und Kreuzkümmel erinnerndes Aroma.

SENF

Keine Bockwurst, keine Vinaigrette kommt ohne Senf aus. Er wird aus gemahlenen Senfkörnern, Salz und Essig hergestellt. Gewürze, Kräuter, Zucker, Früchte, Weißwein oder sogar Champagner geben unzähligen köstlich scharfen Senfsorten den charakteristischen Geschmack.

SESAM

Besonders die ungeschälten Sesamkörner schmecken ausgeprägt herb. Tahini, die aus gemahlenem Sesam gepresste Paste, ist herb und nussig. Sie gehört in viele arabische Gerichte, z. B. in Hoummous (Seite 140), in Suppen und Saucen. Interessant ist Tahini auch als Brotaufstrich.

SIRUP

Der Name Sirup wird für nach unterschiedlichen Verfahren hergestellte Produkte verwendet: Der Saft von Birnen, Äpfeln oder Zuckerrüben wird wie Ahornsaft stark eingekocht. Oft wird auch Fruchtsaft mit Zucker eingekocht oder eine Zuckerlösung mit Pflanzenextrakten aromatisiert.

SOJASAUCEN

Sojasaucen haben inzwischen vielerorts die klassische Flüssigwürze verdrängt. Helle Sojasauce ist salziger und wird eher für Suppen, Dips oder Fisch verwendet. Dunkle Sojasauce ist süßer, würziger und dickflüssiger. Sie passt zu Schmorgerichten mit dunklem Fleisch.

STERNANIS

Duftet lakritzartig wie Anis, aber viel intensiver: warm, süß und aromatisch. Sternanis ist wichtiger Bestandteil des Chinesischen Fünf-Gewürzes. Das Gewürz passt zu süßen und pikanten Gerichten. Sternanis gibt es im Ganzen – so ist er mehrere Jahre haltbar – und gemahlen zu kaufen.

SUMACH

Im Geschmack säuerlich, etwas herb, im Geruch ähnlich. Sumach wird vor allem in der syrischen, libanesischen, iranischen und türkischen Küche verwendet, wo man Fleisch und Fisch vor dem Garen damit einreibt. Meist wird Sumach bereits gemahlen angeboten, selten die ganzen Beeren.

SÜSSMANDELN & KOKOS

Süße Mandeln sind echte Allrounder – als Marzipan, für Gebäck, aber auch in pikanten Suppen und Saucen sowie geröstet in Getreidegerichten. Ähnlich vielseitig ist die Kokosnuss: Als Milch, als Creme, geraspelt oder frisch ist sie aus der indischen und thailändischen Küche nicht wegzudenken.

SZECHUANPFEFFER (FAGARA)

Er ist nicht mit dem Pfeffer verwandt. Bei ihm handelt es sich um die getrockneten Beeren eines Baums, von denen nur die äußere Kapsel, meist geröstet, verwendet wird. Sein Aroma ist warm, holzig und ein wenig zitronenartig, die leicht prickelnde Schärfe entwickelt sich erst nach und nach.

TAMARINDE

Das Mark der Schoten wird vor allem in Südindien zum Säuern verwendet, so z. B. für Chutneys und Currys und für Gerichte mit Geflügel, Fisch und Garnelen. Es gehört auch in die bekannte Worcestersauce. Man findet Tamarinde getrocknet und gepresst oder als Konzentrat in Asienmärkten.

THAI-BASILIKUM, SCHARFES

Würzig, fast arzneiartig duftet »bai grapau«, das »heilige Blatt«, das ursprünglich aus Indien stammt. Es ist deutlich herber als »bai horapha« und darf wie dieses kurz mitkochen. Oder die Blättchen frisch über fertige Gerichte streuen. Gibt's nur in größeren Asienläden, gedeiht gut auf dem Balkon.

THAI-BASILIKUM, SÜSSES

Heißt im Asienladen auch »bai horapha« und ist eines der beliebtesten Gewürzkräuter in der Thai-Küche, aber auch in Laos, Kambodscha und Vietnam. Es erinnert an europäisches Basilikum, schmeckt aber intensiver und hat eine süßliche Anisnote. An den roten Stängeln leicht zu erkennen.

THAI-PFEFFERBLATT

Die derben Blätter schmecken leicht scharf mit feinem, pfefferähnlichem Aroma. Sie werden in der thailändischen und vietnamesischen Küche häufig für Currygerichte verwendet. In Geschäften mit Spezialitäten aus Thailand oder Vietnam unter den Namen »cha plu« oder »la lot« zu finden.

THYMIAN

Ob Gemüse, Fleisch oder Fisch: Mitgeschmorte Zweige verleihen mediterranen Gerichten einen würzigen Geschmack, herrlichen Duft und machen sie bekömmlicher. Zitronenthymian gibt Gerichten zusätzlich eine erfrischende Note, ohne sie zu säuern. Trocknen intensiviert das Aroma der Blätter. Dieses mediterrane Kraut braucht reichlich Wärme und Sonne und liebt trockenen, kargen Boden. Am besten kleine Pflänzchen kaufen und in kalkhaltige Erde setzen. Sparsam gießen. Immer ganze Thymianzweige ernten und am besten die Blättchen oder Zweige mitgaren oder -schmoren.

VANILLE

Parfümartiger Duft, im Geschmack süß, aromatisch und weich. Vanille würzt vor allem Süßes und Gebäck. Ganze Vanilleschoten werden meist einzeln in durchsichtigen Glasröhrchen angeboten. Man verwendet die winzigen schwarzen Samen aus dem Inneren der Schote und die Schote selbst.

WACHOLDER

Angenehm bittersüß, aromatisch würzig, leicht harzig. Wacholder passt gut zu Lamm, Schwein und Wild. Er wird für Liköre, Magenbitter und vor allem für Gin verwendet. Man kauft Wacholder als ganze Beeren, die man im Mörser zerdrückt oder auch in der Pfeffermühle mahlen kann.

WASABI

Scharf wie Meerrettich und frisch im Geschmack. Besser nur in winzigen Mengen verzehren! Frische Wasabiwurzel gibt es nur in Japan, bei uns erhält man Wasabi als Paste (Tube) oder als Pulver zum Anrühren. Der grüne Wasabi ist ein Muss bei der Zubereitung von Sashimi und Sushi.

WEINRAUTE

Diese Rautenart mit gelappten Blättern wächst auch bei uns wild in Weingegenden. Ihr Aroma ist sehr stark und mit keinem anderen Kraut vergleichbar. Die Weinraute würzt einerseits würzig süßlich, andererseits ziemlich bitter. Sparsam für Eiergerichte, Salat und Gemüse verwenden.

YSOP

Das Pflänzchen gedeiht an sonnigem Platz auf leicht kalkhaltiger Erde. Schon in der Bibel wird es erwähnt. Der herbe, leicht bittere Geschmack erinnert etwas an Thymian und Salbei und bereichert neben orientalischen Speisen auch die klassische Frankfurter Grüne Sauce. Am besten frisch.

ZIMT

Stark aromatisch, süß, holzig und warm. Ceylonzimt duftet und schmeckt deutlich feiner als chinesische Kassia, die zudem noch eine bittere Note hat. Es gibt Zimt fein gemahlen oder in Stangen zu kaufen. Kassia für würzigere, Ceylonzimt für feinere und süßere Speisen verwenden.

ZITRONE

Sie ist der Sauermacher der Wahl für Fisch, Salat, Gebäck und Desserts. Vorzugsweise Bio-Zitronen kaufen, denn die hauchdünn abgeschnittene oder abgeriebene Schale ist ein unverzichtbares Gewürz. Zitronen geben mehr Saft, wenn man sie vor dem Pressen mit kräftigem Druck rollt.

ZITRONENGRAS

Es würzt Suppen und Currys und passt besonders gut zu Geflügel oder Fisch in Kokosmilch. Der verdickte untere Teil der Stängel wird ohne die groben Hüllblätter in dünne Scheiben geschnitten oder zu einer Paste zerrieben. Die restlichen Teile kann man mitkochen und später entfernen.

ZITRONENMELISSE

Die Blätter des auch als Heilpflanze (Melissengeist, Tee) bekannten Krauts bezaubern mit zartem Zitrusduft und Zitronenaroma. Im Garten ist Zitronenmelisse einfach zu ziehen, sodass immer frische Blätter für Salate und süße Gerichte da sind. Nicht zu sehr zerkleinern, nie mitkochen.

ZUCKER: BRAUNER ZUCKER

Brauner Zucker ist mit Melasse (Rohzuckersirup) gefärbter weißer Zucker oder wird durch Karamellisierung aus weißem Zucker gewonnen. Er schmeckt angenehm würzig, passt sehr gut zu Früchtebrot und Lebkuchen, steigert aber auch den Geschmack von Saucen und Braten.

ZUCKER: KANDISZUCKER

Die weißen oder braunen Stücke entstehen beim Auskristallisieren von Zuckerlösung. Mit großen, weißen »Kluntjes« süßt man vor allem Tee. Brauner Kandis schmeckt würzig karamellartig. Für Printen, Kekse und Müslistangen verwendet man den feinen braunen Grümmel-Kandis.

ZUCKER: KRISTALLZUCKER

Kristallzucker (Weiß- oder Grundzucker) wird aus Zuckerrüben gewonnen. Auflösen und erneute Kristallisation machen ihn zu Raffinade (Haushaltszucker), einem Zucker hoher Reinheit in diversen Körnungen. Puderzucker ist fein gemahlene Raffinade zum Bestäuben und Glasieren.

ZUCKER: ROHRZUCKER

(Voll-)Rohrzucker ist der eingedickte und getrocknete Saft des tropischen Zuckerrohrs – nicht zu verwechseln mit Rohzucker, bei dem es sich um nicht vollständig gereinigten Weißzucker handelt. Vollrohrzucker hat einen besonders aromatischen, würzigen, fein karamellartigen Geschmack.

ZWIEBELN

Die gelbe ist schärfer, die weiße milder, die rote Zwiebel aromatischer und lecker im Salat. Schalotten sind perfekt für die feine Küche, die großen Gemüsezwiebeln werden gern gefüllt, und die zarten Frühlingszwiebeln passen gut zur asiatischen Küche. Ihr Grün wird wie Schnittlauch verwendet.

KÜCHENPRAXIS

IN DER KRÄUTERKÜCHE

Ein kleiner **Kräutergarten** erfreut! Nicht nur das Herz und die Sinne, sondern auch gestresste Köche.

Denn selbst gezogene Kräuter duften und schmecken nicht nur wunderbar, blühen nicht nur dann und wann, sondern sind auch jederzeit verfügbar. Wenn Koriander vor der Balkontür wächst, lässt sich das Gemüsecurry auch **ohne Rennerei** in den Asienladen perfekt verfeinern. Eine Handvoll frischer Petersilienblättchen rettet – **lässig übergestreut** – in letzter Minute auch das optisch nicht so gelungene Ragout. Und eine Tüte Reis wird mit reichlich Basilikum, ein wenig Zitronenmelisse und einem Eckchen Parmesan zum **Top-Kräuterrisotto,** wenn sich nach Ladenschluss plötzlich noch Überraschungsgäste ansagen.

Ein Kräutertöpfchen kostet nicht die Welt und liefert – mit etwas Gärtnerglück und richtiger Pflege – einen **ganzen Sommer** lang frisches Grün zum Nulltarif. Sauerampfer und Zitronenmelisse, Thymian und Rosmarin sprießen unverdrossen auch im nächsten Jahr. Und **für den Winter** können Sie selbst gezogene Kräuter auch trocknen, einfrieren oder in Öl einlegen.

Kräuter **selbst** zu ziehen ist ganz einfach – viele **gedeihen** sogar auf der Fensterbank. Andere wachsen und blühen so **hübsch,** dass sie auch Ziergärten schmücken können. Wem jedoch die **Geduld** fehlt, den Pflanzen beim Wachsen zuzuschauen, der findet in **Gärtnereien** und auf Wochenmärkten Würzkräuter für den Sofortverbrauch.

Kräuter im Garten

Wenn Sie ein Stück Garten Ihr Eigen nennen, werden Sie sicher auch die eine oder andere Ecke mit Küchenkräutern bepflanzen wollen. Aber wo ist der richtige Ort?

Die meisten Pflanzen brauchen Sonne, um ihr würziges Aroma zu entwickeln. Unsere heimischen Kräuter wie Petersilie, Schnittlauch, Dill und Kerbel mögen nach Osten oder Westen ausgerichtete Standorte. Mediterrane und exotische Kräuter wie Thymian, Rosmarin, Salbei, Schnittknoblauch und Thai-Basilikum brauchen die Hitze des Südens und sollten reichlich Mittagssonne abbekommen. Je zarter die Pflanzen, desto mehr Schutz vor Wind brauchen sie. Robuste, holzige Gewächse, etwa große Rosmarin- oder Lavendelbüsche, vertragen auch luftigere Standorte. Und: Die Kräuter für spontane Verwendung sollten möglichst nahe bei der Küche wachsen.

Viele Kräuter wie Borretsch, Ananassalbei, Kapuzinerkresse, Rosmarin und Lavendel bringen auch ein dekoratives Element in reine Ziergärten. Am besten kommen sie zur Geltung, wenn sie mit Sommerblumen kombiniert werden. Vorsicht aber bei den verschiedenen Minzearten, sie überwuchern mit unterirdischen Ausläufern bald große Areale. Die Kräuter möglichst locker verteilen, damit die Pflanzen sich nicht gegenseitig Licht und Wasser nehmen.

Der Boden

Nicht jedes Kraut gedeiht auf jedem Boden. Die heimischen Kräuter mögen einen lockeren, leicht tonhaltigen Boden, nicht zu trocken, aber auch nicht staunass. Für mediterrane Kräuter – außer Basilikum – kann der Boden gar nicht locker genug sein. Je trockener außerdem der Standort, desto mehr Aroma entwickeln diese Kräuter. Auch beim Nährstoffbedarf gibt es große Unterschiede: Besonders viel Dünger brauchen Basilikum, Dill, Petersilie, Schnittlauch und Kapuzinerkresse. Ganz mageren, nährstoffarmen Boden bevorzugen Bergbohnenkraut, Oregano, Thymian, Rosmarin und Lavendel, also die meisten mediterranen Kräuter. Alle übrigen haben einen mittleren Nährstoffbedarf.

Säen oder pflanzen?

Viele heimische Kräuter wie Dill, Fenchel, Kerbel und Kresse, aber auch Schnittknoblauch, Bockshornklee, Koriandergrün und Epazote lassen sich mit etwas Geduld leicht aus Samen ziehen. Die Pflänzchen am besten im März oder April in – beschrifteten – Torftöpfchen vorziehen und erst im Mai ins Freiland pflanzen. Sicherer sind Setzlinge aus der Gärtnerei, vor allem bei den langsam wachsenden Kräutern wie Blattsellerie, Petersilie und Liebstöckel. Unbedingt empfehlenswert sind Setzlinge oder Topfpflanzen bei den mediterranen und asiatischen Kräutern. Der würzig aromatische französische Estragon sowie die meisten Minzearten können nur über Teilung des Wurzelstocks vermehrt werden.

Schlechte und gute Nachbarn

Dass unsere heimischen Kräuter sich nicht so gut mit mediterranen oder orientalischen vertragen, ergibt sich schon aus den unterschiedlichen Ansprüchen an Boden, Feuchtigkeit und Nährstoffe. Völliger Einzelgänger ist aber zum Beispiel der Wermut – durch seine Wurzelausscheidungen verkümmern andere Kräuter in seiner Umgebung. Unverträglich sind auch viele Minzearten sowie Kerbel mit Kümmel. Borretsch und Liebstöckel werden riesig groß und brauchen daher viel Platz rundum. Gute Nachbarn sind dagegen Dill und Gurken, beide benötigen unten Feuchtigkeit, oben aber viel Sonne. Bohnenkraut gedeiht gut zwischen Bohnen und hält mit seinem Duft die Blattläuse fern, im Gegensatz zur Kapuzinerkresse, die Läuse regelrecht anzieht. Auch die süß-aromatisch duftenden

Tipp: Trocknen Sie Kräuter nicht nur solo (Seite 37), sondern binden Sie **gemischte Sträußchen**, z. B. aus Bohnenkraut, Lorbeer, Majoran, Oregano, Rosmarin und Thymian.

Vom Basilikum sollten Sie **ganze Triebspitzen** mit einer Schere abschneiden. Die verbleibenden Stängel treiben danach **umso besser** aus.

Kräuter wie Orangenminze und Ananassalbei sind beliebte Läuseziele und sollten weit weg von anderen schädlingsgefährdeten Pflanzen stehen.

Die Kräuterspirale

Eine Kräuterspirale – ein schneckenhausförmiger Erdhügel mit Steinen – gibt auf kleinstem Raum Kräutern aus unterschiedlichen Klimazonen beste Entwicklungsmöglichkeiten. Im Idealfall ist unten am Beginn der Spirale ein kleiner Teich, in dem Brunnenkresse und Wasserminze gedeihen können. Die in die Höhe anschließende Zone ist als humusreiche Feuchtzone der richtige Standort für Petersilie, Schnittlauch und Kerbel. Die der Sonne eher abgewandte Seite ist die Zone, in der die übrigen heimischen Kräuter gut gedeihen. Auf der Spitze der Spirale wachsen die Mittelmeerpflanzen. Hier wird der Untergrund mit Kies oder Tonscherben durchlässig gehalten, die Erde muss sandreich und locker sein – idealer Standort für Salbei, Thymian und Rosmarin.

Der Kräutertopf

Die bauchigen Kräutertöpfe mit seitlichen balkonartigen Ausbuchtungen stellen eine Art Kräuterspirale auf kleinstem Raum dar und sind für Balkon und Terrasse geeignet. Allerdings fühlen sich nur kleinwüchsige Kräuter darin wohl. Im unteren Bereich werden feuchtigkeitsliebende Arten eingepflanzt, im oberen die mediterranen. Beim Einfüllen der Erde den inneren Bereich mit Tonscherben oder Tongranulat durchlässig machen und die Pflanzerde in den Ausbuchtungen fest andrücken, sonst fließt das Gießwasser aus. Die obere Öffnung mit Rosmarin oder Lavendel bepflanzen. Oder mit Thymian, der dekorativ den Topfrand überwuchert. Nach dem Pflanzen die Erde kräftig angießen. Der große Topfinhalt hält lange die Feuchtigkeit, die Kräuter müssen bei Sommerhitze nicht so oft gegossen werden. Den Topf öfter ein Stückchen drehen, damit alle Pflanzen gleichmäßig Sonne abbekommen.

Kräuter im Zimmer

Die meisten Kräuter lassen sich auch im Zimmer an einem hellen Fensterplatz ziehen. Manche – etwa die verschiedenen Basilikumarten, Majoran, Oregano und Koriandergrün – gedeihen hier sogar besser als im Freien. Im Töpfchen gekaufte Pflanzen gleich in größere Blumentöpfe umpflanzen. Für mediterrane Kräuter sind Tontöpfe am besten, die Feuchtigkeit aufsaugen und die Erde trocken halten. Für unsere heimischen Kräuter, auch für Basilikum und Koriandergrün, sind Plastikgefäße besser, in denen die Erde lange feucht bleibt. Spezielle Kräutererde ist zwar etwas teurer als normale Zimmerpflanzenerde, die Pflänzchen gedeihen darin aber wesentlich besser. Im Winter bei wenig Licht bilden die Kräuter dünne, weiche Triebe, die gleich gekürzt und verwendet werden.

Kräuterernte

Wenn Sie die Kräuter frisch verwenden wollen, ist der Morgen die beste Zeit zum Ernten, wenn die Pflanzen voller Saft sind. So halten sie sich am besten frisch. Immer mit der Schere ernten, beim Abzupfen werden Blätter und Zweige gequetscht und halten nicht lange. Scheuen Sie sich bei verzweigenden Kräutern nicht, ganze Triebe abzuschneiden. Aber lassen Sie noch ein Stück Stängel mit Blättern stehen, dann bildet die Pflanze an dieser Stelle neue kräftige Triebe.

Kräuter, die getrocknet werden sollen, haben ihr intensivstes Aroma kurz vor oder während der Blüte. Der beste Zeitpunkt zur Ernte ist der späte Nachmittag, wenn die Kräuter fast zu welken scheinen.

Kräuter waschen und vorbereiten

Die einfachste Methode, um Petersilie, Thymian oder Koriander zu waschen: Kräuter im Bund abbrausen und trocken schütteln, dann Blättchen abzupfen oder – bei Thymian, Lavendel und Rosmarin – gegen die Wuchsrichtung abstreifen. Empfindliche Blättchen wie etwa Kerbel in ein Sieb geben, sehr sanft abbrausen, abtropfen lassen und auf Küchenpapier trocken tupfen. Eine Methode für große Mengen Petersilie: Blätter abzupfen, wie Salatblätter waschen und in einer Salatschleuder trocken schleudern.

Kräuter schneiden

Egal, ob Sie die Kräuter fein hacken, schneiden oder zupfen: Zerkleinern Sie sie immer erst in letzter Minute. Denn sonst verflüchtigt sich ihr Aroma.

Empfindliche Blätter, zum Beispiel Basilikum, von den Stängeln zupfen und per Hand zerrupfen. So geben sie das meiste Aroma ab. Zum Kräuterhacken können Sie ein Koch- oder Wiegemesser verwenden, aber auch Blitzhacker oder Kräutermühle. Fein schneiden lassen sich Kräuterblättchen nur mit einem scharfen Messer, Schnittknoblauch oder Schnittlauch auch mit einer Schere.

Um Kräuter in Streifchen zu schneiden (Chiffonade), größere Blätter, zum Beispiel von Basilikum oder Minze, übereinanderlegen, längs aufrollen und dann mit einem scharfen Messer glatt schneiden.

Die Helfer in der Kräuterküche: Mit dem richtigen **Handwerkszeug** lässt sich frisches Grün schnell und leicht binden, schneiden oder hacken.

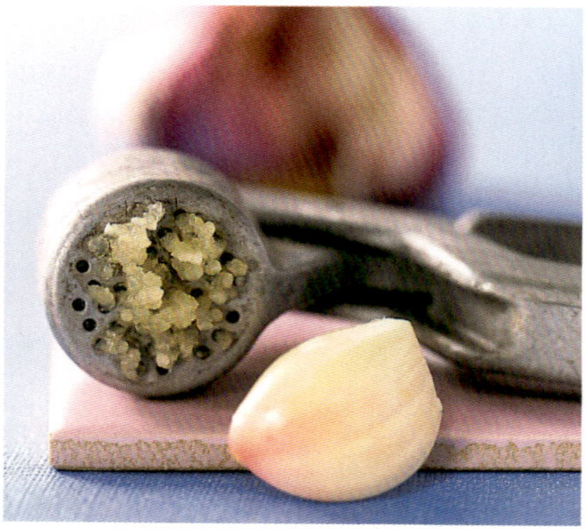

MESSER

Qualität macht sich bezahlt: Mit einem großen, scharfen Kochmesser und ein wenig Übung lassen sich Kräuter am besten grob zerkleinern, fein schneiden oder auch hacken. Profimesser erkennen Sie am Gewicht und der sorgfältigen Verarbeitung von Griff und Klinge.

WIEGEMESSER

Bestens geeignet für alle, die mit großen Messern nicht gut arbeiten können. Wichtig: Die runde Klinge des Wiegemessers muss sehr scharf sein, sonst werden die Kräuter gequetscht statt geschnitten. Kräuter nicht allzu stark zerkleinern, weil mit den ätherischen Ölen Aroma verloren geht.

SCHERE

Unentbehrlich, um Kresse abzuschneiden oder Kräuter aus Töpfchen zu ernten. Auch Schnittlauch lässt sich gut mit der Schere in Röllchen schneiden. Die besten Küchenscheren sind mit angerauten, rutschfesten Griffen versehen und haben rostfreie Stahlklingen. Denn Rost zerstört Vitamin C.

SCHNEIDEBRETTER

Dicke, robuste Bretter aus hartem Holz bieten beim Schneiden eine gute Unterlage. Sie sind allerdings nicht billig und müssen von Hand gespült werden. In die Spülmaschine dürfen nur Kunststoffbretter, die allerdings schneller zerkratzen. Möglichst große Bretter kaufen.

Kräuter lieben gute Qualität: Von stumpfen oder rostigen Klingen malträtiert, verlieren sie nicht nur Vitamine, sondern auch viel an Aroma.

PÜRIERSTAB

Damit lassen sich Pesto, Würzöle oder Schaumsaucen superschnell zubereiten. Das einfachste Rezept: 200 ml hochwertiges Öl leicht erwärmen und mit 2–3 EL grob geschnittenen Kräutern pürieren. Praktisch: Pürierstab mit zusätzlichen Aufsätzen zum Mixen oder Aufschäumen von Saucen.

KÜCHENGARN

Bindfaden für die Küche ist hitzebeständig und lebensmittelecht (erkennbar am Glas-Gabel-Symbol auf dem Etikett) und so dick, dass man die Kräuter damit nach dem Abbrausen auch mit nassen Händen gut binden kann. Praktisch: Küchengarn in einer Dose mit Messerchen.

BLITZHACKER

Ob mechanisch oder elektrisch: Blitzhacker zerkleinern Kräuter auf Knopfdruck. Doch nicht alle Blättchen vertragen intensives Hacken. Petersilie eignet sich gut, Koriandergrün, Schnittlauch und Basilikum weniger. Das Gerät sollte sich leicht reinigen lassen, sonst ist der Zeitvorteil gleich Null.

MÖRSER UND STÖSSEL

Dies brauchen Traditionalisten, die Pesto und andere Kräuterpasten nach altbewährter Methode herstellen möchten. Für die Kräuterküche sollten Mörser und Stößel nicht zu klein ausfallen und aus Stein oder Porzellan sein (in Küchengeschäften, Kaufhäusern und Asienläden).

KNOBLAUCHPRESSE

Hochwertige Geräte aus Edelstahl pressen sogar ungeschälte Knoblauchzehen und dürfen in die Spülmaschine. Auch frischen, zarten Ingwer können Sie damit durchdrücken. Beim Kauf einer Presse darauf achten, dass man die Siebteile herausnehmen kann. So lässt sich die Presse leicht reinigen.

KRÄUTERMÜHLE

Die kleine Reibe mit der Handkurbel ist nicht wirklich notwendig, aber hilfreich bei großen Portionen, denn damit kriegt man Kräuter im Handumdrehen klein. Allerdings schneiden die sternförmigen Messerchen die Blättchen nicht glatt, sondern häckseln sie eher.

Kräuter wollen nach der Ernte **sorgsam behandelt** werden, damit sie ihr volles Aroma behalten und entfalten können. Egal, ob Sie Kräuter auf dem Balkon **selbst geerntet** oder auf dem Wochenmarkt frisch gekauft haben: Am besten verbrauchen Sie sie noch am selben Tag. Doch gibt es ein paar **bewährte Methoden**, das Kräuteraroma in den Winter hinüberzuretten.

Eiswürfel prallvoll mit **gehackten** *Kräutern, für würziges Grün in Saucen, Suppen, Dips und Dressings – und das in* **Sekundenschnelle.**

Binden, **trocknen,** *warten – mehr braucht es nicht für* **hoch konzentrierte** *Kräuterwürze. Mitgekocht duften Sommeraromen um die Wette.*

Kräuter lagern

Sattgrüne, duftende, frisch geerntete Kräuter verführen dazu, sie wie einen Blumenstrauß in die Vase zu stellen. Doch dort sollten sie nur kurze Zeit bleiben. Denn Zimmerluft lässt Kräuter schnell welken, und das Aroma verfliegt. Ausnahme: Robuste Petersilie dürfen Sie auf diese Weise für ein paar Stunden »zwischenlagern«. Und auch Koriander bleibt so für 1–2 Tage frisch – vorausgesetzt, Sie stellen ihn mit den Würzelchen ins Wasser.

Am besten halten sich Kräuter, wenn Sie sie in einen Plastikbeutel stecken, diesen wie einen Luftballon aufblasen, verschließen und in den Kühlschrank legen. Je nach Frische der Kräuter bleiben sie so bis zu 4 Tage grün. Alternative: In ein feuchtes Tuch wickeln und so in einer Plastiktüte im Gemüsefach aufbewahren. Häufig robuster als Gartenkräuter sind Wildkräuter: Diese nach dem Sammeln gründlich waschen und verlesen. Dann mit Küchenpapier trocken tupfen. In einer Gefrierdose halten sie im Kühlschrank bis zu 5 Tage.

Kräuter trocknen

Eine traditionelle Konservierungsmethode – ideal zum Beispiel für Thymian, Lavendel und Rosmarin. Die Pflanzen am Tag vor der Ernte abbrausen, dann müssen sie später nicht mehr gewaschen werden. Am nächsten Tag die Kräuter mit Stiel abschneiden und mit Garn bündeln. Die Sträuße mit den Blättern nach unten in die Küche (oder noch besser in einen luftigen, aber warmen Dachboden) hängen. Nach 4–6 Tagen die durchgetrockneten Sträuße abnehmen. Sie sollten beim Hineinfassen rascheln. Blättchen abstreifen, eventuell zerkrümeln und in dunkle, dicht schließende Schraubgläser (z. B. aus der Apotheke) füllen. So halten sie mindestens bis zum nächsten Frühjahr.

Schonend lassen sich erntefrische Kräuter auch im Umluftofen trocknen. Dazu die Blättchen von 2–3 Bund sehr frischen, gewaschenen Kräutern abzupfen, gründlich verlesen und trocken tupfen. Maximal 200 g Küchenkräuter auf ein mit Backpapier belegtes Blech streuen und bei 40–50° (Umluft) in etwa 4 Std. trocknen lassen.

Kräuter tiefkühlen

Tiefgekühlt halten viele Kräuter ihr Aroma über Monate. Gewaschene Kräuter gut trocknen, luftdicht verpacken – Beschriften nicht vergessen – und tiefkühlen. Von krauser Petersilie die gewünschte Menge einfach abbröseln. Andere Kräuter besser in kleinen Mengen einfrieren. Portionsweise lassen sich Kräuter im Eiswürfelbehälter frosten. Die Kräuter klein schneiden, in die Fächer der Eiswürfelschale füllen, mit Wasser aufgießen und alles ins Tiefkühlgerät stellen. Lieblingskräuter für Salat gleich gemischt einfrieren. Basilikum mit wenig Wasser fein pürieren und in die Schale geben. Gefrostete Kräuterwürfel in Gefrierbeutel umfüllen.

Kräuter in Öl konservieren

Für einige Zeit kann man Kräuter auch in Öl konservieren – vom klassischen Pesto bestens bekannt. So lässt sich aber auch die Bärlauchsaison verlängern. Die Kräuter in Öl pürieren oder ganze Blätter in ein Glas in Öl schichten. Mit einer dünnen Schicht Olivenöl bedecken, dicht verschließen und kühl lagern. Hält sich mindestens 2 Wochen.

Kleine Kräuter-Mengenlehre

1 dickes Bund Kräuter wiegt ungefähr 100 g – im Winter eher weniger, im Sommer eher mehr. 1 Handvoll Kräuter entspricht 1 Tasse lose eingelegter Kräuterblättchen. Mit 1 Zweig oder Stängel, zum Beispiel von Rosmarin oder Minze, sind mittelgroße Zweige von etwa 20 cm Länge gemeint. Thymianzweige sind kleiner, dafür verzweigter.

Kräuter würzen nicht nur Butter und Essig, sondern auch Braten, Suppen und Saucen sehr markant. Aus Großmutters Küche stammt die Idee, klein geschnittene Petersilienwurzel samt Blättern in Salz einzulegen. So entsteht eine aromatische Würzzutat, die nicht nur im Winter schnell zur Hand ist.

Salz-Petersilie

Die Mischung ist praktisch, wenn einmal keine frische Petersilie im Haus ist. Würzt Suppen, Saucen, Schmorgerichte. Erst zum Schluss bei Bedarf noch mit purem Salz abschmecken.

3 Petersilienwurzeln
2 Bund glatte Petersilie
ca. 50 g Salz

Petersilienwurzeln schälen und sehr klein würfeln. Petersilie waschen, zwischen Küchenpapier fest ausdrücken, samt Stielen sehr fein hacken. Beides in einer Schüssel mit dem Salz vermischen, in ein Glas füllen und festdrücken. Verschließen. Kühl und dunkel aufbewahren.

VARIANTEN

1. Mit Sellerie: Ebenso lässt sich auch aus Knollensellerie und grünen Sellerieblättern eine aromatische Mischung herstellen. Die intensiv würzenden Sellerieblätter dabei nach Wunsch vor dem Einsalzen blanchieren und gut abtropfen lassen.

2. Mit Suppengrün: Praktisch ist auch eingesalzenes Suppengemüse: Dafür Sellerieknolle, Möhren, Lauch und Petersilie fein zerkleinern, mit reichlich Salz vermischen.

Feines Kräutersalz

Universalwürze für Salate, Gemüse, Fleisch, Fisch. Die raffinierte Note bringen Knoblauch, Chilis und Algen sowie der Schabzigerklee mit einem Hauch Exotik.

3 getr. Lorbeerblätter | 50 g grobes Meersalz
2 EL gefriergetr. Petersilie
1 EL getr. Oregano | 1 EL getr. Thymian
1 TL gefriergetr. Knoblauch
1 TL getr. Nori-Algen (»ao nori«; Bioladen)
2 kleine getr. Chilis | 1/2 TL Schabzigerklee

Lorbeerblätter mit etwas Salz im Mörser zu Pulver zerreiben, die harten Mittelrippen entfernen. Die übrigen Kräuter und Gewürze zugeben, nach und nach mit dem restlichen Salz recht fein mahlen. In ein dunkles Glas füllen, kühl und dunkel aufbewahren.

Selleriesalz

Viel würziger als fertig gekauftes. Prima für Kartoffelsalat, Suppen, Eintöpfe, Gemüsegerichte, Kräuterbutter und Quark. Sparsam dosieren, da sehr intensiv im Aroma!

1 kleine Sellerieknolle mit Grün
ca. 50 g Meersalz

Sellerie schälen, fein raspeln. Das Grün waschen, gut trocken schütteln, die Blätter abzupfen. Sellerieraspel und Blätter auf Backpapier ausbreiten. Im Backofen bei 50° (Umluft) bei leicht geöffneter Tür (Kochlöffelstiel dazwischenklemmen) in 3–4 Std. rascheltrocken werden lassen. Aus dem Ofen nehmen. Mit etwa der gleichen Menge Salz in der Gewürzmühle oder im Blitzhacker zu Pulver vermahlen. In ein dunkles Vorratsglas füllen, kühl und dunkel aufbewahren.

Hefe-Kräuter-Würze

Vielseitige Streuwürze fürs letzte Abschmecken, vor allem für Salate, Fisch, Eierspeisen, helle Saucen, Gemüse und Quark. Schmeckt auch pur auf Butterbrot.

2 EL Hefeflocken
1 EL gefriergetr. Suppengrün
1 EL gefriergetr. Zwiebeln | 1 EL Meersalz
1 TL gefriergetr. Knoblauch
1 TL Reismehl (oder Speisestärke)
1 TL getr. Petersilie | 1 TL getr. Majoran
1 TL getr. Sellerieblätter | 1 TL getr. Minze
1 TL Kurkuma | 1/2 TL getr. Thymian
1/2 TL gem. Schabzigerklee
1/2 TL schwarze Pfefferkörner
1/4 TL geriebene Muskatnuss

Alle Zutaten in einer Gewürzmühle oder im Blitzhacker fein zerkleinern. In eine lichtdichte Streudose oder ein dunkles Glas füllen, kühl und dunkel aufbewahren.

Pilz-Kräuter-Gewürz

Der Mix intensiviert nicht nur das Aroma von Pilzgerichten, sondern würzt auch dunkle Schmorsaucen und Wild.

4 EL getr. Mischpilze
1 EL Salz
1 EL getr. Estragon
2 TL getr. Bohnenkraut
1 TL getr. Zitronenthymian

Die Mischpilze zerkleinern. Mit dem Salz in einer Gewürzmühle oder im Blitzhacker fein mahlen. Die Kräuter zugeben und noch einmal durchmixen, bis die Mischung mittelfein zerkleinert ist. In ein dunkles Glas füllen, kühl und dunkel aufbewahren.

Gewürz-Kräuter-Mischung

Eine pikante Würze für helles Fleisch, die einen Touch Mittelmeeraroma ins Gericht bringt. Am besten frisch zubereiten und das Fleisch nach dem Anbraten damit würzen.

2 TL schwarze Pfefferkörner
2 TL weiße Pfefferkörner
1 TL Koriandersamen
1/2 TL Pimentkörner
2 TL getr. Oregano | 2 TL getr. Rosmarin
2 TL getr. Thymian
2 EL grobes Meersalz

Alle Gewürze und Kräuter mit dem Meersalz im Mörser oder in der Gewürzmühle nicht zu fein zerkleinern. Sofort verwenden oder kühl und dunkel aufbewahren.

Brat- und Schmorgewürz

Grundmischung für Braten, Gulasch, Ragouts und dunkle Saucen. Das Fleisch nach dem Anbraten damit würzen. Nicht zu stark erhitzen, sonst schmeckt das Paprikapulver bitter.

2 TL schwarze Pfefferkörner
1/2 TL Pimentkörner
4 Gewürznelken | 2 Lorbeerblätter
1 EL grobes Meersalz
2 TL getr. Basilikum
1 TL getr. Rosmarin
2 EL Delikatess-Paprikapulver

Pfeffer, Piment, Nelken und Lorbeer mit Salz im Mörser zerreiben. Die Kräuter zugeben und nicht zu fein zerkleinern. Mit dem Paprikapulver vermischen.

Fines herbes

Die klassische französische Kräutermischung aus vier bis neun Trockenkräutern – nicht fein gemahlen, sondern zerbröselt (gerebelt), damit sich ihr Aroma besser erhält.

1 EL getr. Petersilie
1 EL getr. Schnittlauch
1 EL getr. Estragon
1 EL getr. Kerbel
1 TL getr. Basilikum
1 TL getr. Bohnenkraut
1 TL getr. Majoran | 1 TL getr. Rosmarin
1 TL getr. Thymian

Die Kräuter mischen und nur mit den Fingern leicht zerbröseln oder mit der Gewürzmühle ganz kurz zerkleinern. Zum Würzen die Kräuter zum Schluss zwischen den Fingern über dem Gericht zerreiben.

Pastetengewürz

Duftende Mischung, auch »Beau monde« genannt. Eignet sich nicht nur für Pasteten und Hackfleischgerichte, sondern für alles, was fein und nicht zu scharf gewürzt werden soll.

1 EL schwarze Pfefferkörner
1 EL weiße Pfefferkörner | 5 Lorbeerblätter
5 Gewürznelken | 1 Muskatblüte (Macis)
2 EL grobes Meersalz | 2 TL getr. Basilikum
2 TL getr. Thymian | 1 TL getr. Majoran
1/2 TL getr. Liebstöckel
1 EL Delikatess-Paprikapulver
1 TL Ingwerpulver | 1 Msp. Cayennepfeffer

Pfefferkörner, Lorbeer, Nelken und Muskatblüte im Mörser mit Salz zerreiben. Kräuter zugeben und alles pulverfein zerkleinern. Paprika- und Ingwerpulver sowie Cayennepfeffer untermischen. Gut verschlossen kühl und dunkel aufbewahren.

Bouquet garni

Petersilienstängel, Thymian und Lorbeerblatt sind die Grundlage des Kräutersträußchens, das in Suppen, Saucen oder Fonds von Anfang an mitgekocht wird.

1 Bund Petersilie (nur die Stängel)
1 Zweig frischer Thymian
2 grüne Lauchblätter
1 Lorbeerblatt
Küchengarn zum Binden

Kräuter und Lauchblätter waschen. Kräuter mit dem Lorbeerblatt in die Lauchblätter einwickeln und fest mit Küchengarn verschnüren. Das Päckchen in die zu würzende Flüssigkeit legen und mitgaren. Danach herausnehmen.

Italienische Kräutermischung

Wenn's schnell italienisch schmecken soll, ist diese Mischung ideal für lange zu schmorende Tomatensaucen und Fleischragouts. Schmeckt auch auf Pizza.

2 EL getr. Oregano
2 EL getr. Basilikum
1 EL getr. Thymian
1 EL getr. Rosmarin
1 TL getr. Salbei

Alle Kräuter mischen und kurz in der Gewürzmühle mahlen. Die Mischung gut verschlossen kühl und dunkel aufbewahren.

Piripiri-Gewürz

Aus Südchina stammt diese scharfe Gewürzmischung. Sie eignet sich für gebratenes oder gegrilltes Fleisch und Fisch. Je nach Schärfe der Chilis bis zu 2 TL pro Gericht verwenden.

2 EL getr. rote Chilis | 2 Lorbeerblätter
1 EL grobes Meersalz
1 TL getr. Zitronenschale
2 TL gefriergetr. Zwiebeln
1 TL gefriergetr. Knoblauch
1 TL Koriandersamen | 1/2 TL getr. Basilikum
1 TL schwarze Pfefferkörner
1 TL Delikatess-Paprikapulver
1/2 TL getr. Oregano | 1/2 TL getr. Estragon

Chilis in der Gewürzmühle oder im Blitzhacker nicht zu fein zerkleinern, herausnehmen. Übrige Zutaten mittelfein zerkleinern, mit den Chilis vermischen. Gut verschlossen aufbewahren.

Provenzalische Kräutermischung

Kräuter der Provence bekommen durch Lavendelblüten ihren Duft. Zum Würzen von Fischsuppe, Gemüse, Steaks und Fisch vom Grill. Erst kurz vor Ende der Garzeit zugeben.

1 EL getr. französischer Estragon
1 EL getr. Oregano
1 EL getr. Thymian
1 EL getr. Basilikum
1/2 EL getr. Bergbohnenkraut
1 TL getr. Rosmarin
1 TL getr. Lavendelblüten
1/2 TL getr. Salbei

Kräuter mischen und nur ganz kurz in der Gewürzmühle zerkleinern. Gut verschlossen kühl und dunkel aufbewahren. Mit den Fingern über die zu würzenden Speisen bröseln.

Manche Kräuter geben ihr **intensives Aroma** gerne ab – an Essig, Öl, Butter, Senf und Marinaden. Damit lassen sich heimische wie fremdländische Gerichte gezielt verfeinern. Essig, Öl und Pasten sind zudem **praktische Vorräte**, wenn gerade kein frisches Grün zur Verfügung steht.

Zitronengras-Currypaste

In Asienläden und gut sortierten Gemüseabteilungen gibt es Zitronengras meist bündelweise. Da die Vorbereitung für Currygerichte arbeitsaufwendig ist, lohnt es sich, gleich die ganze Menge als Vorrat zu verarbeiten. Die Paste hält sich mindestens 3 Monate im Kühlschrank.

1 Bund frische Zitronengrasstängel (ca. 5 Stück)
5 Schalotten
3 Knoblauchzehen
3 frische grüne Thai-Chilischoten
2 EL Zitronensaft
2 TL Salz
6 EL Pflanzenöl

Zitronengras waschen, trocken tupfen und die Stängel mit einem Hammer weich klopfen. Mit einem scharfen Messer in feine Scheibchen schneiden. Schalotten und Knoblauch schälen, in Stücke schneiden. Chilis putzen, waschen und samt Kernen klein schneiden. Alles im Blitzhacker oder Mixer so fein wie möglich pürieren, dabei mit Zitronensaft anfeuchten. Mit Salz und Öl vermischen und in ein Schraubglas füllen. Im Kühlschrank aufbewahren.

Kaffirlimetten-Essig

Kaffirlimetten sind kernreich, aber ihre Schale würzt extrem zitronig – ergänzt durch den herben Geschmack der Blätter. Tropfenweise als Duftessig für asiatische Salate verwenden.

3 Kaffirlimetten
6 Kaffirlimettenblätter
250 ml heller Reisessig

Limetten heiß waschen, trocknen und die Schale mit einem Sparschäler abziehen, Limetten auspressen. Saft mit den Schalen in eine Flasche füllen. Limettenblätter waschen und zugeben. Mit Reisessig auffüllen, verschließen und kühl und dunkel 4 Wochen ziehen lassen.

Asiatisches Würzöl

Würzt geheimnisvoll alle Wok- und Schmorgerichte. Teelöffelweise zum Schluss zugeben. Statt frischer Curryblätter lassen sich auch getrocknete verwenden.

15 frische Curryblätter
1 EL Szechuanpfeffer
1 Muskatblüte (Macis)
2 grüne Kardamomkapseln
1 Zimtstange | 2 Gewürznelken
250 ml Erdnussöl

Curryblätter waschen, gut trocknen. Szechuanpfeffer in einem trockenen Pfännchen leicht anrösten. Alles mit den übrigen Gewürzen und dem Öl in eine Flasche füllen. Mindestens 4 Wochen ziehen lassen.

Ingwer mit Zitronengras

Die klassische Beilage zu japanischen Sushis und anderen Reisgerichten gibt es auch fertig zu kaufen, aber ohne Zitronengras – und gerade das gibt ein interessantes Aroma.

50 g frischer Ingwer
10 cm frisches Zitronengras
35 ml helle Essigessenz
2 EL Zucker
1 TL Salz

Ingwer schälen und in hauchdünne Scheiben hobeln. Zitronengras waschen, weich klopfen und in 4 cm lange Stücke schneiden. Zitronengras, Essigessenz und 100 ml Wasser mit Zucker und Salz aufkochen, 5 Min. kochen lassen. Ingwer zugeben und 3 Min. weiterkochen. In ein Schraubglas füllen, im Kühlschrank aufbewahren.

Tofu-Marinade

Der übliche Natur-Tofu schmeckt etwas langweilig, deshalb sollten Sie ihn vor dem Braten marinieren. Eine reizvolle Note bringt Japanische Minze. Die Menge reicht für 400 g Tofu.

50 ml helle chinesische Sojasauce
50 ml Shaoxing-Reiswein
1 Stück Sternanis
3 TL Zucker
3 Zweige Japanische Minze

Sojasauce, Reiswein, Sternanis und Zucker in einen Topf geben, 150 ml Wasser zugießen. Alles aufkochen, 15 Min. köcheln lassen. Minzeblätter waschen, abzupfen und in den Sud geben. Den heißen Sud über den Tofu gießen, abkühlen lassen. Am besten über Nacht im Kühlschrank marinieren.

Lavendelblütenessig

Lavendelblüten geben einen durchschlagenden Duft ab. Den Essig nur tropfenweise für Salate oder zum Abschmecken von mediterranen Schmorgemüsen verwenden.

6 gerade aufgeblühte Lavendelblütenrispen
50 ml helle Essigessenz
200 ml kalkarmes oder abgekochtes Wasser
1 TL Zucker
1 TL Salz

Lavendelblüten nicht waschen, sonst verlieren sie Aroma. Die Dolden in eine Flasche füllen. Essigessenz, Wasser, Zucker und Salz zugeben. An einem dunklen, warmen Platz 4 Wochen ziehen lassen. Durch einen Kaffeefilter seihen, wieder in die Flasche füllen. Dunkel aufbewahrt mindestens 2 Jahre haltbar.

Estragonessig

Ein Klassiker und eine der besten Möglichkeiten, das Aroma von Estragon über Monate zu konservieren. Ein paar Tropfen genügen zum Aromatisieren von Salaten und Saucen.

3 Stängel französischer Estragon
750 ml milder Weißweinessig

Die Estragonstängel waschen und mit Küchenpapier vorsichtig trocken tupfen. In eine Flasche stecken und mit Weißweinessig auffüllen. Kühl und dunkel (sonst bleicht die Farbe aus) mindestens 4 Wochen ziehen lassen. Hält sich mindestens 2 Jahre.

Italienische Kräuter in Öl

Damit lassen sich Suppen und Nudelsaucen, Fleischragouts und Geflügel typisch italienisch würzen. Nach jeder Entnahme Olivenöl ergänzen, dann hält die Mischung monatelang.

je 1 kleines Bund Basilikum, Oregano, Rosmarin, Thymian, Salbei und Bergbohnenkraut
2 EL feines Meersalz
ca. 75 ml natives Olivenöl extra

Kräuter waschen und auf einem Tuch in 2–3 Std. leicht antrocknen lassen. Blättchen abzupfen und sehr fein hacken. In einer Schüssel mit Salz vermischen und lagenweise in ein Glas füllen, dabei jede Lage fest andrücken. Olivenöl darübergießen, bis es mindestens 1/2 cm über den Kräutern steht. Verschließen und am besten im Gemüsefach aufbewahren. Vorsichtig dosieren.

Provenzalisches Walnussöl

In Südfrankreich schätzt man Walnussöl für Salate fast noch mehr als Olivenöl. Mit Kräutern gewürzt, ist es ideal für Kopfsalat oder gemischte Salate. Kräuterzweige gut antrocknen lassen.

je 1 Zweig Rosmarin, Thymian, Gewürzfenchel, Bergbohnenkraut und Myrte
2 Lorbeerblätter
2 Knoblauchzehen
500 ml Walnussöl

Frische Kräuter waschen, trocknen und auf einem Küchentuch ausbreiten. Einen Tag gut antrocknen lassen. Mit den Lorbeerblättern in eine Flasche füllen. Knoblauch schälen und die Zehen längs halbieren. Zu den Kräutern geben und mit Walnussöl auffüllen. Kühl und dunkel 4 Wochen ziehen lassen.

Sauerampfermarinade

Das Wiesenkraut würzt nicht nur, sondern macht auch Fleisch zarter. Die Marinade ist für Sauerbraten ideal und reicht für etwa 1 kg Rindfleisch oder Wild.

1 Zwiebel
250 ml Weißweinessig
3 Wacholderbeeren
2 Lorbeerblätter
1 gute Handvoll Sauerampferblätter

Zwiebel schälen und in Scheiben schneiden. Mit Essig, 500 ml Wasser, leicht zerdrückten Wacholderbeeren und Lorbeerblättern einmal aufkochen. Dann abkühlen lassen. Die Sauerampferblätter gut waschen, in Streifen schneiden und unter die Marinade rühren. Fleisch darin 3–4 Tage zugedeckt im Kühlschrank marinieren.

Gyros-Marinade

Griechen nehmen dafür meist getrocknete Kräuter, mit frischen schmeckt es noch besser. Die Marinade eignet sich zum Einlegen von Fleisch, Geflügel oder Gemüse für den Grill.

1 Zwiebel | 2 Knoblauchzehen
je 1 EL gehackte Oregano- und Thymianblättchen | je 1 TL rosenscharfes Paprikapulver und schwarzer Pfeffer aus der Mühle
4 EL Zitronensaft
6 EL natives Olivenöl extra | Salz

Zwiebel und Knoblauch schälen, im Blitzhacker pürieren. Mit gehackten Kräuterblättchen, Paprikapulver und Pfeffer vermischen. Erst den Zitronensaft untermischen, dann das Olivenöl mit einer Gabel unterschlagen, bis die Mischung cremig ist. Mit Salz abschmecken, möglichst bald verwenden.

Kräuterbutter

Mit Kräutern aromatisierte Butter mixt man kurz vor dem Servieren in helle Saucen – das würzt und gibt eine leichte Bindung. Schmeckt zu Brot oder gegrillten Steaks.

125 g weiche Butter | 1 Knoblauchzehe
je 1 EL fein gehackte Petersilie, Brunnenkresse (oder Gartenkresse) und Kerbel
1 TL Zitronensaft | 1 TL Senf
Salz | Pfeffer aus der Mühle

Butter schaumig rühren. Knoblauch schälen und dazupressen. Kräuter und Zitronensaft untermischen, mit Senf, Salz und Pfeffer abschmecken. Kräuterbutter in den Kühlschrank stellen, bis sie etwas fest geworden ist. Auf Alufolie zu einer Rolle formen, in die Folie einwickeln und bis zur Verwendung kalt stellen.

Bärlauchsenf

Kräutersenf selbst zu machen ist einfacher als man denkt. Wichtig ist nur, dass er mindestens vier Wochen ziehen darf, vorher schmeckt er herb und bitter.

100 g gelbes Senfmehl (Reformhaus)
2 TL Salz
100 ml Weißweinessig
100 ml Weißwein
1 Bund Bärlauch

Senfmehl mit Salz mischen. Essig und Weißwein unterrühren, bis eine fast flüssige Masse entsteht. Zugedeckt über Nacht quellen lassen. Bärlauch waschen und fein hacken, unter den Senf mischen. Falls er zu fest geworden ist, noch etwas Weißwein oder Wasser unterrühren. In ein Schraubglas füllen und kühl und dunkel mindestens 4 Wochen ruhen lassen.

IN DER GEWÜRZKÜCHE

Jeder kennt den **Unterschied** zwischen gemahlenem Kaffee aus der Vakuumpackung und Kaffee aus Bohnen, die frisch geröstet und gleich anschließend gemahlen wurden. Der erste ist **nicht schlecht**, der andere aber ist **umwerfend!** Ähnlich ist es mit Gewürzmischungen. Es gibt unendlich viele Gewürzmischungen in wirklich guten Qualitäten fertig zu kaufen – aber an **frisch gemahlene Mischungen** kommen sie einfach nicht heran.

Es ist das unvergleichliche **Aroma**, das die Gewürze verströmen, wenn sie gerade erst **geröstet** und gemahlen sind. Deshalb stellt man in Ländern, in denen viel mit Gewürzen gekocht wird, beispielsweise in **Indien**, die Mischungen häufig erst direkt vor der Verwendung her.

Gewürze sind **inspirativ.** Sie regen die Sinne an und lassen kreative Herzen höher schlagen. Wer den **Charakter** eines einzelnen Gewürzes kennt, **findet** bald heraus, mit welchen anderen Gewürzen es sich verträgt, wie stark sein Anteil in einer Mischung sein darf, zu welchen Gerichten es **am besten passt.**

Experimentierfreude ist neben etwas Warenkunde eine gute Voraussetzung für den Umgang mit Gewürzen. Eine gekaufte Mischung wird nach immer gleicher Rezeptur hergestellt. Eine eigene Mischung kann man dagegen ganz nach dem individuellen Geschmack komponieren und jederzeit abwandeln und variieren.

Gewürze sind echte Hingucker *und in transparenten Tütchen und Gläsern ein attraktives Geschenk. Zum längeren Lagern sind jedoch lichtschützende* braune Gläser *besser geeignet.*

Die Utensilien

Es ist überhaupt nicht schwer, Gewürzmischungen selbst herzustellen. Was man dazu braucht, ist in vielen Haushalten bereits vorhanden:

- eine nicht beschichtete Pfanne mit schwerem Boden aus Gusseisen oder Edelstahl
- einen Mixer (Cutter)
- eine elektrische Kaffeemühle (mit Mahlwerk), die aber nur für Gewürze benutzt wird
- einen Mörser, möglichst einen schweren aus Stein (in Asienläden erhältlich)
- einen Satz Messlöffel für 1 EL = 15 ml, 1 TL = 5 ml sowie für 1/2 TL und 1/4 TL

Die Basis-Gewürze

Mit einer Grundausstattung an Rohgewürzen kann man viele Mischungen herstellen. Die meistverwendeten Gewürze sind Koriander, Kardamom, Kreuzkümmel, schwarzer und weißer Pfeffer, Chili, Gewürznelken, Piment, Zimtstangen, Senfsaat, Bockshornklee und Muskatnuss.

Ferner gehören in ein gut sortiertes Gewürzregal Anissamen, Fenchelsamen, Sternanis, Schwarzkümmel, Wacholder, rosa Pfefferbeeren (Schinus), einige getrocknete Kräuter wie Thymian, Oregano, Basilikum und Minze sowie getrocknete Zwiebeln und getrockneter Knoblauch.

Schließlich gibt es regelmäßig benötigte Gewürze, die man selbst nur sehr schwer mahlen kann. Dazu gehören Kurkuma, Ingwer, Macis (Muskatblüte), Paprika und Cayennepfeffer. Diese kauft man bereits fertig gemahlen. Zimt ist ebenfalls schwer zu mahlen, besonders wenn man ein sehr feines Pulver bevorzugt. Zimt sollte man deshalb sowohl in Stangen als auch fertig gemahlen vorrätig haben.

Das Einkaufen

Einige dieser Rohgewürze gibt es in preiswerten 50-g- und 100-g-Beuteln in Asienläden oder türkischen Läden zu kaufen. Die spezielleren Gewürze findet man in den typischen Tee- und Gewürzläden und über den Internetversand (Seite 358). Oder man fragt bei den Großhändlern nach: Viele haben Einzelhandelsabteilungen und geben auch kleinere Mengen ab.

Das Abmessen

Die in den Rezepten angegebenen Mengen werden mit den praktischen Messlöffeln für 1 EL, 1 TL, 1/2 TL und 1/4 TL abgemessen. Immer gerade so viel, dass die Löffel gestrichen voll sind.

Kleinteilige ganze Gewürzkörner oder -samen wie Koriander, Kardamom, Kreuzkümmel, Pfeffer, Senf und Bockshornklee misst man vor dem Rösten und Mahlen ab. Entsprechend steht dann in den Rezepten, dass es sich um Körner oder Samen handelt. Bei Gewürzen, die bereits fertig gemahlen gekauft werden, steht entsprechend im Rezept als Zusatz »gemahlen« (»gem.«) oder »... pulver«. Größere Gewürze wie Gewürznelken, Piment oder Sternanis, die man als Ganzes nicht genau abmessen kann, werden zuerst geröstet und gemahlen und dann abgemessen. Hier steht ebenfalls der Zusatz »gemahlen« (»gem.«).

Bei Kurkuma und Cayennepfeffer versteht es sich von selbst, dass es sich um gemahlene Gewürze handelt.

Das Rösten

Grundsätzlich werden nur die ganzen Körner oder Samen geröstet, und zwar einzeln nach Sorten, da die Röstzeiten unterschiedlich lang sind. Zimtstangen werden zuvor in kleine Stücke gebrochen.

Zum Rösten der ganzen Gewürze eignet sich am besten eine Pfanne mit schwerem Boden, z. B. aus Edelstahl.

Möchte man nur geringe Gewürzmengen zerkleinern, z. B. beim Ausprobieren neuer Mischungen, ist ein Mörser genau richtig.

Eine Pfanne (ohne Fett) 1 Min. bei mittlerer Hitze erwärmen. Die benötigte Menge des Gewürzes hineingeben, nie aber mehr, als dass der Pfannenboden gerade eben bedeckt ist. Unter ständigem Rütteln der Pfanne oder Rühren mit einem Holzspatel das Gewürz rösten, bis es anfängt zu duften und sich etwas dunkler zu färben. Senf- und Sesamsamen rösten, bis die Samen anfangen zu springen.

Das Rösten dauert durchschnittlich 2–4 Min., in Einzelfällen bis zu 10 Min. Anschließend schüttet man das Gewürz zum Abkühlen auf einen flachen Teller.

Fertig gemahlene Gewürze wie Kurkuma und getrocknete Kräuter werden nicht geröstet.

Das Mahlen

Kleinteilige Gewürzsamen wie Koriander, Kreuzkümmel und Bockshornklee kann man nun in der Kaffeemühle mahlen. Größere Gewürze wie Zimtstangen und Sternanis, aber auch Gewürznelken oder Piment werden zuvor im Mixer zerkleinert oder im Mörser zerstoßen und erst dann gemahlen, weil die Kaffeemühle sonst leicht verstopft.

Ob man seine Gewürzmischungen lieber feiner oder etwas gröber gemahlen mag, ist reine Geschmackssache und hängt nicht zuletzt von der Kaffeemühle ab. Man kann auch zunächst einen gröberen Mahlgrad einstellen und ein zweites Mal dann sehr fein nachmahlen.

Anschließend wird die Kaffeemühle von innen mit einem Pinsel trocken gereinigt. Man kann ab und zu 1–2 Löffel rohe Reiskörner mahlen, das »neutralisiert« die Mühle geschmacklich, besonders nach dem Mahlen von Chilischoten oder Knoblauchflakes.

Ausnahmen: Muskatnüsse kauft man immer im Ganzen, sie werden auf einer speziellen kleinen Reibe immer frisch gerieben. Für größere Mengen gibt man ganze Muskatnüsse in einen Plastikbeutel und zerschlägt sie mit einem Nudelholz oder Fleischklopfer. Anschließend können die Stücke in der Kaffeemühle auf mittlerem Mahlgrad gemahlen werden. Da das Aroma sehr schnell verfliegt, kann man für Gewürzmischungen anstelle von Muskatnuss Muskatblüte (Macis) verwenden, die ihr Aroma auch in gemahlenem Zustand lange hält. Safranfäden werden im Mörser mit einer Prise Salz fein verrieben und erst dann mit den anderen Gewürzen gemischt. Kardamom kauft man am besten in den grünen Kapseln. Sie werden im Mörser angestoßen, sodass man sie leichter aufbrechen und die schwarzen Samen entnehmen kann. Diese werden dann geröstet und anschließend gemahlen. In einigen Läden bekommt man auch die bereits ausgelösten ganzen Samen. Fertig gemahlener Kardamom hat den größten Teil seines Aromas bereits verloren.

Das Mischen

Wenn alle Gewürze gemahlen und die Mengen abgemessen sind, werden sie in einer Schüssel gründlich vermischt, nach Belieben noch durchgesiebt und anschließend in gut schließende Gläschen abgefüllt.

Das Lagern

Gewürze, egal ob ganz oder gemahlen, sollten grundsätzlich dunkel, trocken und kühl gelagert werden. Niemals in Herdnähe lagern, wo besonders viel Hitze und Feuchtigkeit entstehen. Sehr gut eignen sich die sogenannten Apothekergläschen aus braunem, vor Licht schützendem Glas mit gut schließenden Deckeln.

Die Haltbarkeit

Vorausgesetzt, die Gewürzmischungen sind trocken, kühl und lichtgeschützt gelagert, halten sie 1 Jahr oder sogar länger. Da das Aroma sich aber erheblich früher verliert, sollte man sie innerhalb von 4–6 Monaten aufbrauchen und lieber weniger, dafür aber öfter mischen.

Zu viel Schärfe und Überwürzung

Einsteiger sollten die Mengen zunächst vorsichtig dosieren und mit der Hälfte oder einem Viertel der im Rezept angegebenen Menge anfangen. Ähnlich zurückhaltend sollte man mit sehr intensiven Aromen, etwa mit Gewürznelke, Sternanis oder Zimt, sein und auch mit sehr bitteren wie Bockshornklee. Unbekannte Gewürze oder Mischungen nicht gleich an das Essen geben, sondern erst eine kleine Menge des Gerichtes separat würzen und kosten.

Schmeckt etwas zu sauer oder zu bitter, so kann man mit ein wenig Zucker oder Honig ausgleichen. Umgekehrt wird Übersüßes durch etwas Zitrone oder einen bitteren Akzent »interessant«.

Ist ein Gericht aber definitiv überwürzt, dann kann man sich eigentlich nur helfen, indem man den geschmacksneutralen Anteil des Gerichtes vergrößert, z. B. indem man mehr Reis zugibt. Wenn es zum Charakter des Gerichts passt, hilft auch eine gekochte Kartoffel, ein Schuss Sahne oder etwas Joghurt. Vorsicht bei richtigen Scharfmachern wie Cayennepfeffer und Chili! Wenn damit etwas zu scharf geworden ist, kann man sehr gut mit sanfter Kokosmilch entgegenwirken, wie in der Thaiküche üblich.

Jedes Gewürz ist für sich genommen **einzigartig** in Duft und Aroma. In den Küchen dieser Welt werden sie jedoch gerne **gemischt**. Dabei entfaltet sich ein ganz neues Geschmackserlebnis. Neugierig? Solche Würzmischungen können Sie leicht **selbst herstellen**.

Das Chinesische Fünf-Gewürz ist besonders interessant durch süße, scharfe und bittere Akzente.

Chinesisches Gewürzsalz

Diese Mischung ist in China ein typisches Tischgewürz. Einfach einmal auf Reis oder gegrilltem Fleisch versuchen!

2 EL Salz
1 TL Fünf-Gewürz (siehe Info)

Salz und Gewürzmischung miteinander vermischen.

INFO Chinesisches Fünf-Gewürz ist ein bräunlich rotes Pulver, das würzig blumig duftet und leicht bitter schmeckt. Es besteht zu gleichen Teilen aus Szechuanpfeffer, Sternanis, Gewürznelken, Zimtrinde und Fenchelsamen.

Gomasio klassisch

Aus Japan kommt Gomasio, eine Mischung aus Sesam und Meersalz. Gomasio über gedämpftes Gemüse, Reisgerichte, Salat oder eine gebackene Kartoffel mit Quark streuen.

1 EL grobes Meersalz
7 EL schwarzer Sesam

Salz in einer Pfanne unter Rühren bei mittlerer Hitze erwärmen, bis es sehr heiß ist. Sesam dazugeben, rösten, bis er etwas dunkler wird und duftet. Die Mischung abkühlen lassen. Im Mixer nur ganz kurz mahlen.

Hot Gomasio

Das nebenstehende Grundrezept lässt sich nach Geschmack variieren. Beispielsweise kann man anstelle von schwarzem auch sehr gut weißen Sesam verwenden.

3 EL ungeschälter Sesam
1 EL grobes Meersalz
1/2 TL Cayennepfeffer
4 EL geschälter Sesam

Ungeschälten Sesam in einer Pfanne ohne Fett rösten, bis er duftet und anfängt zu springen. Abkühlen lassen. Salz und Cayennepfeffer im Blitzhacker zu Pulver zerkleinern. Gerösteten Sesam 3–4 Sek. mitmixen. Mit dem geschälten Sesam mischen.

Trockenes Tomaten-Pesto

Eine würzig-salzige Mischung, die man direkt auf Pasta streut oder kurz in etwas Olivenöl anschmort. Verfeinert Frischkäse, Schafskäse oder Crème fraîche zum Dip.

100 g getr. Tomaten (ohne Öl)
200 g blanchierte Mandeln
2 EL getr. Knoblauchflakes
1 EL weiße Pfefferkörner
1 1/2 EL grobes Meersalz
5 TL getr. Oregano
5 TL getr. Basilikum | 2 TL getr. Thymian

Die Tomaten so fein wie möglich hacken. Mit den Mandeln im Blitzhacker weiter zerkleinern, bis die Mandeln wie grober Grieß sind. Knoblauchflakes, weiße Pfefferkörner und Meersalz fein mahlen. Die Hälfte der Kräuter zugeben, weiter fein mahlen. Gewürzmischung mit Mandeln, Tomaten und restlichen Kräutern gut vermengen. Hält im Kühlschrank mehrere Wochen.

Würziges Kräutersalz

Eine stark aromatische Salzmischung, die besonders gut zu Gerichten der mediterranen Küche passt. Ajowan kann durch Thymian ersetzt werden.

2 Lorbeerblätter
3 TL getr. Rosmarin
2 TL getr. Oregano
2 TL getr. Ajowan
1/2 TL getr. Lavendelblüten
200 g grobes Meersalz

Lorbeerblätter zerbröseln. Mit den anderen Gewürzen und 3 EL Meersalz im Mixer oder in der Gewürzmühle fein mahlen. Diese Mischung nochmals mit dem restlichen Salz mahlen.

Kokos-Chili-Sprinkle-Mix

Süß und scharf ist eine starke Kombination. Diese Mischung passt nicht nur zur indonesischen Reistafel, sie peppt auch Gemüsecremesuppen oder grüne Salate auf.

100 g Kokosraspel
100 g Sesamsaat, geschält
3 EL Koriandersamen
2 EL Kreuzkümmel
4–5 getr. Chilischoten
1 EL Rohrzucker | 2 TL Salz

Kokosraspel goldgelb rösten. Sesam, Koriander und Kreuzkümmel getrennt trocken rösten, bis sie duften. Abkühlen lassen und mahlen. Von den Chilischoten die Samen entfernen, Schoten mahlen und 1 EL abmessen. Je ein Drittel der Kokosraspel und des Sesams mit den restlichen Zutaten im Blitzhacker fein zerkleinern. Mit den restlichen Kokosraspeln und Sesam mischen.

Chimichurri

Diese frische Petersiliensauce aus Argentinien erhält ihre Schärfe von Zwiebeln, Knoblauch, Cayennepfeffer und schwarzem Pfeffer. Nach dem Zubereiten 1–2 Std. ziehen lassen.

5 Frühlingszwiebeln | 5–6 Knoblauchzehen
2 Bund glatte Petersilie
4 EL Rotweinessig | Salz
1–2 TL schwarzer Pfeffer aus der Mühle
1/4 TL Cayennepfeffer
1 TL getr. Oregano | 25 ml Olivenöl

Frühlingszwiebeln waschen und putzen. Das Grün in feine Ringe schneiden, das Weiße sehr fein hacken. Den Knoblauch schälen. Petersilie waschen, trocken schütteln und fein hacken. Essig mit Salz, Pfeffer, Cayennepfeffer und Oregano verrühren. Das Öl nach und nach unterschlagen. Die frischen Zutaten untermischen.

Black Pepper-Lemon-Mix

Pfeffer und Knoblauch bringen hier Schärfe – aufgefrischt durch Minze und Zitrone. Passt zu gegrilltem Fisch, Steaks oder Quarkkartoffeln.

1 kleine Handvoll getr. Minze (ganze Blätter)
3 EL getr. Knoblauchflakes
2 EL gem. getr. Zitronenschale (Seite 61)
6 EL schwarze Pfefferkörner

Die Minze zwischen den Fingern fein zerreiben, die Stiele entfernen, dann 2 EL abmessen. Die Knoblauchflakes im Mörser zerkleinern und 2 EL abmessen. Alles zusammen mit dem Pfeffer nicht zu fein mahlen.

Zhug – »Hot Sauce« aus dem Jemen

Man streicht sie auf Brot, würzt damit Suppen und Eintöpfe. Mit Zitronensaft und Olivenöl wird eine Salatsauce daraus.

1 TL schwarze Pfefferkörner
1 TL Kreuzkümmel
1/2 TL Kardamomsamen
2 Bund Koriandergrün | 4 Knoblauchzehen
4 kleine frische rote Chilis
Olivenöl zum Bedecken

Trockene Gewürze in einer Pfanne ohne Fett rösten. Abkühlen lassen und fein mahlen. Koriander waschen, trocken schütteln, Blättchen abzupfen (gut 1 Tasse voll). Knoblauch schälen. Chilis putzen, längs halbieren, Kerne entfernen, waschen. Alles im Mixer zu einem Püree verarbeiten. In ein Glas füllen, die Oberfläche mit Öl bedecken, im Kühlschrank lagern.

Grüner Zitronenpfeffer

Eine Mischung für die Pfeffermühle. Frisch gemahlen sind Aroma und Geschmack einfach bestechend.

2–3 EL getr. Zitronenschalen (Seite 61)
2–3 EL getr. grüne Pfefferkörner

Getrocknete Zitronenschalen im Mörser in Stückchen (2–3 mm) brechen. Mit den Pfefferkörnern mischen. Passt besonders gut zu Fisch, Salat und grünem Gemüse.

Zitronenöl

Ein herrlich erfrischend-aromatisches Öl. Passt perfekt zu sommerlichen Salaten, zu gegrilltem Fisch oder Pasta.

getr. Schalen von 6 großen Bio-Zitronen (Seite 61)
1 l Erdnuss- oder Sonnenblumenöl

Schalen in eine saubere Flasche füllen, mit dem Öl begießen. 3–4 Wochen kühl und dunkel stehen lassen. Danach durch einen Trichter, der mit einem Tuch ausgelegt ist, in sterile Flaschen füllen.

Pistacchio-Lemon-Sprinkle

Zitronig, nussig, frisch und scharf – diese Mischung lässt sich sehr vielseitig verwenden.

2 TL grüner Pfeffer
2 TL getr. Zitronenschalen
1 TL getr. Knoblauch
150 g gesalzene Pistazienkerne
2 EL getr. Minze
1 EL getr. Korianderblättchen

Pfeffer, Zitronenschalen und Knoblauch im Mixer fein mahlen. Pistazienkerne mittelgrob hacken oder mahlen. Minze zwischen den Fingern fein zerreiben. Alle Zutaten gut mischen. Diese Würzmischung schmeckt in Reis- und Couscousgerichten sowie auf Pasta und verwandelt Joghurt, Crème fraîche oder Vinaigrette schnell in ein Dressing.

Zitronensirup

Der süßsaure Sirup schmeckt in Prosecco oder zu süßen Desserts. Ein Löffel davon passt auch in Vinaigrettes oder Joghurtdressings.

600 ml frisch gepresster Zitronensaft
750 g Zucker

Zitronensaft, 400 ml Wasser und Zucker unter Rühren erhitzen, bis sich der Zucker löst. Aufkochen, Hitze etwas reduzieren, etwa 20 Min. köcheln lassen, bis der Saft etwas eindickt. Er hat jetzt eine bernsteinartige Farbe. Abkühlen lassen und in eine sterile Flasche abfüllen. Im Kühlschrank mindestens 6 Monate haltbar.

Orangenpfeffer

Ein absoluter Favorit für die Pfeffermühle. Orangenpfeffer schmeckt überraschend gut auf frischen Tomaten und gibt fast allen Salatsaucen und Suppen eine besondere Note.

2–3 EL zerkleinerte getr. Orangenschalen (Seite 61)
2–3 EL schwarze Pfefferkörner

Die getrockneten Orangenschalen im Mörser in Stückchen (2–3 mm) brechen. Mit den schwarzen Pfefferkörnern mischen.

VARIANTE FÜR ORANGENKORIANDER
Die Pfefferkörner durch die gleiche Menge Koriandersamen ersetzen. Schmeckt fruchtig und warm.

Schwarzkümmel-Koriander-Mix

Eine einfache, aber herrlich würzige Mischung aus erdig herbem Schwarzkümmel, bitterem Bockshornklee und mildem Koriander. Passt besonders gut zu Kartoffeln und Quark.

1 EL Koriandersamen
1 EL Schwarzkümmel
1 TL Bockshornkleesamen

Die Gewürze mischen und in eine Pfeffermühle füllen. Bei Bedarf frisch mahlen.

Schwarzkümmel-Sesam-Mix

Eine nussige und würzige, auch angenehm scharfe Mischung, die sich hervorragend zum Aufstreuen für Salate, Ofenkartoffeln und Käsebrot eignet.

1 EL Schwarzkümmel
1 TL schwarze Pfefferkörner
2 EL ungeschälter Sesam
1 TL grobes Meersalz

Schwarzkümmel und Pfeffer trocken rösten, bis die Mischung duftet. Sesam rösten, bis die Samen anfangen zu springen. Beides abkühlen lassen. Schwarzkümmel, Pfeffer und Salz im Blitzhacker oder in der Mühle mittelgrob zerkleinern. Mit dem Sesam mischen.

Orangen-Sesam-Mix

Eine feinherbe, fruchtig-nussige Mischung für grüne Salate mit Crème-fraîche-Dressing. Köstlich auch auf Obstsalat, Pfannkuchen mit Quarkcreme oder gebratenen Bananen.

3 EL ungeschälter Sesam
2 TL gem. getr. Orangenschalen (Seite 61)

Sesam in einer Pfanne ohne Fett bei mittlerer Hitze rösten, bis er duftet und die Samen anfangen zu springen. Auf einem Teller abkühlen lassen, dann im Mörser leicht verreiben. Mit den Orangenschalen mischen.

Garam Masala

Für Garam Masala gibt es ähnlich viele Rezepte wie für Currypulver. Hier eine Basismischung. Garam Masala wird meist erst gegen Ende der Kochzeit über die Gerichte gestreut.

6 EL Koriandersamen
4 EL Kreuzkümmel
3 EL schwarze Pfefferkörner
1 1/2 EL Kardamomsamen
3 Lorbeerblätter
2 EL Zimtpulver
2 TL gem. Muskatblüte (Macis)

Ganze Samen und Körner getrennt bis zu 10 Min. rösten, dann mahlen. Lorbeerblätter im Mörser oder Mixer fein zerreiben. Alle Gewürze mischen.

Hawayij

Hawayij ist eine jemenitische Mischung, die meist aus den hier genannten Zutaten zusammengestellt wird, wobei es auch Mischungen ohne Safran gibt.

1/2 TL Safranfäden
1 Prise Salz
2 EL schwarze Pfefferkörner
1 1/2 EL Kreuzkümmel
2 TL Kardamomsamen
2 EL Kurkuma

Die Safranfäden mit dem Salz im Mörser fein verreiben. Die ganzen Gewürze getrennt rösten und mahlen. Alles mit Kurkuma mischen.

Lebanese-Spice-Mix

Eine der vielen typischen, aber weniger aufwendigen arabischen Mischungen. Zum Kennenlernen mit jeweils gleichen Mengen beginnen und dann nach Geschmack variieren.

1 EL Kardamomsamen
1 EL Zimtpulver
1 EL gem. Gewürznelken
1 EL Cayennepfeffer

Kardamom rösten und mahlen. Mit den übrigen Gewürzen mischen.

Baharat

Eine warme, aromatische Mischung aus Arabien und dem Irak. Es gibt sie in unzähligen Varianten. Baharat wird vor allem in Fleisch- und Fischgerichten verwendet.

4 TL Kreuzkümmel
3 TL schwarze Pfefferkörner
2 TL Koriandersamen
6 TL süßes Paprikapulver
2 TL gem. Gewürznelken
2 TL gem. Muskatnuss | 2 TL Zimtpulver
1 TL gem. Kardamom
1/2 TL Chilipulver

Kreuzkümmel, Pfeffer und Koriander getrennt rösten und mahlen. Mit den anderen Zutaten mischen.

Berbere

Eine feurig scharfe Mischung aus Äthiopien für Schmorgerichte und Eintöpfe. Dort reibt man ganze Fleischstücke vor dem Braten damit ein.

1 EL Koriandersamen
2 TL schwarze Pfefferkörner
2 TL Kreuzkümmel | 2 TL Kardamomsamen
2 TL Bockshornkleesamen
2 EL süßes Paprikapulver
1 EL Kurkuma | 2 TL Chilipulver
1 TL gem. Piment | 1 TL Ingwerpulver
1/2 TL Zimtpulver | 1/2 TL gem. Nelken

Koriander, Pfeffer, Kreuzkümmel, Kardamom und Bockshornkleesamen getrennt rösten und mahlen. Mit den anderen Zutaten mischen.

Ras el Hanout

Die berühmte marokkanische Mischung, von der es unzählige Varianten aus bis zu 30 Zutaten gibt. Diese hier ist sehr aromatisch.

3 EL Koriandersamen
2 EL Kreuzkümmel
2 EL Kardamomsamen
2 1/2 TL schwarze Pfefferkörner
1 EL Kurkuma | 1 EL süßes Paprikapulver
1 EL Ingwerpulver | 1 EL Zimtpulver
2 TL gem. Gewürznelken
1 TL geschrotete Chili

Koriander, Kreuzkümmel, Kardamom und Pfefferkörner getrennt rösten und mahlen. Mit allen übrigen Zutaten mischen.

Mixed Spices

Eine klassische englische Mischung, auch »Pudding Spice« genannt. Sie wird für traditionelle Gebäck- und Kompottrezepte, Apple Pies und Pfannkuchen verwendet.

3 TL Pimentkörner
3 TL Gewürznelken
2 1/2 TL Ingwerpulver
1 1/2 TL Zimtpulver
1 1/2 TL geriebene Muskatnuss

Piment und Gewürznelken getrennt rösten und mahlen. Je 2 TL abmessen. Mit den übrigen Zutaten mischen.

Cajun-Gewürz

Die Mischung stammt aus Louisiana. Sie passt zu Fisch, Fleisch und Huhn, kommt in Gumbos, traditionelle Eintopfgerichte, und in Jambalayas, scharf gewürztes Reisfleisch.

3 TL schwarze Pfefferkörner
1 TL weiße Pfefferkörner | 2 TL Kreuzkümmel
1 EL getr. Thymian | 2 TL getr. Oregano
2 TL Knoblauchpulver | 2 TL Zwiebelpulver
1 EL edelsüßes Paprikapulver
1 TL Cayennepfeffer

Pfefferkörner und Kreuzkümmel getrennt rösten und mahlen. Thymian und Oregano zwischen den Fingern zerreiben. Alle Zutaten mischen.

TIPP Für Cajun-Paste Knoblauch- und Zwiebelpulver weglassen. Frischen Knoblauch und frische Zwiebeln pürieren, mit den übrigen Gewürzen mischen.

Grünes Koriander-Mint-Curry

Diese Mischung passt besonders gut zu Gemüse- und Fischcurrys, die mit Kokosmilch oder Joghurtsaucen angereichert sind.

2 TL Koriandersamen
1 1/2 TL Bockshornkleesamen
1 TL Kardamomsamen
2 1/2 TL Knoblauchpulver | 1 EL Kurkuma
2 TL zerriebene getr. Minze
1 TL zerriebenes getr. Koriandergrün
1 TL Ingwerpulver | 1/2 TL Cayennepfeffer
1/4 TL gem. Gewürznelken

Koriander, Bockshornkleesamen und Kardamom getrennt rösten und mahlen. Mit den anderen Zutaten gut mischen.

Marokkanisches Honiggewürz

Die Aromen dieser Mischung entfalten sich besonders gut, wenn man sie mit Honig verrührt. Rechnen Sie 1 EL Gewürz auf 1–2 EL Honig.

2 EL Kreuzkümmel
2 EL Koriandersamen
1 EL schwarze Pfefferkörner
2 EL gem. getr. Orangenschalen (Seite 61)
2 EL Ingwerpulver | 1 EL Rosenpaprika
1 EL gem. Kardamom | 1/2 EL Kurkuma
1/2 EL Zimtpulver | 1/2 EL Salz
1 TL Cayennepfeffer

Kreuzkümmel, Koriander und Pfeffer getrennt rösten und mahlen. Mit den anderen Zutaten gut mischen.

Levantinische Pfeffermischung

Eine wundervoll aromatische Mischung aus den Gewürzen, die im östlichen Mittelmeerraum viel verwendet werden. Passt gut zu Hülsenfrüchten und geschmortem Gemüse.

3 EL schwarze Pfefferkörner
2 1/2 EL Pimentkörner
1 EL Zimtpulver
1 EL Paprikapulver
2 TL geriebene Muskatnuss

Pfeffer und Piment getrennt rösten und mahlen. 2 EL gemahlenen Piment abmessen und mit den übrigen Zutaten mischen.

Black Powder

Eine würzige Mischung, die besonders gut zu Quark, Gurken oder Tomaten schmeckt. Man kann auch die ganzen Gewürze ungeröstet in die Pfeffermühle füllen und frisch mahlen.

ZU GLEICHEN TEILEN
schwarze Pfefferkörner
Pimentkörner
Schwarzkümmelsamen
Koriandersamen

Alle Gewürze getrennt rösten und nicht zu fein mahlen. Gründlich mischen.

Lemon-Mint-Mix

Diese mediterrane, zitronige Mischung eignet sich für schnelle Dressings und Dips. Sie passt auch zu Fisch und Gemüse wie Fenchel und Zucchini.

2 EL gem. getr. Zitronenschalen (Seite 61)
3 EL Knoblauchpulver
1 EL schwarze Pfefferkörner
1 EL Meersalz
6 EL fein zerriebene getr. Minze

Alle Zutaten bis auf die Minze mischen und mahlen. Die Minze zugeben und eventuell alles nochmals mahlen.

Harvest Spice

Eine Mischung zu herbstlichem Gemüse, speziell zu Pastinaken, Kürbis und Rüben, aber auch zu deftigen Eintöpfen mit Schweinefleisch, Backobst und Nüssen.

2 EL Kardamomsamen
2 TL Pimentkörner
3 EL Ingwerpulver
2 EL Zimtpulver
1 TL Cayennepfeffer
1/2 TL gem. Gewürznelken

Kardamom und Piment getrennt rösten und mahlen. Mit den anderen Gewürzen gut mischen.

Oriental Orange Spice

Der Inbegriff orientalischer Küche: Orangen, Minze und Zimt … Eine hocharomatische Mischung für Reis und Couscous, aber auch zu Lamm und Geflügel.

6 EL Koriandersamen
2 TL schwarze Pfefferkörner
1 TL brauner Zucker
2 EL gem. getr. Orangenschalen (Seite 61)
1 TL gem. getr. Limettenschalen (Seite 61)
3 EL fein zerriebene getr. Minze
1 EL Kurkuma | 2 TL Zimtpulver
1 TL gem. Piment | 1/2 TL Chilipulver

Koriander und Pfeffer getrennt rösten. Zusammen mit Zucker, Orangen- und Limettenschalen mahlen. Dann mit den restlichen Zutaten gründlich mischen.

Karibische Currymischung

Nicht nur in Indien, sondern auch in weiten Teilen Afrikas und der Karibik sind Currymischungen beliebt. Diese Mischung passt gut zu exotischen Fisch- und Reisgerichten.

3 EL Koriandersamen
2 EL Senfkörner
1 EL Kreuzkümmel
2 EL Kurkuma
1 EL Knoblauchpulver
1 TL geschrotete Chili

Koriander, Senf und Kreuzkümmel getrennt rösten und mahlen. Mit den anderen Zutaten mischen.

Harissa

Auch wenn Harissa als Fertigprodukt zu bekommen ist: Wer die Paste selbst zubereitet, kann die Dosierung der einzelnen Zutaten ganz nach Geschmack variieren.

50 g getrocknete Chilischoten
3 Knoblauchzehen
2 TL Kreuzkümmel
2 TL Koriandersamen
1 TL Kümmelsamen
1 EL Salz | 1–2 EL Olivenöl
Olivenöl zum Bedecken

Chilis putzen, längs aufschlitzen und entkernen. Mit kochendem Wasser begießen und 15 Min. einweichen. Knoblauch schälen und hacken. Kreuzkümmel, Koriander und Kümmel fein mahlen. Alle Zutaten mit 1 EL Öl pürieren. So viel Öl zugeben, bis eine eher feste Paste entsteht. In ein verschließbares Glas füllen, mit Öl bedecken. Im Kühlschrank mehrere Wochen haltbar.

Kokos-Curry

Eine ungewöhnliche Currymischung, in der das Kokosaroma bereits enthalten ist. Passt vor allem zu Fisch und fruchtigen Currygerichten.

4 EL Koriandersamen
3 EL Kreuzkümmel
2 TL Kardamomsamen
1 TL Bockshornkleesamen
8 EL Kokosraspel
2 EL fein zerriebene getr. Curryblätter
2 TL geschrotete Chili
1 TL gem. Gewürznelken

Koriander, Kreuzkümmel, Kardamom und Bockshornkleesamen zusammen 6–8 Min. rösten. Die Kokosraspel einstreuen und 2–3 Min. mitrösten. Abkühlen lassen, mahlen und mit den restlichen Zutaten mischen.

Tunisian Rose & Mint Spice

Eine ebenso duftige wie frische Mischung zu Reisgerichten und Geflügel. Ungewöhnlich: Paradieskörner – glänzende Kügelchen mit pfefferähnlicher Schärfe.

2 EL Koriandersamen
2 TL schwarze Pfefferkörner
1 TL Paradieskörner
1 EL getr. Rosenblütenknospen
1/2 TL Knoblauchpulver
1 EL fein zerriebene getr. Minze

Koriander, Pfeffer und Paradieskörner getrennt rösten, dann fein mahlen. Mit Rosenknospen und Knoblauch eventuell nochmals mahlen. Die Minze untermischen.

Getrocknete Zitrusschalen

Ein wunderbar vielseitiges Gewürz. Getrocknete Zitronen- oder Orangenschalen eignen sich für Süßes ebenso wie für Pikantes und schmecken am besten hausgemacht.

10–20 Bio-Zitronen oder -Orangen

Die Zitrusfrüchte sehr heiß waschen und abtrocknen. Mit einem Sparschäler so dünn schälen, dass nichts Weißes mit abgezogen wird. Die Schalen locker auf einem Backblech verteilen. Im Backofen bei 60° (Umluft) 3–4 Std. trocknen lassen. Die Schalen sind richtig trocken, wenn sie sich knackend brechen lassen, aber noch nicht dunkel verfärben. Herausnehmen und auskühlen lassen. Je nach Rezept ganz verwenden, im Mörser stückeln oder im Blitzhacker zerkleinern und danach in der Kaffeemühle fein mahlen. Kühl, trocken und lichtgeschützt lagern.

Orange-Almond-Sprinkle-Mix

Eine köstlich süßherbe, unglaublich vielseitige Mischung. Auf Obstsalate, Milchreis oder Gebäck streuen – auch Eiscreme, Joghurt oder Pudding wird damit zum raffinierten Dessert.

- 100 g blanchierte Mandeln
- 100 g Orangeat
- 200 g Rohrzucker
- 10 g getr. Orangenschalen (Seite 61)
- 2 TL Zimtpulver

Mandeln und Orangeat im Blitzhacker nicht zu fein zerkleinern (wie grober Bulgur). Rohrzucker und Orangenschalen im Blitzhacker zu Puderzucker verarbeiten. Zuerst den Zimt, dann Mandeln und Orangeat untermischen. Im Kühlschrank mindestens 6 Monate haltbar.

Choco-Zimt-Zucker

Zimtfreunde sollten diesen Zucker einmal auf gebratenem Apfel versuchen.

- 150 g brauner Zucker
- 3 TL Zimtpulver
- 3 TL dunkler Kakao

Alle Zutaten im Mixer zu Puderzucker mahlen. In einem gut schließenden Glas aufbewahren.

VARIANTE
Für **Choco-Mint-Zucker** 2 EL fein zerriebene getrocknete Minze mit Zucker und Kakao mahlen. Schmeckt besonders gut auf einem Cappuccino.

Berberis-Almond-Sprinkle-Mix

Die saftig-knackige, säuerliche Mischung macht Melone und gebratene Bananen, Vanillepudding oder Gebäck aufregend frisch.

- 160 g blanchierte Mandeln
- 80 g getr. Berberitzen
- 100 g Vanillezucker (siehe Tipp)
- 2 TL gem. Kardamom

Mandeln und Berberitzen im Blitzhacker nicht zu fein zerkleinern. Vanillezucker mit Kardamom im Blitzhacker zu Puderzucker verarbeiten. Alles gründlich mischen.

TIPP 3–4 Vanilleschoten längs aufschlitzen. 500 g weißen Zucker mit den Schoten in ein gut schließendes Glas geben. Ab und zu umrühren und 1 Woche durchziehen lassen.

Orangensirup mit Kardamom und Zimt

Schmeckt mit Prosecco oder Mineralwasser. Ein Löffel davon aromatisiert Tee oder Espresso. Der Sirup passt außerdem zu Vanilleeis, dunkler Mousse au chocolat oder zu Crêpes.

- 1 l frisch gepresster Orangensaft
- 400 g Zucker
- 200 g Vanillezucker (siehe links)
- 1 Zimtstange
- 8–10 grüne Kardamomkapseln
- 2 Zitronen

Orangensaft mit Zucker und Vanillezucker aufkochen. Zimtstange in Stücke brechen, trocken rösten. Kardamomkapseln im Mörser anstoßen. Zitronen auspressen, mit den Gewürzen zum Orangensaft geben. Offen 30–40 Min. sprudelnd kochen lassen. Der Saft dickt dabei sirupartig ein. In sterilisierte Glasflaschen füllen. Kühl und dunkel lagern. Mindestens 6 Monate haltbar.

Orangenzucker

Eine wirklich feine Mischung. Passt gut in edlen Tee oder als Verzierung auf zartes Gebäck aufgestäubt.

100 g Zucker
5 ml Orangenblütenwasser
1 große Bio-Orange

Zucker mit Orangenblütenwasser beträufeln, auf einem Backblech verteilen. Orange heiß waschen. Die Schale mit dem Sparschäler hauchdünn ohne das Weiße abziehen. In 1 mm breite Streifen schneiden. Mit dem Zucker mischen und im Ofen bei 50° (Umluft) 2 Std. trocknen. Abkühlen lassen und im Mixer zu Puderzucker mahlen. Fest verschlossen aufbewahren.

Persisches Rosengewürz

Eine duftige Mischung, die vor allem zu süßen Reisspeisen und zartem Geflügel harmoniert.

10 EL getr. Rosenblütenblättchen
50 g Zimtstangen
5 EL Kardamomsamen
3 EL Kreuzkümmel

Die Rosenblättchen im Mixer zerkleinern. Alle anderen Zutaten zuerst getrennt rösten, dann zusammen mahlen. Rosenblätter untermischen.

Sweet Cinnamon Mix

Eine klassische Mischung, die gut zu herbstlichen Früchten passt. Einfach mit Zucker mischen, z. B. 1 Teil Sweet Cinnamon Mix und 4 Teile brauner Zucker.

3 EL Zimtpulver
2 EL gem. Piment
1 EL geriebene Muskatnuss
1 TL gem. Gewürznelken

Alle Gewürze gut miteinander mischen.

TIPP Ohne Zucker passt diese Mischung gut zu Schweinefleisch, Kürbis und allen Wurzelgemüsen, besonders zu süßen Möhren.

Arabian Coffee Spice

Diese Mischung bringt arabisches Flair in den Kaffee. Kardamom, Nelken, Piment und Pfeffer vor dem Mahlen und Abmessen getrennt trocken rösten.

9 TL gem. Kardamom
3 TL Zimtpulver
2 TL geriebene Muskatnuss
1 TL gem. Gewürznelken
1 TL gem. Piment
1 TL gem. schwarzer Pfeffer

Alle Gewürze gut miteinander mischen.

TIPP Arabian Coffee Spice schmeckt am besten in gesüßtem Espresso. Einfach 1 Prise davon mit dem Zucker hineinrühren. Fein auch in kräftigem Kakao.

REZEPTE

Salate und Suppen – mit ihnen startet jedes gute Menü. Sie machen Appetit und Lust auf mehr. Mit einem Stück Fladenbrot oder einem knusprigen Baguette wird aus jedem Gericht ein leichtes Mittagessen oder Abendbrot – ideal nicht nur für heiße Sommerabende.

SALATE & SUPPEN

Kräuter-Kartoffelsalat

Noch hart gekochte Eier oder heiße Würstchen dazu – und der kräutergrüne Kartoffelsalat ist ein komplettes Sommeressen. Durch den Estragon bekommt er eine zarte Anisnote.

ZUBEREITUNG: CA. 50 MIN.
PRO PORTION: CA. 265 KCAL
FÜR 4 PERSONEN

1 kg festkochende Kartoffeln
Salz | 3 Frühlingszwiebeln
250 ml kräftige Gemüsebrühe
6 EL Weißweinessig
4 EL Rapsöl
1/2 Salatgurke
1 Bund Petersilie
1 Bund Schnittlauch
1 Stängel Estragon
weißer Pfeffer aus der Mühle

1 Die Kartoffeln waschen und mit der Schale in Salzwasser zugedeckt in 25–30 Min. gar kochen.

2 Frühlingszwiebeln putzen und waschen. Das Weiße klein würfeln, das Grüne in feine Ringe schneiden. Gemüsebrühe mit den weißen Zwiebelwürfelchen und dem Essig erhitzen.

3 Kartoffeln abgießen und noch warm pellen. In Scheiben schneiden und in eine Schüssel geben. Gewürzte Brühe über die Kartoffeln gießen, Öl zugeben und alles rasch vermischen.

4 Die Salatgurke waschen und streifig schälen. Längs vierteln und in dünne Scheiben schneiden. Kräuter waschen, trocken schütteln und die Blättchen hacken. Schnittlauch fein schneiden. Kräuter und Gurkenscheiben unter den Kartoffelsalat mischen, mit Salz und Pfeffer abschmecken. Lauwarm oder abgekühlt servieren.

VARIANTEN

1. Mit Ingwer, Chinesischem Schnittlauch & Thai-Basilikum: 1 Stück frischen Ingwer (ca. 15 g) schälen und fein hacken, mit der Brühe erhitzen. Je 1 Bund Chinesischer Schnittlauch und Thai-Basilikum fein schneiden und statt der Kräuter unterheben.

2. Mit Löwenzahn & Speck: Statt der Kräuter 250 g zarte Löwenzahnblättchen waschen, trocknen und fein schneiden, untermischen. Statt Öl 125 g Frühstücksspeck in Streifen schneiden, knusprig braten und samt Bratfett über den Salat gießen. Vermischen und gleich servieren.

Radicchio mit scharfen Zitronenkartoffeln

Sanfte, leicht süßliche Kartoffeln können einiges vertragen: Zitrone und Essig liefern Säure, Olivenöl und Radicchio sorgen für herbe Töne, und Chili, Zwiebel und Knoblauch bringen frische Schärfe in diesen bunten Sommersalat.

ZUBEREITUNG: CA. 50 MIN.
MARINIEREN: 1 STD.
PRO PORTION: CA. 255 KCAL
FÜR 4 PERSONEN

800 g sehr kleine Kartoffeln | Salz
2 grüne Chilischoten
3–4 Frühlingszwiebeln
5–6 Knoblauchzehen
3–4 Bio-Zitronen
90 ml konzentrierte Brühe
90 ml Sherryessig
schwarzer Pfeffer aus der Mühle
2 Bund glatte Petersilie
1 mittelgroßer Kopf Radicchio
5 EL Olivenöl

1 Kartoffeln gründlich bürsten und mit der Schale in Salzwasser in 16–18 Min. gar kochen. Inzwischen die Chilischoten längs aufschlitzen, die Trennwände und Samen entfernen. Die Schoten waschen, das Fruchtfleisch fein würfeln. Frühlingszwiebeln putzen und waschen. Das Weiße fein hacken, das Grüne in feine Ringe schneiden und beiseitestellen. Knoblauch schälen. Zitronen heiß waschen. Von 2 Zitronen die Schale fein abreiben, 90 ml Saft auspressen.

2 Zitronensaft, Brühe und Sherryessig mit Zitronenschale, Salz und Pfeffer mischen. Knoblauch hineinpressen, Zwiebel- und Chiliwürfel hinzufügen. Die fertigen Kartoffeln abgießen, halbieren oder vierteln und noch heiß in das Dressing geben. Darin abkühlen lassen und mindestens 1 Std. im Kühlschrank durchziehen lassen. Die Kartoffeln dabei mehrmals in der Marinade wenden.

3 Inzwischen die Petersilie waschen, trocken schütteln und die Blättchen hacken. Salatblätter waschen und trocken tupfen. Von der Marinade 2 EL abnehmen, mit 2 EL Olivenöl mischen. Radicchio in einer flachen Schale verteilen und mit dem Dressing beträufeln. Restliches Öl mit der Petersilie und dem Grün der Frühlingszwiebeln unter die Kartoffeln mischen. Auf den Salatblättern anrichten.

VARIANTE MIT PISTAZIENDRESSING

Sehr gut schmecken die Kartoffeln auch in einem knackigen Pistaziendressing: Dafür 4 EL Zitronensaft mit Salz und Pfeffer mischen. 8 EL Olivenöl unterschlagen, bis eine Emulsion entsteht. 4 Frühlingszwiebeln wie oben beschrieben vorbereiten. 50 g Pistazienkerne fein mahlen, alles untermischen. Die heißen Kartoffeln im Dressing abkühlen und mindestens 1 Std. ziehen lassen, dabei mehrmals wenden. Mit 30 g grob gehackten Pistazienkernen und 2 TL Zitronenzesten bestreuen.

Dieser erfrischende Salat ist perfekt für einen heißen Sommerabend, beispielsweise zu gegrilltem Fisch. Dazu passt ein gut gekühlter Sherry oder ein eleganter Riesling von der Nahe.

Dieser mediterrane Salat ist die vegetarische Alternative zum klassischen Grillteller. Für einen anderen Akzent kann man die Aïoli auch einmal durch den Avocadodip mit Pistazien (Seite 134) ersetzen.

Salat aus gebackenem Gemüse mit Aïoli

Dieser Salat besticht durch den Gegensatz des weichen, gebackenen Gemüses zu den knackigen Blattsalaten. Durch das Backen wird die natürliche Süße des Gemüses verstärkt, gegen die die zitronigen Saucen einen frischen Kontrast setzen.

ZUBEREITUNG: CA. 1 STD.
PRO PORTION: CA. 710 KCAL
FÜR 4 PERSONEN

FÜR DAS GEMÜSE

2 kleine längliche Auberginen
2–3 kleine Zucchini
2–3 Möhren
Salz
8 große Champignons
2 EL Olivenöl
verschiedene Blattsalate nach Saison
1 Bund glatte Petersilie

FÜR DIE AÏOLI

2 Eigelb | 1/2 TL Salz
3–4 Knoblauchzehen
300 ml Olivenöl
1–1 1/2 EL Zitronensaft
weißer Pfeffer aus der Mühle

FÜR DIE VINAIGRETTE

2 EL Zitronensaft
Salz | schwarzer Pfeffer aus der Mühle
5 EL Olivenöl

1 Den Backofengrill auf 200° vorheizen, ein Backblech mit Backpapier belegen. Auberginen und Zucchini waschen, trocken tupfen. Möhren schälen. Auberginen und Zucchini in 1,5 cm dicke Scheiben, die Möhren längs in 1 cm breite Streifen schneiden. Auberginen leicht salzen und nach 10 Min. mit Küchenpapier ausdrücken. Die Champignons mit Küchenpapier abreiben, die Stiele abschneiden. Das Gemüse auf dem Blech verteilen. Mit Olivenöl einpinseln und im Ofen (oben) 10 Min. grillen. Gemüse wenden, nochmals mit Öl einpinseln und weitere 8–10 Min. grillen, bis alles weich und leicht gebräunt ist.

2 Für die Aïoli Eigelbe und Salz in den Mixer geben, den Knoblauch dazupressen. Etwa 10 Sek. mixen. Das Olivenöl zunächst tropfenweise, dann im dünnen Strahl zugießen. Sobald die Mischung cremig ist, kann das restliche Öl auch schneller zugegeben werden. Zum Schluss mit Zitronensaft, Salz und weißem Pfeffer abschmecken. (Wichtig: Eigelb und Öl müssen Zimmertemperatur haben. Falls die Aïoli gerinnt, 1–2 TL kochend heißes Wasser hineinmixen.)

3 Die Blattsalate und die Petersilie waschen und trocken schleudern. Salate auf einer Platte verteilen, Petersilienblättchen abzupfen. Für die Vinaigrette Zitronensaft mit Salz und Pfeffer verrühren. Olivenöl nach und nach unterschlagen, bis alles emulgiert. Die Vinaigrette über den Salat träufeln. Das warme Gemüse darauf verteilen, mit Petersilienblättchen bestreuen. Die Aïoli getrennt dazu servieren.

VARIANTE MIT SAFRAN

Wem die klassische Aïoli zu schwer ist, der kann einmal milde Aïoli mit Safran versuchen. Dafür 1 gute Prise Safranfäden mit etwas Salz im Mörser zerreiben, mit 1 TL Zitronensaft verrühren und kurz stehen lassen. 4 EL gute Mayonnaise mit 4 EL griechischem Joghurt (10 % Fett) mischen. 2 frische Knoblauchzehen schälen und hineinpressen. Mit der Safranmischung, 1/2 TL Akazienhonig, Salz, Pfeffer, Cayennepfeffer und Zitronensaft abschmecken. Passt auch gut zu gegrilltem Fisch.

Taboulé – vier Mal variiert

Taboulé klassisch

ZUBEREITUNG: CA. 45 MIN.
PRO PORTION: CA. 270 KCAL
FÜR 4 PERSONEN

125 g Bulgur
4 Bund glatte Petersilie
6 EL Zitronensaft | 8 EL Olivenöl
Salz | schwarzer Pfeffer aus der Mühle

1 Bulgur in einer Schüssel 1 cm hoch mit heißem Wasser bedecken. Etwa 30 Min. quellen lassen, bis die Körner weich, aber noch etwas bissfest sind. Bulgur in einem Sieb abtropfen lassen.

2 Petersilie waschen, trocken schütteln und die Blätter grob zerschneiden. Bulgur, Petersilie, Zitronensaft und Olivenöl mischen. Mit Salz und Pfeffer abschmecken. Bis zum Servieren kühl stellen.

Taboulé mit Chinesischem Schnittlauch

ZUBEREITUNG: CA. 1 STD.
PRO PORTION: CA. 285 KCAL
FÜR 4 PERSONEN

1 Rezept Taboulé klassisch | 6 EL Limettensaft
1 Bund Chinesischer Schnittlauch
1 EL sehr fein gehackter Ingwer
1 TL Sesam-Würzöl
1 TL chinesische Chilisauce

1 Das Taboulé wie links beschrieben, jedoch ohne Petersilie zubereiten. Mit Limettensaft statt mit Zitronensaft anmachen.

2 Schnittlauch waschen, trocken schütteln und schräg in feine Streifen schneiden. Mit dem Ingwer unter das Taboulé mischen. Den Salat mit Sesam-Würzöl und Chilisauce aromatisieren. Vor dem Servieren 30 Min. kühl stellen.

Taboulé mit Fenchelgrün

ZUBEREITUNG: CA. 45 MIN.
PRO PORTION: CA. 330 KCAL
FÜR 4 PERSONEN

1 Rezept Taboulé klassisch
2 reife Tomaten
1 Handvoll Fenchelgrün (vom Gewürzfenchel)
1 EL Anislikör (z. B. Pastis, nach Belieben)
30 g Haselnüsse

1 Das Taboulé wie links beschrieben zubereiten. Die Tomaten kurz überbrühen, häuten und die Stielansätze entfernen. Die Früchte klein würfeln. Unter das Taboulé mischen.

2 Fenchelgrün waschen, trocken schütteln und fein schneiden. Untermischen und das Taboulé nach Belieben mit Pastis aromatisieren. Die Haselnüsse in einer beschichteten Pfanne ohne Fett leicht anrösten. Grob raspeln und über den Salat streuen.

Taboulé mit Minze & Chili

ZUBEREITUNG: CA. 45 MIN.
PRO PORTION: CA. 280 KCAL
FÜR 4 PERSONEN

1 Rezept Taboulé klassisch
2 grüne Chilischoten
3 Zweige Türkische Minze | 2 reife Tomaten
Cayennepfeffer (nach Belieben)

1 Das Taboulé wie links beschrieben zubereiten. Die Chilis längs aufschlitzen, Kerne entfernen und waschen. Die Schoten sehr klein würfeln.

2 Minze waschen, trocken schütteln und die Blätter fein schneiden. Die Tomaten waschen, die Stielansätze entfernen und die Früchte klein würfeln.

3 Chilis, Minze und Tomaten unter das Taboulé mischen. Den Salat nach Belieben mit Cayennepfeffer pikant abschmecken.

Thai-Salat mit Roastbeef

Exotische Resteküche: Für den Salat können Sie übrig gebliebenes Fleisch von Roastbeef oder Tafelspitz nehmen. Fein, wenn Gäste kommen: Der Salat macht was her und lässt sich problemlos vorbereiten, am schnellsten mit Roastbeef-Aufschnitt vom Metzger.

ZUBEREITUNG: CA. 30 MIN.
MARINIEREN: CA. 2 STD.
PRO PORTION: CA. 215 KCAL
FÜR 4 PERSONEN

1 kleine Gärtnergurke oder
1/2 Salatgurke (ca. 15 cm)
1 Bio-Limette
1 grüne Chilischote
4 dicke Frühlingszwiebeln
1 Stängel Zitronengras
1 Bund Thai-Basilikum
3–4 EL Fischsauce
5 EL Erdnussöl
Salz | Pfeffer aus der Mühle
300 g Roastbeef-Aufschnitt oder
gekochtes Rindfleisch (z. B. Tafelspitz)
in sehr dünnen Scheiben

1 Gurke schälen und in dünne Scheiben hobeln. Limette waschen, trocknen und halbieren. Eine Hälfte auspressen, die andere in hauchdünne Scheiben hobeln. Chilischote längs aufschlitzen, Kerne entfernen, waschen und fein würfeln. Frühlingszwiebeln putzen, waschen und in dünne Ringe hobeln oder schneiden. Zartes Grün hacken.

2 Wurzelansatz und Stängel vom Zitronengras abschneiden. Das untere verdickte Ende sehr fein hacken. Thai-Basilikum waschen und trocken schütteln. Blättchen von 2 Stängeln abzupfen und sehr fein hacken. Mit dem Zitronengras, 2 EL Limettensaft, 3 EL Fischsauce und Erdnussöl verrühren. Sauce mit Salz, Pfeffer und eventuell noch etwas Fischsauce abschmecken.

3 Eine größere Servierplatte mit etwas Sauce bestreichen. Roastbeefscheiben abwechselnd mit Zwiebelringen, Gurken- und Limettenscheiben darauf anrichten. Frühlingszwiebelgrün und Chili darüberstreuen. Die restliche Marinade darüberträufeln. Abgedeckt im Kühlschrank etwa 2 Std. marinieren.

4 Kurz vor dem Servieren Basilikumblättchen von restlichen Stängeln abzupfen. Den Salat mit den Kräutern bestreut servieren.

MEDITERRANE VARIANTE

Der Rindfleischsalat passt – ein wenig abgewandelt – auch gut auf ein mediterranes Büfett. Dafür das Dressing aus 1 EL Zitronensaft, 1 EL Aceto balsamico, Salz, Pfeffer und 5 EL Olivenöl zubereiten. 1 gepresste Knoblauchzehe und 1 EL fein gehacktes (italienisches) Basilikum unterrühren. Roastbeefscheiben statt mit Limetten- mit Zitronenscheiben, Gurke und Frühlingszwiebeln anrichten. Statt Chiliringen mit 2 EL Kapern und mit reichlich Basilikumblättchen bestreuen.

Limette, Chilischote, Zitronengras, Thai-Basilikum und Fischsauce – typisch thailändische Würzen. Damit können Sie nicht nur Roastbeef fernöstlich anmachen, sondern auch in Brühe gegartes und in Streifen zerpflücktes Hähnchenbrustfilet.

Rucola mit Orange und Thymian-Ziegenkäse-Crostini

Einheit in der Vielfalt: Um nussigen Rucola und herb-aromatische Thymian-Crostini legt sich die feine Süße von Honigdressing und Orangen.

ZUBEREITUNG: CA. 30 MIN.
PRO PORTION: CA. 415 KCAL
FÜR 4 PERSONEN

1/2 Bund Thymian
150 g Ziegenfrischkäse
7 EL kalt gepresstes Raps- oder Olivenöl
1 dickes Bund wilder Rucola
2 kleine Romanasalatherzen
1 Bio-Orange
3 EL Aceto balsamico bianco
Salz | Pfeffer aus der Mühle
1 EL Akazienhonig
8 Scheiben Baguette

1 Thymian waschen und trocken schütteln. 8 kleine Zweige beiseitelegen. Von den restlichen Zweigen die Blättchen abstreifen. Den Ziegenfrischkäse mit 2 EL Öl und den Thymianblättchen verrühren.

2 Rucola verlesen, grobe Stiele abknipsen, Blättchen waschen. Romanasalat putzen, in Blätter teilen und waschen. Rucola- und Romanablätter nach Belieben kleiner zupfen, trocken schleudern und mischen. Backofen auf 250° (Umluft 230°) vorheizen. Die Orange dick schälen, sodass auch die weiße Innenhaut mit entfernt wird. Orangenfilets aus den Häutchen schneiden. Den austretenden Orangensaft dabei auffangen. Salat auf vier Tellern verteilen. Mit den Orangenfilets garnieren.

3 Orangensaft mit Aceto balsamico, Salz, Pfeffer und Akazienhonig verrühren. Mit restlichem Öl zu einem cremigen Dressing verrühren. Dressing über den Salat träufeln.

4 Baguettescheiben mit der Käsecreme bestreichen. Im Ofen (oben) etwa 4 Min. gratinieren. Die Baguettes mit den restlichen Thymianzweigen garnieren und sofort mit dem Salat servieren.

VARIANTEN

1. Mit Portulak: Statt Rucola passt auch Winterportulak sehr gut zu den Orangen, nach Belieben pur oder mit Feldsalat gemischt. Manchmal haben die zarten Portulak-Blättchen mit dem langen Stiel in der Mitte einen Blütenansatz, den Sie ruhig mitessen können.

2. Mit gemischten Blattsalaten: Thymiancrostini schmecken auch sehr gut zu südfranzösischem Mesclun-Salat, der – je nach Saison – aus Löwenzahn, Romana-, Frisée- oder Feldsalat, Chicorée, aber auch Kräutern wie Brunnenkresse, Kerbel oder Petersilie gemischt wird.

3. Mit anderem Obst: Im Sommer Rucola mit Pfirsichspalten oder Melone kombinieren. Im Herbst passen auch rote halbierte Weintrauben sehr gut.

Ein Salat, der nicht nur durch seine geschmackliche Ausgewogenheit besticht: Knusprig, knackig, saftig und cremig zugleich, fühlt er sich beim genüsslichen Verzehr auch noch richtig spannend an!

Tomaten-Feta-Salat mit Minze und Walnüssen

Dieser Salat ist zusammen mit Fladenbrot ein köstliches, leichtes Sommeressen.

ZUBEREITUNG: CA. 50 MIN.
MARINIEREN: 2 STD.
PRO PORTION: CA. 380 KCAL
FÜR 4 PERSONEN

750 g aromatische Tomaten (z. B. Eiertomaten)
Salz
1 Bio-Orange (oder 1 TL getr. Orangenschalen, Seite 61)
2–3 EL frische Minze
3 Frühlingszwiebeln
300 g fester Fetakäse
40 g Walnusskerne
1 TL Kreuzkümmel
1 TL Koriandersamen
3 EL Zitronensaft
schwarzer Pfeffer aus der Mühle
5 EL Olivenöl

1 Tomaten mit kochendem Wasser übergießen, häuten, entkernen und klein würfeln. Leicht salzen, beiseitestellen. Orange heiß waschen, Schale mit Zestenreißer abziehen und fein würfeln. Minze waschen, trocken schütteln und fein hacken. Ein paar Blättchen zur Deko ganz lassen. Frühlingszwiebeln putzen und waschen. Das Grüne in sehr feine Ringe schneiden, das Weiße fein hacken. Fetakäse klein würfeln.

2 Walnusskerne in einer Pfanne ohne Fett rösten. Abkühlen lassen. Die Hälfte grob hacken. Kreuzkümmel- und Koriandersamen ebenfalls trocken rösten, abkühlen lassen und mit den restlichen Walnusskernen fein mahlen. Mit den grob gehackten Walnüssen und 1/2 TL Salz mischen. Beiseitestellen. Zitronensaft mit Salz und Pfeffer mischen. Olivenöl tropfenweise unterschlagen, bis eine Emulsion entsteht. Orangenschale und Frühlingszwiebeln einrühren.

3 Tomatenwürfel in ein Sieb geben und die ausgetretene Flüssigkeit abtropfen lassen. Mit den Fetawürfeln und dem Dressing mischen. Mindestens 2 Std. im Kühlschrank ziehen lassen. Mit Minzeblättchen dekorieren, mit der Nussmischung bestreuen.

MEDITERRANE VARIANTE
Statt Feta Mozzarella nehmen, die Minze durch frisches Basilikum ersetzen und die Walnusskerne gegen trocken geröstete Pinienkerne tauschen.

Tomaten und Feta in mundgerechte Würfel schneiden. Die Kräuter klein schneiden.

Das Öl nach und nach mit dem Rührbesen einarbeiten – so wird das Dressing sämig.

Damit der Salat nicht zu wässrig wird, die gesalzenen Tomaten kurz abtropfen lassen.

Rote-Beten-Salat mit Meerrettichdressing

Meerrettich, Senf und Kresse – das scharfe Trio wird durch Ahornsirup gemildert und passt perfekt zu den sanften roten Beten.

ZUBEREITUNG: CA. 20 MIN.
MARINIEREN: 1 STD.
PRO PORTION: CA. 215 KCAL
FÜR 4 PERSONEN

500 g Rote Beten (vorgekocht)
4 EL Zitronensaft | 1 EL Zucker
Salz | schwarzer Pfeffer aus der Mühle
400 g griechischer Joghurt (10 % Fett)
3 EL geriebener Meerrettich (Glas)
2 EL Ahornsirup | 1–2 EL Dijon-Senf
1 Kästchen Kresse

1 Die Rote-Beten-Knollen in kleine Würfel oder Stifte schneiden. Zitronensaft mit Zucker, Salz und Pfeffer mischen. Die Roten Beten darin mindestens 1 Std. im Kühlschrank ziehen lassen.

2 Joghurt mit Meerrettich, Ahornsirup und Senf mischen, mit Salz und Pfeffer abschmecken. Über die Roten Beten löffeln, nur leicht untermischen. Kresse kalt abbrausen, abschneiden und darüberstreuen.

VARIANTE MIT KOKOS, LIMETTE & CHILI

Rote Beten wie oben beschrieben würfeln und marinieren. 200 g griechischen Joghurt (10 % Fett) mit 200 ml Kokosmilch, 1 EL Limettensaft und 1 TL braunem Zucker verrühren. Mit Salz, Pfeffer, Cayennepfeffer, Limettensaft abschmecken. Dressing auf den Roten Beten verteilen. Mit einer Mischung aus 2 EL gerösteten Kokosraspeln und 1 Msp. Cayennepfeffer und zuletzt mit 1 fein gewürfelten kleinen grünen Chili bestreuen.

Mediterraner Paprikasalat mit Thunfisch

Mit Fladenbrot reicht dieser Salat für vier Personen zum Sattessen – oder für acht als Vorspeise.

ZUBEREITUNG: CA. 50 MIN.
MARINIEREN: CA. 1 STD.
PRO PORTION: CA. 350 KCAL
FÜR 4 PERSONEN

4 rote Paprikaschoten
3 rote Zwiebeln
2–3 Knoblauchzehen
3 EL Zitronensaft
Salz | schwarzer Pfeffer aus der Mühle
6 EL Olivenöl
1 Kopfsalat | 3 Eier
1 Bund Koriandergrün (oder glatte Petersilie)
100 g schwarze Oliven ohne Stein
2 Dosen Thunfisch ohne Öl (à 150 g Abtropfgewicht)

1 Ofen auf 200° (Umluft) mit Grillfunktion vorheizen. Ein Backblech mit Backpapier belegen. Paprikaschoten halbieren, putzen und waschen. Mit der Schnittfläche nach unten aufs Blech legen, etwas flach drücken. Im Ofen (oben) 15–20 Min. grillen, bis die Haut dunkle Blasen wirft. Die Paprika herausnehmen, mit einem feuchten Tuch bedecken und 10 Min. abkühlen lassen. Dann häuten.

2 Zwiebeln und Knoblauch schälen. Die Zwiebeln halbieren und in sehr feine Streifen schneiden. Diese fein hacken. Die gehäuteten Paprika in Streifen schneiden. Zitronensaft mit Salz und Pfeffer verrühren. Knoblauch dazupressen. Olivenöl langsam im dünnen Strahl dazugießen und unterschlagen. Zwiebeln untermischen. Paprika darin 1 Std. im Kühlschrank ziehen lassen.

3 Inzwischen die Salatblätter waschen und trocken schleudern. Eier in 10 Min. hart kochen, kalt abschrecken, pellen und hacken. Koriandergrün waschen, trocken schütteln, die Blättchen abzupfen und hacken. Oliven in feine Ringe schneiden. Thunfisch abtropfen lassen, mit der Gabel zerpflücken. Salatblätter auf einem großen Teller ausbreiten. Paprika mit Thunfisch, Oliven und gehacktem Ei mischen und auf den Salatblättern verteilen. Mit Koriandergrün bestreuen.

VARIANTE MIT TOMATEN & BASILIKUM

Paprika durch gehäutete und entkernte Fleischtomaten-Viertel ersetzen. Statt roter Zwiebeln und Koriandergrün gibt es Frühlingszwiebeln und Basilikum dazu und milde Sardellenfilets anstelle von Thunfisch. Die Eier nicht hacken, sondern vierteln.

Geröstete gehäutete Paprikaschoten sind eine schnell zubereitete Basis für köstliche Vorspeisen: Sie schmecken klassisch italienisch, mit gutem Olivenöl sowie etwas Aceto balsamico, aber auch orientalisch, mit einem Dressing aus Tahini, Joghurt, Zitronensaft, Knoblauch und mit geröstetem Sesam bestreut.

Dieser feinherbe Salat schmeckt ganz pur oder mit einem Stück Weißbrot als leichtes Mittag- oder Abendessen. Da greifen nicht nur Salatfans gerne zu.

Friséesalat mit Lachs-Omelett-Röllchen

Herber Frisée, scharfe Frühlingszwiebeln, salziger Lachs und mild pikantes Omelett gehen eine großartige Verbindung ein.

ZUBEREITUNG: CA. 40 MIN.
PRO PORTION: CA. 385 KCAL
FÜR 4 PERSONEN

1 Kopf Friséesalat
2 Frühlingszwiebeln
8 Scheiben Räucherlachs in dünnen Scheiben
4 Eier (Größe M)
1 EL Sojasauce
Salz
schwarzer Pfeffer aus der Mühle
2–3 TL Öl
6 EL Zitronenvinaigrette (Seite 90)

1 Friséesalat waschen, putzen, trocken schleudern und klein zupfen. Frühlingszwiebeln putzen und waschen. Das Weiße sehr fein hacken, das Grüne in sehr feine Ringe schneiden. Räucherlachsscheiben nebeneinanderlegen.

2 Eier mit 2 EL Wasser, Sojasauce, Salz und Pfeffer mit dem Schneebesen 1–2 Min. schlagen. Eine beschichtete Pfanne (20 cm Ø) mit etwas Öl auspinseln und stark erhitzen. Etwa 50 ml Eimischung in die Pfanne geben, durch Schwenken verteilen. Etwa 20 Sek. stocken lassen, bis das Omelett von unten hellbraun, von oben noch etwas feucht ist.

3 Pfanne vom Herd nehmen, 2 Lachsscheiben und einige Zwiebelwürfel auf dem Omelett verteilen. Das Omelett aufrollen, etwas abkühlen lassen und in 2–3 cm breite Röllchen schneiden. Die anderen Omeletts ebenso zubereiten. Frisée mit Vinaigrette beträufeln, die Lachsröllchen darauf anrichten, mit dem Zwiebelgrün dekorieren.

VARIANTEN
1. Mit Meerrettich & Kresse: Die Omeletts dünn mit Meerrettichcreme bestreichen, darauf den Lachs legen. Statt mit Frühlingszwiebeln mit etwas Kresse oder Schnittlauchröllchen bestreuen und aufrollen.
2. Mit pikanten Pasten: Omeletts mit Ajvar (würzige Paprikapaste), Pesto oder Tapenade bestreichen. Mit Petersilienblättchen bestreuen und aufrollen. Besonders lecker mit einem selbst gemachten Pesto (Seite 146/147).

Wildkräutersalat mit Tomaten-Bärlauch-Dressing

Kostenlos wild: Die meisten Salatzutaten gibt's umsonst von einer ungedüngten Wiese. Für einen ausgewogenen Aromenmix mischen Sie möglichst viele verschiedene Kräuter von sanft bis würzig. Die aufgestreuten Tomatenwürfelchen mildern das herbe Aroma.

ZUBEREITUNG: CA. 25 MIN.
PRO PORTION: CA. 140 KCAL
FÜR 4 PERSONEN

300 g gemischte Wildkräuter (Löwenzahn, Gänseblümchenblätter und -blüten, Spitzwegerich, Taubnessel, Sauerklee, Sauerampfer, zarte Blättchen vom Wiesenschaumkraut)
2 große reife Tomaten
4 EL Zitronensaft
1 TL scharfer Senf
Salz | schwarzer Pfeffer aus der Mühle
4 EL natives Olivenöl extra
2 EL fein geschnittener Bärlauch

1 Die Wildkräuter in stehendem lauwarmem Wasser waschen, verlesen und gut abtropfen lassen. Die Blättchen abzupfen und unzerkleinert locker auf vier Teller verteilen.

2 Tomaten waschen und die Stielansätze entfernen. Tomaten in feine Spalten schneiden und über die Kräuter streuen.

3 Für das Dressing Zitronensaft, Senf, Salz und Pfeffer in einen Mixbecher geben und kräftig schütteln. Das Olivenöl zugeben und alles zu einer cremigen Sauce mixen. Das Dressing über den Salat träufeln, mit dem Bärlauch bestreuen und sofort servieren.

VARIANTE MIT BRENNNESSELN & KNOBLAUCH

Statt der gemischten Kräuter 500 g zarte Brennnesselspitzen (mit Gummihandschuhen sammeln und verarbeiten) gut waschen. In reichlich Salzwasser 3–5 Min. blanchieren, abgießen, kalt abschrecken und gut abtropfen lassen. Auf vier Tellern anrichten. 3 Knoblauchzehen schälen und fein hacken, in 4 EL Olivenöl glasig dünsten. Über die Brennnesseln gießen, mit Salz und Pfeffer würzen, mit jeweils 1 EL Zitronensaft beträufeln. Sofort servieren, sonst werden die Blätter braun.

Kräuterküche in Reinform: Wenige Zutaten perfekt aufeinander abgestimmt, einfach und schnell zubereitet – ein knackiger Salat, der an geschmacklicher Vielfalt kaum zu übertreffen ist.

Walnuss-Dressing

ZUBEREITUNG: CA. 15 MIN.
PRO PORTION: CA. 205 KCAL
FÜR 4 PERSONEN

50 g gehackte Walnusskerne
2 EL Sherryessig
Salz | schwarzer Pfeffer aus der Mühle
2 TL Dijon-Senf
2 TL Ahornsirup
1 Knoblauchzehe
6 EL Walnussöl
Schnittlauchröllchen

1 Die Walnusskerne in einer beschichteten Pfanne ohne Fett kurz anrösten. Beiseitestellen.

2 Essig, Salz, Pfeffer, Senf und Ahornsirup verrühren. Knoblauchzehe schälen und dazupressen. Das Walnussöl nach und nach unterschlagen, bis ein sämiges Dressing entsteht.

3 Das Dressing über den vorbereiteten Salat träufeln. Mit den gerösteten Nüssen und mit reichlich Schnittlauch bestreuen. Sofort servieren.

Oliven-Dressing

ZUBEREITUNG: CA. 15 MIN.
PRO PORTION: CA. 70 KCAL
FÜR 4 PERSONEN

1/2 Bund glatte Petersilie
2–4 EL Tapenade (schwarze Olivenpaste)
5–6 EL Gemüsebrühe
2 EL Olivenöl

1 Die Petersilie waschen und trocken schütteln. Die Blättchen abzupfen und hacken.

2 Tapenade und Gemüsebrühe verrühren. Das Olivenöl tropfenweise unterschlagen.

3 Das Dressing über den vorbereiteten Salat träufeln. Mit Petersilie bestreuen. Dieses Dressing passt auch gut zu Tomaten- und Bohnensalat.

Rucola-Dressing

ZUBEREITUNG: CA. 20 MIN.
PRO PORTION: CA. 270 KCAL
FÜR 4 PERSONEN

150 g Rucola (oder halb Rucola, halb Petersilie)
100 g Pinienkerne
150 ml Gemüsebrühe
1 EL Sherry
2 EL Olivenöl
1–2 TL Ahornsirup
Salz | schwarzer Pfeffer aus der Mühle

1 Den Rucola waschen, trocken schütteln und grob hacken. Die Pinienkerne in einer beschichteten Pfanne ohne Fett in 5 Min. goldgelb rösten. 2 EL davon beiseitestellen.

2 Restliche Pinienkerne, Rucola und 3 EL Brühe, Sherry und Olivenöl im Mixer pürieren. So viel Brühe (60–110 ml) unterrühren, bis ein dickflüssiges Dressing entsteht.

3 Das Dressing mit Ahornsirup, Salz und Pfeffer abschmecken. Über den vorbereiteten Salat träufeln. Mit den restlichen Pinienkernen bestreuen und sofort servieren.

Orangen-Kresse-Dressing

ZUBEREITUNG: CA. 45 MIN.
PRO PORTION: CA. 110 KCAL
FÜR 4 PERSONEN

8–9 Bio-Orangen
1 EL brauner Zucker
3 EL Olivenöl
Salz | schwarzer Pfeffer aus der Mühle
1 TL scharfer Senf
1 Kästchen Kresse

1 Eine Orange heiß waschen, abtrocknen und die Schale mit einem Zestenreißer in langen Streifen abziehen. Alle Orangen auspressen und 400 ml Saft abmessen.

2 Den Orangensaft mit dem Zucker aufkochen und bei mittlerer Hitze in 20–30 Min. auf 150 ml einkochen lassen. Lauwarm abkühlen lassen. Das Olivenöl erst tropfenweise, dann in dünnem Strahl zugießen und unterschlagen.

3 Das Dressing mit Salz, Pfeffer und Senf abschmecken. Über den vorbereiteten Salat träufeln. Die Kresse vom Beet schneiden. Mit den Orangenzesten über den Salat streuen. Sofort servieren.

Fans von bitteren Aromen freuen sich über einen Salat aus Endivien- und Radicchioblättern, Rucola und reifen Avocadospalten. Kombinieren Sie dazu ein feinherbes Dressing auf der Basis von Walnüssen, Oliven, Rucola oder Orangen.

Tomaten-Kräuter-Vinaigrette

Klassischer Anmacher für sommerfrische Blattsalate – variieren Sie die Kräuter nach Marktangebot. Besonders fein: Zusätzlich 1 Handvoll Estragonblättchen unter den Salat mischen.

ZUBEREITUNG: CA. 5 MIN.
PRO PORTION: CA. 145 KCAL
FÜR 4 PERSONEN

2 EL Cidreessig | 1 EL Dijon-Senf
Salz | Pfeffer aus der Mühle
1 Prise Zucker
6 EL kalt gepresstes Sonnenblumenöl
4 EL fein gehackte Kräuter (z. B. Petersilie, Kerbel, Pimpinelle und Estragon)
1 kleine Tomate | 1 Schalotte

1 Cidreessig mit Senf, Salz, Pfeffer und 1 Prise Zucker glatt rühren, am besten mit dem Schneebesen. Sonnenblumenöl unterschlagen, dann die Kräuter unterrühren.

2 Tomate waschen, Schalotte schälen. Beides sehr fein würfeln und unter die Vinaigrette rühren. Sauce nochmals mit Salz, Pfeffer und Zucker abschmecken.

Roquefort-Kresse-Schnittlauch-Dressing

Roquefort, Kresse und Schnittlauch – besonders Gurken oder Chicorée vertragen das würzige Trio. Mit Schinkenstreifen wird daraus ein Salat zum Sattessen.

ZUBEREITUNG: CA. 5 MIN.
PRO PORTION: CA. 100 KCAL
FÜR 4 PERSONEN

1 Stückchen Roquefort (15–20 g)
100 g Sahne | 1 EL Weißweinessig
1/2 Bund Schnittlauch
1 Kästchen Kresse
Salz | Pfeffer aus der Mühle

1 Käse mit einer Gabel fein zerkleinern und mit einem Schneebesen unter die Sahne rühren. Weißweinessig und 1 EL Wasser unterrühren.

2 Schnittlauch waschen, trocken schütteln und in feine Röllchen schneiden. Kresse vom Beet schneiden und mit dem Schnittlauch unter das Dressing rühren. Sauce kräftig mit Salz und Pfeffer abschmecken.

Orientalisches Minze-Dressing

Macht aus klein gewürfeltem Gemüse, z. B. Paprika, Frühlingszwiebel, Gurke und Tomate, einen frischen Salat fürs orientalische Büfett. Passt auch gut zu Blattsalaten.

ZUBEREITUNG: CA. 5 MIN.
PRO PORTION: CA. 140 KCAL
FÜR 4 PERSONEN

1/2 Bund Minze
3 EL Zitronensaft
1 TL Tahini (Sesampaste)
6 EL Olivenöl
Salz | Paprikapulver
gemahlener Kreuzkümmel

1 Minze waschen und trocken schütteln. Die Blättchen in feine Streifen schneiden.

2 Zitronensaft und Tahin vermischen. Mit dem Öl zu einer cremigen Sauce verrühren. Sauce mit Salz, Paprika und Kreuzkümmel würzen. Die Minzestreifen unterrühren.

Asia-Sauce

Fein zu asiatisch inspirierten Salaten mit Sprossen oder Gurkenstiften. Für eine schärfere Version den Reisessig statt mit Zucker mit 1 TL Wasabipaste verrühren.

ZUBEREITUNG: CA. 5 MIN.
PRO PORTION: CA. 60 KCAL
FÜR 4 PERSONEN

1/2 Bund Schnittknoblauch
4 EL Reisessig | 1 TL brauner Zucker
Salz | Pfeffer aus der Mühle
1 EL neutrales Pflanzenöl | 1 TL Sesam-Würzöl
2 TL ungeröstete Erdnusskerne

1 Schnittknoblauch waschen und trocken schütteln. Wurzeln abschneiden. Die Halme mit einem scharfen Messer schräg in winzige, hauchfeine Streifchen schneiden.

2 Reisessig mit dem Zucker, Salz und Pfeffer verquirlen, dann beide Öle unterrühren. Erdnüsse sehr fein hacken. Sauce mit Erdnüssen und dem Schnittknoblauch verrühren und nochmals abschmecken.

Dip-Trip um die Welt: mit Tomaten-Kräuter-Vinaigrette nach Frankreich (oben links), mit Minze-Dressing in den Orient (unten links), mit Asia-Sauce nach Fernost (unten rechts) – und mit Roquefort-Kresse-Schnittlauch-Dressing zurück nach Hause (oben rechts).

Vinaigrette – vier Mal variiert

Vinaigrette mit Zitrone & Senf

ZUBEREITUNG: CA. 10 MIN.
PRO PORTION: CA. 170 KCAL
FÜR 4 PERSONEN

1 EL Rotweinessig
1–2 EL Zitronensaft
Salz | schwarzer Pfeffer aus der Mühle
2 TL grober Senf
1–2 TL Dijon-Senf
1 gute Prise Zucker
8 EL Olivenöl

1 Rotweinessig, Zitronensaft, Salz, Pfeffer, beide Senfsorten und Zucker in eine Schüssel geben. Mit dem Schneebesen gut verrühren, bis sich Salz und Zucker vollständig gelöst haben.

2 Das Olivenöl unterrühren, bis eine glatte, cremige Sauce entstanden ist.

Vinaigrette mit Walnuss & Honig

ZUBEREITUNG: CA. 10 MIN.
PRO PORTION: CA. 240 KCAL
FÜR 4 PERSONEN

2 EL Sherryessig
Salz | schwarzer Pfeffer aus der Mühle
2 TL Dijon-Senf
2 TL Honig
4 EL Walnussöl
4 EL Sonnenblumenöl
40 g fein gehackte Walnusskerne

1 Sherryessig, Salz, Pfeffer, Senf und Honig in eine Schüssel geben. Mit dem Schneebesen gut verrühren, bis sich das Salz vollständig gelöst hat.

2 Walnuss- und Sonnenblumenöl unterrühren, bis eine glatte, sämige Sauce entstanden ist. Zuletzt die Nüsse untermischen.

Vinaigrette mit Kapern & Sardellen

ZUBEREITUNG: CA. 15 MIN.
PRO PORTION: CA. 175 KCAL
FÜR 4 PERSONEN

4–5 Sardellenfilets (in Salz eingelegt)
3–4 TL Kapern (Glas)
1 Bund glatte Petersilie
3 EL Zitronensaft
8 EL Olivenöl

1 Die Sardellenfilets kurz wässern und dann grob hacken. Die Kapern abspülen und abtropfen lassen. Die Petersilie waschen, trocken schütteln und die Blättchen fein hacken.

2 Zitronensaft und Olivenöl in einer Schüssel mit dem Schneebesen gut verrühren, bis eine sämige Sauce entstanden ist.

3 Sardellen, Kapern und Petersilie untermischen. Passt zu Kartoffelsalaten und Salaten mit Ei.

Vinaigrette mit Orange & Minze

ZUBEREITUNG: CA. 10 MIN.
PRO PORTION: CA. 110 KCAL
FÜR 4 PERSONEN

2 EL Aceto balsamico bianco
Salz | schwarzer Pfeffer aus der Mühle
2 TL Senf | 1 EL Orangensirup (Seite 62)
1 TL getrocknete Orangenschalen (Seite 61)
1 TL fein zerriebene getrocknete Minze
5 EL Olivenöl | einige frische Minzeblätter

1 Aceto balsamico, Salz, Pfeffer, Senf, Orangensirup, Orangenschalen und getrocknete Minze in eine Schüssel geben. Mit dem Schneebesen gut verrühren, bis sich das Salz vollständig gelöst hat. Das Olivenöl tropfenweise unterschlagen, bis eine glatte, sämige Sauce entstanden ist.

2 Die Minzeblätter fein hacken und vor dem Servieren in die Vinaigrette rühren. Passt zu Blatt- und Gemüsesalaten.

Knoblauch-Honig-Sauce mit Koriander

Frisch gerösteter und gemahlener Kreuzkümmel verleiht zusammen mit Koriandergrün diesem Dressing seine ausgeprägte Note. Passt gut zu Pellkartoffeln, Eiern und Gemüsesticks.

ZUBEREITUNG: CA. 10 MIN.
PRO PORTION: CA. 175 KCAL
FÜR 4 PERSONEN

1–2 TL Kreuzkümmel
1 Knoblauchzehe | 1 Bund Koriandergrün
250 g griechischer Joghurt (10 % Fett, oder
je 125 g Vollmilchjoghurt und Schmand)
2 TL heller, klarer Honig (z. B. Akazienhonig)
Salz | schwarzer Pfeffer aus der Mühle

1 Kreuzkümmel rösten, abkühlen lassen und fein mahlen. Knoblauch schälen. Koriander waschen, trocken schütteln und fein hacken.

2 Joghurt mit dem Honig glatt rühren, mit Salz und Pfeffer abschmecken. Den Knoblauch dazupressen. Kreuzkümmel und Koriandergrün unterheben.

Zitronensauce mit Kreuzkümmel

Dieses Dressing mit Zitrone ist typisch für den Nahen Osten, wo aus Glaubensgründen oft kein Wein getrunken und deshalb auch kein Weinessig verwendet wird. Fein zu Reis, Geflügel.

ZUBEREITUNG: CA. 15 MIN.
PRO PORTION: CA. 160 KCAL
FÜR 4 PERSONEN

1 Bund glatte Petersilie
4–5 EL Zitronensaft
1 EL weißer Zucker | 1 1/2 TL gem. Kreuzkümmel
1/4 TL Kurkuma | Salz
schwarzer Pfeffer aus der Mühle
6 EL Olivenöl

1 Petersilie waschen und fein hacken. Zitronensaft mit Zucker, Kreuzkümmel, Kurkuma, Salz und Pfeffer verrühren, bis sich der Zucker gelöst hat.

2 Olivenöl erst tropfenweise, dann in dünnem Strahl zugeben und mit dem Schneebesen kräftig schlagen, bis eine Emulsion entsteht. Petersilie untermischen.

Gorgonzola-Birnen-Dressing

Gorgonzola und Birne sind ein klassisches Duo. Hier bilden sie ein feines Dressing, das besonders gut zu Chicorée oder frisch geraffeltem Sellerie passt.

ZUBEREITUNG: CA. 10 MIN.
PRO PORTION: CA. 280 KCAL
FÜR 4 PERSONEN

1 reife Birne (oder 2 Birnenhälften aus der Dose)
150 g Gorgonzola | 100 g Crème fraîche
1–2 TL Weißweinessig | Salz
schwarzer Pfeffer aus der Mühle
Cayennepfeffer | 6–8 Walnusshälften

1 Birne schälen, das Kerngehäuse entfernen und die Frucht in Stücke schneiden. Gorgonzola mit einer Gabel zerdrücken.

2 Käse, Birnenstücke und Crème fraîche in den Mixer geben. Kurz mixen, bis eine dickliche Creme entstanden ist.

3 Das Gorgonzola-Birnen-Dressing mit Essig, Salz, Pfeffer und 1 Prise Cayennepfeffer pikant abschmecken. Walnusskerne grob hacken und darüberstreuen.

Sahnedressing mit Senf und Dill

In diesem sahnigen Dressing sind süße, scharfe und saure Komponenten besonders ausgewogen. Es ist schnell gemacht und passt besonders gut zu gebeiztem Lachs.

ZUBEREITUNG: CA. 10 MIN.
PRO PORTION: CA. 270 KCAL
FÜR 4 PERSONEN

1 Bund Dill | 3 EL Sahnemeerrettich | 3–4 EL grober Senf
2 TL heller, klarer Honig (z. B. Akazienhonig)
2–3 EL Aceto balsamico bianco | 100 g saure Sahne
200 g Crème fraîche | schwarzer Pfeffer aus der Mühle

Den Dill waschen und hacken. Meerrettich, Senf und Honig verrühren. Balsamico zugeben, saure Sahne und Crème fraîche einrühren. Mit Pfeffer abschmecken.

TIPP Aus Resten von Pellkartoffeln und ein paar Krabben wird mit diesem Dressing ein feiner Salat!

Vier wirklich feine Dressings, die sich gut auf jedem Salatbüfett machen. Von links oben im Uhrzeigersinn: Knoblauch-Honig-Sauce mit Koriander, Zitronensauce mit Kreuzkümmel, Sahnedressing mit Senf und Dill, und Gorgonzola-Birnen-Dressing.

Safran-Mandel-Suppe

Die Suppe ist genau richtig als Auftakt zu einem genussvollen Abend mit guten Freunden. Und wenn man den Hühnerfond durch Gemüsefond ersetzt, lässt diese Suppe auch die Herzen vegetarischer Feinschmecker höher schlagen.

ZUBEREITUNG: CA. 1 STD.
PRO PORTION: CA. 345 KCAL
FÜR 4 PERSONEN

1/2 TL Safranfäden
1 TL Zucker
1 Bio-Orange
3 große Knoblauchzehen
200 g blanchierte Mandeln
Salz | 1 l Hühnerfond
1 TL gemahlener Kardamom
3 EL Sherry medium
etwas Zitronensaft
schwarzer Pfeffer aus der Mühle
3 Scheiben Kastenweißbrot vom Vortag
4–5 EL Olivenöl

1 Safran mit dem Zucker im Mörser fein zerreiben. Orange heiß waschen, die Schale mit dem Zestenreißer abziehen und beiseitestellen. Den Saft auspressen. Safran-Zucker-Mischung mit dem Orangensaft verrühren, ziehen lassen. Knoblauch schälen und grob hacken. Zusammen mit den Mandeln und 1 TL Salz im Blitzhacker sehr fein pürieren. Eventuell 1–2 EL Hühnerfond dazugeben. Es sollte ein möglichst feines Mandelmus entstehen.

2 Hühnerfond aufkochen. Das Mandelmus hineinrühren und 10–15 Min. köcheln lassen. Suppe durch ein Sieb streichen. Safranmischung, Kardamom und Sherry unterrühren. Mit einigen Spritzern Zitronensaft, Salz und Pfeffer abschmecken. Brot entrinden, würfeln. Im heißen Olivenöl knusprig braun braten. Die Suppe vor dem Servieren mit dem Pürierstab aufschäumen. Mit den Croûtons und den Orangenzesten bestreuen.

TIPP Wenn es einmal schnell gehen muss, ist fertiges Mandelmus (Reformhaus) genau richtig.

VARIANTE MIT HONIG & ORANGENSAFT
So wird das Süppchen fruchtig süß: Die Hälfte des Hühnerfonds durch Orangensaft ersetzen. Mit 2 EL Akazienhonig abrunden.

Safranfäden geben ihre Farbe und ihr Aroma fein zerrieben am besten ab.

Die Mandelbrühe durch ein Sieb streichen, das feste Teilchen zurückhält.

Vor dem Aufschäumen die Würzzutaten in die sämige Suppe einrühren.

Rote-Beten-Suppe mit Wasabi und Zitrone

Süß, salzig, sauer und scharf in einer köstlichen Verbindung! Die Suppe schmeckt auch eisgekühlt als sommerliche Vorspeise.

ZUBEREITUNG: CA. 1 STD.
PRO PORTION: CA. 425 KCAL
FÜR 4 PERSONEN

4–5 Rote Beten (600 g) | Salz
2 mehligkochende Kartoffeln (200 g)
1 Bio-Zitrone
1 l Geflügelfond
200 g Sahne
3–4 TL Wasabipaste (Tube)
Salz | grüner Pfeffer aus der Mühle
einige Schnittlauchhalme

1 Rote Beten in leicht gesalzenem Wasser in 30–40 Min. weich garen. Inzwischen die Kartoffeln waschen, schälen und würfeln. Zitrone heiß abwaschen. Die Schale dünn abziehen und fein hacken, 3 EL Saft auspressen. Die Kartoffelwürfel im Fond in etwa 20 Min. weich kochen.

2 Die Roten Beten schälen und grob würfeln. Zusammen mit den Kartoffeln durch die Kartoffelpresse drücken und in die Brühe rühren. Sahne und Zitronenzesten unterrühren. Die Suppe mit Wasabi, Zitronensaft, Salz und grünem Pfeffer kräftig abschmecken. Mit Schnittlauchhalmen dekorieren.

VARIANTE MIT MEERRETTICH & LIMETTE
Meerrettich, Limette und Kresse ähneln Wasabi, Zitrone und Schnittlauch in Schärfe und Säuerlichkeit und bringen doch ein deutlich anderes Aroma.

Möhrensuppe – vier Mal variiert

Möhrensuppe klassisch

ZUBEREITUNG: CA. 50 MIN.
PRO PORTION: CA. 160 KCAL
FÜR 4 PERSONEN

1 Zwiebel (80 g) | 1–2 Knoblauchzehen
600 g Möhren | 150 g mehligkochende Kartoffeln
30 g Butter | 1 EL brauner Zucker
1 l Brühe | Salz | schwarzer Pfeffer aus der Mühle

1 Zwiebel und Knoblauch schälen und fein hacken. Möhren und Kartoffeln schälen und klein schneiden. Butter in einem Topf erhitzen und die Zwiebel darin glasig dünsten. Knoblauch 1 Min. mitdünsten. Möhren zugeben, mit Zucker bestreuen und 2–3 Min. schmoren. Mit 400 ml Brühe ablöschen. Die Kartoffeln zufügen und alles in 18–20 Min. weich kochen.

2 Das Gemüse mit dem Stabmixer pürieren. Mit der restlichen Brühe bis zur gewünschten Konsistenz auffüllen. Mit Salz und Pfeffer abschmecken.

Möhrensuppe mit Kokos & Curry

ZUBEREITUNG: CA. 50 MIN.
PRO PORTION: CA. 270 KCAL
FÜR 4 PERSONEN

1 Rezept Möhrensuppe klassisch
200 ml Kokosmilch
2–3 TL Currypulver (oder thailändische Currypaste)
Cayennepfeffer | Limettensaft
3–4 EL Kokoschips

1 Das Gemüse für die Suppe wie links beschrieben kochen und pürieren.

2 Die Kokosmilch zum pürierten Gemüse gießen und so viel Brühe einrühren, bis die gewünschte Konsistenz erreicht ist.

3 Die Suppe zusätzlich mit Currypulver, Cayennepfeffer und einigen Spritzern Limettensaft abschmecken. Mit den Kokoschips dekorieren.

Möhrensuppe mit Garam Masala

ZUBEREITUNG: CA. 50 MIN.
PRO PORTION: CA. 385 KCAL
FÜR 4 PERSONEN

1 Rezept Möhrensuppe klassisch
200 ml Orangensaft | 250 g Sahne
2–3 TL Garam Masala | 1–2 EL Ahornsirup
Cayennepfeffer (nach Belieben)

1 Das Gemüse für die Suppe wie links beschrieben kochen und pürieren. Orangensaft und Sahne zum pürierten Gemüse gießen und so viel Brühe einrühren, bis die gewünschte Konsistenz erreicht ist.

2 Die Suppe zusätzlich mit Garam Masala, Ahornsirup und nach Belieben mit Cayennepfeffer abschmecken. Die restliche Sahne halbsteif schlagen. Auf jede Portion einen Klecks Sahne setzen und mit Garam Masala bestreuen.

Möhrensuppe mit Chili & Erdnüssen

ZUBEREITUNG: CA. 50 MIN.
PRO PORTION: CA. 415 KCAL
FÜR 4 PERSONEN

1 Rezept Möhrensuppe klassisch | 2 Knoblauchzehen
300 ml Milch | 100 g Erdnusscreme
2–3 EL Limettensaft | Cayennepfeffer
1 rote Chilischote | 30 g gesalzene Erdnusskerne

1 Das Gemüse für die Suppe wie links beschrieben mit zusätzlich 2 Knoblauchzehen kochen und pürieren. Die Milch zum pürierten Gemüse gießen und aufkochen. Die Erdnusscreme und so viel Brühe einrühren, bis die gewünschte Konsistenz erreicht ist.

2 Die Suppe zusätzlich mit Limettensaft und Cayennepfeffer würzen. Die Chilischote putzen, waschen und sehr fein würfeln. In die Suppe rühren. Erdnüsse mit Pfeffer und Cayennepfeffer mischen und auf die Suppe streuen.

In der Zubereitung besonders einfach, im Geschmack einfach besonders: eine sämige Suppe mit vielen »wilden« Aromen, mit der auch weniger Kocherfahrene kräuterglücklich werden.

Wildkräutersuppe

Früher war es Brauch, am Gründonnerstag eine grüne Suppe zu essen, für die zarte Wildkräuter auf Wiese und Feld gesammelt wurden. Mit der Zeit wurde die Mischung eintöniger: Im Süden blieb nur Kerbel, im Norden und Osten nur Sauerampfer übrig. Hier ist das Rezept in seiner kräutervielfältigen Urversion, verfeinert mit gehacktem Gundermann – einem wahren Aroma-Tausendsassa: bitter, leicht scharf, herb und mit einem minzartigen Duft.

ZUBEREITUNG: CA. 30 MIN.
PRO PORTION: CA. 290 KCAL
FÜR 4 PERSONEN

150 g zarte Brennnesselblätter | Salz
1 Handvoll Brunnenkresse
1 Handvoll Sauerampfer
1 Handvoll Löwenzahnblätter
3 Frühlingszwiebeln
1 Knoblauchzehe
2 EL Butter
1 l heiße Gemüsebrühe
200 g Sahne
weißer Pfeffer aus der Mühle
geriebene Muskatnuss
2 Eigelb
2 TL fein gehackte Gundermannblättchen
Gundermannblüten nach Belieben

1 Die Brennnesselblätter gründlich waschen (Gummihandschuhe anziehen!) und harte Stiele entfernen. Reichlich Wasser aufkochen, salzen und die Brennnesselblätter darin 1 Min. blanchieren. In ein Sieb abgießen, kalt abschrecken und abtropfen lassen.

2 Die übrigen Wildkräuter waschen. Brunnenkresseblätter abzupfen, vom Sauerampfer und dem Löwenzahn harte Stiele entfernen. Die Blätter abtropfen lassen. Brennnesseln und Wildkräuter fein hacken.

3 Die Frühlingszwiebeln waschen und putzen, das Weiße hacken, das Grüne in feine Röllchen schneiden. Den Knoblauch schälen und fein hacken.

4 In einem Suppentopf die Butter aufschäumen lassen. Die weißen Zwiebelwürfelchen mit dem Knoblauch darin glasig dünsten. Die gehackten Kräuter zugeben und kurz andünsten. Die heiße Brühe zugießen und einmal aufkochen lassen. Die Sahne einrühren und die Suppe mit Salz, Pfeffer und Muskat abschmecken.

5 Die Eigelbe mit etwas heißer Suppe verquirlen, die Mischung zur übrigen Suppe gießen und diese unter Rühren vorsichtig erhitzen, bis die Suppe leicht bindet (nicht kochen lassen, sonst gerinnen die Eigelbe). Die Suppe sofort auf Teller verteilen, mit den grünen Zwiebelröllchen und Gundermann sowie Gundermannblüten bestreuen.

VARIANTEN
1. Mit Brennnesseln & Dill: 500 g Brennnesseln wie oben vorbereiten und mit den gehackten Frühlingszwiebeln andünsten. Zum Schluss 1 Bund fein geschnittenen Dill und 2 EL gehackte Petersilie untermischen.
2. Mit Radieschenblättern: Die Blätter von 2 Bund Radieschen wie die Brennnesseln vorbereiten und andünsten. Zum Schluss reichlich gehackten Kerbel untermischen und die Suppe mit in Butter gerösteten Weißbrotwürfelchen bestreuen.

Kürbissuppe

Das süßliche Kürbisfleisch ist leicht nussig und dabei recht neutral im Geschmack, weshalb es sich wunderbar mit ganz verschiedenen Gewürzen kombinieren lässt.

ZUBEREITUNG: CA. 50 MIN.
PRO PORTION: CA. 335 KCAL
FÜR 4 PERSONEN

1 kleiner Kürbis (z. B. Hokkaido, ca. 1 kg)
30 g Kürbiskerne
2 Schalotten (80 g)
20 g Butter
2–3 TL mildes Currypulver
ca. 500 ml Brühe
200 ml Milch
200 g Sahne
Salz | weißer Pfeffer aus der Mühle
Cayennepfeffer

1 Kürbis waschen, entkernen, eventuell schälen (beim Hokkaido kann die Schale mitgegessen werden!). Grob würfeln, 600 g abwiegen. Kürbiskerne in einer Pfanne ohne Fett rösten. Schalotten schälen, fein hacken und in der Butter 1–2 Min. anschwitzen. Curry darüberstäuben, Kürbisstücke zugeben, unter Rühren anschmoren. Mit der Brühe ablöschen und 15–20 Min. kochen, bis der Kürbis weich ist.

2 Mit dem Stabmixer pürieren, nach Belieben durch ein Sieb streichen. Mit Milch und 150 g Sahne bis zur gewünschten Konsistenz auffüllen. Mit Salz, Pfeffer und Cayennepfeffer abschmecken. Restliche Sahne schlagen und als Klecks auf die Suppe setzen. Mit etwas Curry bestäuben, Kürbiskerne aufstreuen.

VARIANTEN

1. Mit Weißwein, Ingwer & Cayennepfeffer: Die Hälfte der Brühe durch Weißwein ersetzen. Zusätzlich zu den Schalotten 1 EL fein gehackten Ingwer mit anschwitzen. Statt Curry mit Delikatesspaprika und Cayennepfeffer abschmecken.

2. Mit Apfelsaft & Herbstgewürzen: Die Hälfte der Brühe durch Apfelsaft ersetzen. Mit Ingwer- und Zimtpulver, gem. Kardamom und Piment abschmecken. Oder mit Harvest Spice (Seite 60) würzen, einer Mischung, in der die typischen »Herbst- und Wintergewürze« enthalten sind.

3. Mit Kokosmilch, Limette & Muskat: Für eine karibische Variante Milch und Sahne durch Kokosmilch ersetzen. Mit den Schalotten zusätzlich je 2 EL fein gewürfelten Ingwer und Knoblauch anschmoren. Mit Limettensaft, Ingwerpulver, Cayennepfeffer und reichlich geriebener Muskatnuss (ca. 1/2 Nuss) karibisch scharf abschmecken. Mit Kokoschips servieren.

Mit den Schalotten angeschwitzter Ingwer gibt der Suppe ein frisches, scharfes Aroma.

Ideal für die kalte Jahreszeit: Kürbissuppe mit warm-aromatischen Gewürzen.

Kürbissuppe exotisch: mit Kokos, herben, säuerlichen und scharfen Würzzutaten.

Aus den gleichen Zutaten wie für die Suppe lässt sich auch ein leckeres Kürbisgemüse zubereiten: Das Kürbisfleisch würfeln und wie im Rezept garen, dabei die Flüssigkeitsmengen etwa halbieren. So wird aus einem Suppenrezept eine feine Beilage zu Schweine- oder Lammfleisch.

Kartoffelsuppe – vier Mal variiert

Kartoffelsuppe klassisch

ZUBEREITUNG: CA. 50 MIN.
PRO PORTION: CA. 190 KCAL
FÜR 4 PERSONEN

500 g mehligkochende Kartoffeln
2 Möhren | 2 Stangen Staudensellerie
2 EL Butter | 1,5 l Fleischbrühe
1 Lorbeerblatt | Salz
weißer Pfeffer aus der Mühle

1 Kartoffeln und Möhren waschen, schälen und klein schneiden. Sellerie waschen, entfädeln und in kleine Würfel schneiden.

2 Die Butter in einem Suppentopf erhitzen. Gemüse kurz darin andünsten. Brühe zugießen. Aufkochen und zugedeckt bei schwacher Hitze 25–30 Min. köcheln lassen.

3 Das Lorbeerblatt entfernen und die Suppe mit dem Pürierstab pürieren. Mit Salz und Pfeffer abschmecken.

Kartoffelsuppe mit Brunnenkresse

ZUBEREITUNG: CA. 50 MIN.
PRO PORTION: CA. 230 KCAL
FÜR 4 PERSONEN

2 Handvoll Brunnenkresseblätter
1 Rezept Kartoffelsuppe klassisch
2–3 EL Crème fraîche
1 Prise Piment

1 Die Brunnenkresse in lauwarmem Wasser waschen. Einige Blättchen zum Garnieren beiseitelegen, die restlichen grob zerschneiden.

2 Die Brunnenkresse mit dem Gemüse wie links beschrieben andünsten. Die Suppe weiter wie links beschrieben zubereiten.

3 Die fertige Suppe mit Crème fraîche schaumig aufmixen. Mit Piment abschmecken und mit den Kresseblättchen bestreuen.

Kartoffelsuppe mit Salbei

ZUBEREITUNG: CA. 50 MIN.
PRO PORTION: CA. 290 KCAL
FÜR 4 PERSONEN

1 Rezept Kartoffelsuppe klassisch
2 Zweige frischer Salbei
50 g durchwachsener Speck | 1 EL Butter
gemahlener Koriander | einige Tropfen Essig

1 Die Suppe wie links beschrieben zubereiten. Kurz vor Garzeitende den Salbei waschen und trocken schütteln. Die Blätter in breite Streifen schneiden.

2 Den Speck ohne Schwarte klein würfeln. Die Butter in einer Pfanne erhitzen und den Speck darin auslassen. Den Salbei zugeben und knusprig braten.

3 Die fertige Suppe mit Koriander und Essig abschmecken. Mit der heißen Speck-Salbei-Mischung bestreuen und servieren.

Kartoffelsuppe mit Bärlauch

ZUBEREITUNG: CA. 50 MIN.
PRO PORTION: CA. 245 KCAL
FÜR 4 PERSONEN

1 Rezept Kartoffelsuppe klassisch
1 Bund Bärlauch
1 große Gemüsezwiebel | 2 EL Butter
geriebene Muskatnuss

1 Die Suppe wie links beschrieben zubereiten. Inzwischen den Bärlauch waschen und trocken schütteln. Derbe Stiele entfernen, die Blätter in feine Streifen schneiden.

2 Die Zwiebel schälen, halbieren und in Streifen schneiden. Die Butter in einer Pfanne erhitzen und die Zwiebelstreifen darin in etwa 10 Min. goldbraun braten. Leicht salzen.

3 Die fertige Suppe mit dem Bärlauch kurz pürieren. Mit Muskatnuss abschmecken und mit den Röstzwiebeln bestreuen.

Grüner andalusischer Gazpacho

Bei flirrender Sommerhitze gerade richtig: erfrischend leichter Gazpacho aus Andalusien, der hier statt als klassisches Tomaten-Gemüse-Püree in einer belebenden Kräuterversion daherkommt. Damit das Grün knackfrisch bleibt, die Suppe gleich servieren – am besten mit ofenfrischem Weißbrot.

ZUBEREITUNG: CA. 30 MIN.
PRO PORTION: CA. 255 KCAL
FÜR 4 PERSONEN

1 kleiner Romanasalat (Salatherz, Little Gem)
1 Handvoll Brunnenkresse
1 Handvoll Rucolablätter
1 Handvoll zarte junge Löwenzahnblätter
1 Handvoll Tripmadamblätter
1 Handvoll Portulakblätter
2 Zweige frische Türkische Minze
2 EL Vogelmiereblättchen
4 Knoblauchzehen
grobes Meersalz
2 EL fein geschnittenes Fenchelgrün (zarte Triebe vom Gewürzfenchel)
100 ml natives Olivenöl extra
3 EL Sherryessig
300 ml leichte Gemüsebrühe
Salz | schwarzer Pfeffer aus der Mühle

ZUM GARNIEREN

essbare Blüten (z. B. Lungenkraut, Gänseblümchen, Borretsch, Lavendel, Majoran, Malven, Kapuzinerkresse)

1 Den Romanasalat putzen und die Blätter ablösen, gut waschen. Wildkräuter und die übrigen Kräuter verlesen, harte Stängel entfernen. Die Blätter gründlich in lauwarmem Wasser waschen.

2 Den Romanasalat und die Wildkräuter gut abtropfen lassen oder in der Salatschleuder vorsichtig trocknen. Die Blätter in schmale Streifen schneiden, Tripmadam und Vogelmiere ganz lassen. Alles in eine Schüssel geben und locker vermischen.

3 Den Knoblauch schälen und mit etwas grobem Meersalz in einen Mörser geben. Zu einem glatten Brei zerstampfen. Mit Fenchelgrün, Olivenöl und Essig zu einer cremigen Mischung verarbeiten (das geht am einfachsten in einem Mixer). Die Gemüsebrühe zugießen und noch einmal gründlich mixen.

4 Die Kräutermischung mit Salz und Pfeffer abschmecken, vorsichtig über die Salate gießen. Mit bunten Blüten dekorieren. Sofort servieren.

VARIANTEN

1. Mit Knoblauch-Hederich: Statt der Wildkräuter etwa 200 g gemischte Blattsalate und 1 Handvoll Knoblauch-Hederichblätter nehmen. Anstelle des Knoblauchs 2 Schalotten mit 1 Bund Bärlauch pürieren.

2. Mit Minze: Einen Teil der Kräuter durch Minzeblätter (vor allem Ananas- und Orangenminze plus ein paar Blätter Krause Wasserminze) ersetzen. 2–3 Duftpelargonienblätter ganz fein hacken und statt Fenchelgrün zum Knoblauchpüree geben.

Ein kühlender Gruß aus dem sonnigen Spanien, der Sie auch bei hohen Temperaturen nicht ins Schwitzen bringt: Für den andalusischen Gazpacho braucht es keine aufwendigen Kochaktionen, sondern lediglich viele frische Kräuter.

Hühnersuppe mit Zitrone & Safran

ZUBEREITUNG: CA. 40 MIN.
PRO PORTION: CA. 170 KCAL
FÜR 4 PERSONEN

1 Bio-Zitrone
10–12 Safranfäden | Salz
2 Hähnchenbrustfilets (à 125 g)
1,2 l Hühnerbrühe | 5–6 EL Basmatireis
einige Blättchen glatte Petersilie

1 Die Zitrone heiß waschen, trocken und dünn schälen. Den Saft auspressen. Safranfäden im Mörser mit etwas Salz verreiben.

2 Das Fleisch kalt abspülen, trocken tupfen und in 1 cm große Würfel schneiden. Mit 1 EL Zitronensaft beträufeln.

3 Die Brühe mit der Zitronenschale aufkochen. Reis und Safran einstreuen und etwa 10 Min. köcheln lassen. Fleischwürfel zugeben und in 3–4 Min. gar ziehen lassen.

4 Zitronenschale entfernen und die Suppe mit Zitronensaft und Salz abschmecken. Petersilie in Streifen schneiden und auf die Suppe streuen.

Hühnersuppe mit Zitronengras

ZUBEREITUNG: CA. 40 MIN.
PRO PORTION: CA. 330 KCAL
FÜR 4 PERSONEN

2 Stängel Zitronengras | 20 g frischer Ingwer
1 kleine rote Chilischote
2 Hähnchenbrustfilets (à 125 g)
800 ml Hühnerbrühe | 3–4 EL Fischsauce
400 ml Kokosmilch | 1 TL Zucker
Limettensaft | gehacktes Koriandergrün

1 Trockene Außenblätter vom Zitronengras entfernen. Die Stängel etwas weich klopfen. Ingwer schälen und in feine Scheiben schneiden. Chili putzen, waschen und würfeln.

2 Das Fleisch kalt abspülen, trocken tupfen und in 1 cm große Würfel schneiden. Brühe, 2 EL Fischsauce, Zitronengras, Ingwer und Fleischwürfel aufkochen. Offen 10 Min. köcheln lassen.

3 Die Brühe durch ein Sieb gießen. Mit der Kokosmilch erneut aufkochen. Chili und Fleisch zugeben und 4–5 Min. garen. Die Suppe mit Zucker, 1–2 EL Fischsauce und Limettensaft würzen. Mit Koriandergrün bestreut servieren.

Hühnersuppe mit Reisessig

ZUBEREITUNG: CA. 40 MIN.
PRO PORTION: CA. 145 KCAL
FÜR 4 PERSONEN

2 Frühlingszwiebeln | 1 kleine Möhre
30 g Glasnudeln | 1,2 l Hühnerbrühe
2 Hähnchenbrustfilets (à 125 g)
1–2 EL Reisessig | 1–2 EL Sojasauce

1 Frühlingszwiebeln putzen und waschen. Das Weiße in sehr feine Ringe, das Grüne längs in feine Streifen schneiden. Möhre schälen und ebenfalls in sehr feine Streifen schneiden. Glasnudeln nach Packungsangabe einweichen.

2 Die Brühe aufkochen. Die Filets kalt abspülen und trocken tupfen. In der Brühe bei schwacher Hitze 20 Min. garen. Herausnehmen und in Streifen schneiden.

3 Die Brühe wieder aufkochen. Zwiebelringe und Möhren zugeben, nach 2 Min. Nudeln, Zwiebelstreifen und das Fleisch einlegen. Kurz ziehen lassen. Die Suppe mit Reisessig und Sojasauce abschmecken.

Hühnersuppe mit Wein

ZUBEREITUNG: CA. 50 MIN.
PRO PORTION: CA. 330 KCAL
FÜR 4 PERSONEN

2 Hähnchenbrustfilets (à 125 g)
2 Scheiben Toastbrot | 100 ml Milch
1/2 Bund Petersilie | 200 g kalter Schmand
Salz | weißer Pfeffer aus der Mühle
1,2 l Hühnerbrühe | 100 ml Riesling

1 Die Filets kalt abspülen und trocken tupfen. In kleine Würfel schneiden und 20 Min. ins Tiefkühlfach stellen. Toastbrot entrinden. In der Milch einweichen, fest ausdrücken und kalt stellen. Petersilie waschen, trocken schütteln und hacken.

2 Das Fleisch im Mixer pürieren. Das Brot zugeben und weitermixen. Löffelweise den Schmand zugeben. Kräftig mit Salz und Pfeffer würzen. Die Petersilie unterrühren und die Masse wieder kalt stellen.

3 Die Brühe aufkochen und den Riesling einrühren. Von der Fleischmasse kleine Nocken abstechen, in die heiße Brühe einlegen und gar ziehen lassen.

Hühnersuppe vier Mal anders abgeschmeckt: Klassisch mit Zitrone (oben links), exotisch mit Zitronengras (oben rechts), feinsäuerlich mit Reisessig (unten links) und edel mit Wein (unten rechts).

Garnelen und Reisnudeln in scharfem Kaffirlimettensud

Nudelsuppe auf die uns liebste, nämlich auf Thai-Art: Zitronengras und Kaffirlimettenblätter sorgen für exotischen Geschmack.

ZUBEREITUNG: CA. 25 MIN.
PRO PORTION: CA. 170 KCAL
FÜR 4 PERSONEN

100 g Reisnudeln (ca. 5 mm breit)
1 dünne Stange Lauch
2 zarte Möhren
1 Stängel Zitronengras
2 frische rote Chilischoten
1 Stück frischer Ingwer (ca. 2 cm)
6 Kaffirlimettenblätter
700 ml Gemüsebrühe
150 g gegarte und geschälte Garnelen
Salz

1 Reisnudeln nach Belieben in längere Stücke brechen und mindestens 10 Min. in kaltem Wasser einweichen oder nach Packungsanweisung garen. Den Lauch putzen, waschen und längs in etwa 10 cm lange feine Streifen schneiden. Die Möhren schälen und längs in dünne Juliennestreifen schneiden.

2 Trockene und lose äußere Blätter vom Zitronengrasstängel entfernen. Zitronengras waschen und mit einem Hammer etwas weich klopfen. Chilis putzen, waschen und in feine Ringe schneiden. Ingwer schälen und fein reiben. Besonders zarten Ingwer einfach durch die Knoblauchpresse drücken. Limettenblätter waschen.

3 Die Brühe mit Zitronengras, Chiliringen, Ingwer und 4 Kaffirlimettenblättern aufkochen und etwa 10 Min. sanft kochen lassen. Kaffirlimettenblätter und Zitronengras entfernen. Eingeweichte Reisnudeln, Lauch- und Möhrenstreifen dazugeben und im Sud 3–4 Min. kochen lassen. Die Garnelen zufügen und 1–2 Min. im Sud erhitzen.

4 Inzwischen die restlichen Kaffirlimettenblätter hauchfein schneiden. Dazu die Blätter an der Mittelrippe längs falten, die Mittelrippe mit einem scharfen Messer wegschneiden. Die Blatthälften leicht schräg aufrollen und mit einem scharfen Messer in hauchdünne Streifen schneiden. Die Suppe mit Salz abschmecken und mit Limettenblattstreifen garniert servieren.

VARIANTE MIT THAI-BASILIKUM

Wer den intensiven, zitronig herben Geschmack der Kaffirlimettenblätter noch nicht kennt, würzt die Suppe anfangs mit nur 2–3 Limettenblättern und garniert sie zum Schluss mit Thai-Basilikum.

Das hocharomatische, wärmende Süppchen aus Fernost steht blitzschnell auf dem Tisch und macht mit Garnelen richtig was her. Perfekt, wenn Thai-Fans zu Gast sind!

Safran-Gemüse-Topf mit Basilikum-Liebstöckel-Pistou

Ein leichtes, von Kräuterwürze gekröntes Sommersüppchen, dessen Gemüse Sie nach Lust, Laune und Saison variieren können. Was immer im Topf zueinander findet: frisches Baguette gehört dazu.

ZUBEREITUNG: CA. 40 MIN.
PRO PORTION: CA. 260 KCAL
FÜR 4 PERSONEN

1 Bund dicke Frühlingszwiebeln
600 g vollreife Tomaten
2 Stangen Staudensellerie
2 Fenchelknollen mit Grün
2 Möhren
2 mehligkochende Kartoffeln
1 Knoblauchzehe
1 Bio-Orange
2 Stängel Liebstöckel
2 EL Olivenöl
1 Msp. Safran
600 ml Gemüsebrühe
Meersalz | Pfeffer aus der Mühle

FÜR DAS PISTOU

1 Knoblauchzehe
2–3 Stängel Liebstöckel
1/2 Bund Basilikum
1/2 Bund Schnittlauch
1 EL Mandelstifte
2–3 EL Olivenöl
Meersalz | Pfeffer aus der Mühle

1 Frühlingszwiebeln putzen und waschen. Das Weiße würfeln, das Grüne in etwa 1 cm lange Stücke schneiden. Tomaten überbrühen, häuten und würfeln. Selleriestangen und Fenchel waschen und putzen. Zartes Fenchelgrün beiseitelegen. Selleriestangen und Fenchelknollen ohne Strunk in Würfel schneiden. Möhren und Kartoffeln schälen, ebenfalls klein würfeln. Knoblauch schälen und hacken.

2 Die Orange heiß waschen, abtrocknen. Ein Stück Schale hauchdünn abschneiden. Schale von 1 Orangenhälfte fein abreiben. Orange halbieren, 1 Hälfte auspressen. Liebstöckel waschen, trocken schütteln.

3 Olivenöl in einem Schmortopf erhitzen. Die Hälfte des Knoblauchs und die Frühlingszwiebeln darin glasig dünsten. Fenchel, Sellerie, Möhren und Kartoffeln dazugeben und kurz mitbraten. Tomaten, Orangenschalenstück, Liebstöckelstängel und Fenchelgrün zufügen. Safran in etwas Brühe auflösen, mit restlicher Brühe und 1 Schuss Orangensaft dazugießen. Eintopf zugedeckt 10–14 Min. bei mittlerer Hitze köcheln lassen, bis die Kartoffeln weich sind.

4 Inzwischen für das Pistou Knoblauch schälen, Kräuter waschen und trocken schütteln. Liebstöckel- und Basilikumblättchen abzupfen. Mit Knoblauch, Mandelstiften und 2 EL Olivenöl pürieren, bei Bedarf noch etwas Öl dazugeben. Schnittlauch in Röllchen schneiden und mit 1/2 TL abgeriebener Orangenschale und 1 guten Prise Salz unterrühren. Pistou und Eintopf mit Salz und Pfeffer abschmecken. Den Eintopf mit je einem Klecks Pistou servieren.

VARIANTE MIT ROSMARIN ODER LAVENDEL
Statt Liebstöckel 2–3 Zweige Rosmarin oder auch Lavendel mitgaren. Den Eintopf ohne Pistou, nur mit Basilikumblättchen bestreut servieren.

Liebstöckel- und Basilikumblättchen mit Knoblauch, Mandeln und Öl pürieren.

Schnittlauch per Hand und ruhig auch grob schneiden, dann unterrühren.

Wer möchte, kann das Pistou auch gleich in die Suppe rühren.

Portulaksuppe

Bei dieser cremigen Suppe heißt die Devise nicht wild, sondern mild. Darum wird sie nicht mit Portulak aus dem Garten, sondern mit der milderen Zuchtform vom Wochenmarkt zubereitet.

ZUBEREITUNG: CA. 45 MIN.
PRO PORTION: CA. 220 KCAL
FÜR 4 PERSONEN

150 g Portulak
250 g mehligkochende Kartoffeln
2 Knoblauchzehen
3 EL Butter
1 l heiße Fleischbrühe
75 g Crème fraîche
Salz | weißer Pfeffer aus der Mühle
geriebene Muskatnuss

1 Portulak verlesen und waschen, abtropfen lassen. Etwa 1 Handvoll Blätter beiseitelegen, die restlichen klein schneiden. Kartoffeln schälen und in kleine Würfel schneiden. Knoblauch schälen, fein hacken. In einem großen Topf die Butter zerlassen. Die Kartoffelwürfel mit Knoblauch kurz darin andünsten, dann die geschnittenen Portulakblätter zugeben. Heiße Brühe zugießen, zugedeckt 20 Min. leise köcheln lassen.

2 Wenn die Kartoffeln gar sind, die Suppe mit dem Pürierstab glatt mixen oder durch ein Passiersieb streichen. Wieder erhitzen, die Crème fraîche einrühren, Suppe mit Salz, Pfeffer und Muskat abschmecken. Mit den restlichen Portulakblättern garnieren. Sofort servieren.

VARIANTE MIT SAUERAMPFER
Statt Portulak zarte Sauerampferblättchen auf ungedüngten Wiesen sammeln, harte Stängel entfernen. Die Hälfte der Blättchen mitkochen, den Rest in feinen Streifen zuletzt untermischen.

Durchgepresste Kartoffeln und Möhren schaffen hier die perfekte Bühne für den Auftritt verschiedenster Aromen: angefangen bei würzigem Käse und feinherbem Safran bis hin zu mild-süßen Mandeln und rasant-pikantem Cayennepfeffer.

Kartoffelsuppe mit Safran und Gouda

Hier wird der Beweis geführt, dass eine schlichte Kartoffelsuppe mit einer guten Prise Safran im Handumdrehen auch ganz edel daherkommen kann.

ZUBEREITUNG: CA. 50 MIN.
PRO PORTION: CA. 770 KCAL
FÜR 4 PERSONEN

400 g mehligkochende Kartoffeln
1–2 Möhren (150 g) | Salz
1/2 TL Safranfäden
1/2 TL Zucker
Saft von 1 Zitrone
100 g alter Gouda
30 g Mandelblättchen
2 Zwiebeln (150 g)
1 Knoblauchzehe
30 g Butter
1 l gute Hühnerbrühe
schwarzer Pfeffer aus der Mühle
1/2 TL edelsüßes Paprikapulver
1 Prise Cayennepfeffer

1 Kartoffeln und Möhren schälen und klein schneiden. Beides in Salzwasser in 15–18 Min. weich kochen. Safranfäden mit dem Zucker im Mörser zerreiben. Mit 1 EL Zitronensaft mischen, beiseitestellen. Gouda reiben. Mandelblättchen in einer beschichteten Pfanne ohne Fett goldgelb rösten.

2 Zwiebeln und Knoblauch schälen, Zwiebeln fein hacken. Die Butter in einem Topf erhitzen und die Zwiebeln darin in 5 Min. glasig dünsten. Den Knoblauch dazupressen und 1 Min. mitdünsten. Mit Brühe ablöschen und aufkochen.

3 Sobald die Kartoffeln und Möhren gar sind, abgießen und kurz ausdampfen lassen. Das Gemüse durch die Kartoffelpresse drücken und in die heiße Brühe schlagen. Safranmischung und geriebenen Käse zugeben.

4 Die Suppe mit Salz, Pfeffer, Paprikapulver und eventuell noch etwas Zitronensaft abschmecken. Mit Mandelblättchen bestreuen und mit Cayennepfeffer bestäuben. Dazu passen geröstete Baguettescheiben mit feiner Knoblauchbutter.

VARIANTE MIT SCHAFSKÄSE
Safran durch Paprika, Kurkuma und geriebene Muskatnuss ersetzen. Statt Gouda gewürfelten Schafskäse in der Suppe schmelzen lassen. Dann aber Vorsicht mit zusätzlichem Salz! Und anstelle der Mandelblättchen die Suppe mit Petersilie bestreuen.

Würzige Dips und raffinierte Snacks sind nicht nur aufregende Appetizer – oft ersetzen sie die ganze Hauptmahlzeit. Sie gehören auf jedes Vorspeisenbüfett, sind unkompliziertes Fingerfood und einfach ideal für locker fröhliche Partys oder Picknicks.

SNACKS & DIPS

Arabische Hackbällchen

Diese fruchtig-würzigen Hackbällchen passen hervorragend auf ein Vorspeisenbüfett. Wer es weniger orientalisch mag, lässt Zimt, Piment und Sultaninen einfach weg.

ZUBEREITUNG: CA. 1 STD. 10 MIN.
MARINIEREN: CA. 1 STD.
PRO PORTION: CA. 215 KCAL
FÜR 12 PERSONEN

2 Scheiben Toastbrot
200 g Vollmilchjoghurt (3,5 % Fett)
100 g Pinienkerne
2–3 TL Pimentkörner
2–3 Knoblauchzehen
3–4 Frühlingszwiebeln
100 g helle Sultaninen
1 kg Lammhack
2 TL Zimtpulver | Cayennepfeffer
2–3 TL Salz | Pfeffer aus der Mühle
Olivenöl zum Braten
ein paar Minzeblättchen oder glatte Petersilie

1 Toastbrot würfeln, mit dem Joghurt mischen, 10 Min. stehen lassen. Pinienkerne in einer Pfanne ohne Fett goldgelb rösten. Piment ebenfalls trocken rösten, abkühlen lassen und fein mahlen. Knoblauch schälen und sehr fein hacken. Frühlingszwiebeln putzen, das Grüne in sehr feine Ringe schneiden, das Weiße fein hacken. Sultaninen grob hacken. Das Lammhack mit Zimt, Cayennepfeffer, Salz und Pfeffer pikant abschmecken. Mit den anderen Zutaten gut vermischen und für etwa 1 Std. in den Kühlschrank stellen.

2 Mit einem Esslöffel von der Hackfleischmasse kleine Portionen abstechen und gleich große Bällchen formen. Eine beschichtete Pfanne mit wenig Olivenöl auspinseln. Die Hackbällchen darin portionsweise in jeweils etwa 6 Min. kross braten. Auf Küchenpapier entfetten. Minze waschen, trocken schütteln, die Blättchen abzupfen und über die Fleischbällchen streuen.

VARIANTEN MIT GARAM MASALA ODER BAHARAT
Statt mit Zimt, Piment und Cayennepfeffer mit Garam Masala oder Baharat (beide Seite 57) würzen. Pinienkerne nach Belieben durch Mandelstifte und die süßlichen Sultaninen durch säuerliche Berberitzen ersetzen.

Ob als aromatische Vorspeise, leichter Snack zwischendurch oder einfach so zu einem Glas gut gekühlten, spritzigen Weißwein – diese Bruschette lassen Urlaubsstimmung aufkommen.

Bruschette mit Kirschtomaten und Basilikum

Die besten Bruschette gibt's angeblich auf Ischia – mit aromatischen Kirschtomaten, milder Zwiebel und viel würzigem Basilikum auf frisch geröstetem Weißbrot. Im Hochsommer, wenn bei uns sonnenverwöhnte Zutaten zu haben sind, schmecken sie aber auch zu Hause unglaublich gut.

ZUBEREITUNG: CA. 20 MIN.
PRO PORTION: CA. 215 KCAL
FÜR 4 PERSONEN

250 g kleine reife Kirschtomaten
1 milde weiße Zwiebel
4 Knoblauchzehen
4 Stängel großblättriges Basilikum
1 EL milder Weißweinessig
4 EL natives Olivenöl extra
Salz | schwarzer Pfeffer aus der Mühle
4 dicke Scheiben großporiges italienisches Weißbrot

1 Die Kirschtomaten waschen und in kleine Stücke schneiden. Zwiebel und Knoblauch schälen, die Zwiebel nicht zu klein würfeln. Die Hälfte der Knoblauchzehen fein hacken. Die Basilikumblätter mit Küchenpapier trocken abreiben, die Blätter grob zerschneiden.

2 Tomaten, Zwiebeln, gehackten Knoblauch und Basilikum mit Essig, Olivenöl, Salz und Pfeffer vorsichtig vermischen.

3 Die Brotscheiben quer halbieren und im Toaster hellbraun rösten. Die heißen Brotscheiben mit den übrigen Knoblauchzehen auf einer Seite einreiben und mit dieser Seite nach oben auf Tellern anrichten. Die Tomatenmischung darauf verteilen und sofort servieren, das Brot soll nicht durchweichen.

VARIANTEN

1. Mit Petersilie & Shrimps: Statt Kirschtomaten 300 g geschälte Shrimps (kleine Garnelen) abtropfen lassen, mit 1 EL Zitronensaft und 2 EL Olivenöl vermischen. 1 Knoblauchzehe dazupressen. 1 Bund Petersilie grob gehackt zugeben, auf die gerösteten Brotscheiben häufen.

2. Mit Oregano: 50 g getrocknete Tomaten in Öl abtropfen lassen und sehr klein würfeln. Mit Knoblauch, 2 EL gehackten frischen Oreganoblättchen und 1 Prise Cayennepfeffer mischen. Auf Röstbrot verteilen.

Miniquiches – vier Mal variiert

Miniquiches klassisch

ZUBEREITUNG: CA. 1 STD. | RUHEN: CA. 1 STD.
PRO PORTION: CA. 530 KCAL
FÜR 4 PERSONEN | 8 MINIQUICHES

200 g Mehl | 1/2 TL Salz | 100 g kalte Butterwürfel
Butter für die Förmchen | Hülsenfrüchte zum Backen
150 g Schmand | 50 g Sahne | 2 Eier | Salz | schwarzer Pfeffer

1 Mehl, Salz, Butter und 2 EL kaltes Wasser zu einem glatten Teig verkneten. In Frischhaltefolie wickeln und 1 Std. kühlen. Backofen auf 190° (Umluft 170°) vorheizen. Acht Tortelettförmchen (10 cm Ø) fetten. Den Teig 3 mm dick ausrollen und 8 Kreise (12 cm Ø) ausstechen. In die Förmchen legen und mehrfach mit einer Gabel einstechen. Förmchen mit Hülsenfrüchten füllen und im Ofen (Mitte) 10 Min. vorbacken.

2 Schmand, Sahne, Eier, Salz und Pfeffer verquirlen. Hülsenfrüchte entfernen, die Eiersahne auf die Quiches gießen. Bei 220° (Umluft 200°) in 15 Min. fertig backen.

Miniquiches mit Austernpilzen & Käse

ZUBEREITUNG: CA. 1 STD. 15 MIN. | RUHEN: CA. 1 STD.
PRO PORTION: CA. 690 KCAL
FÜR 4 PERSONEN | 8 MINIQUICHES

1 Rezept Miniquiches klassisch
400 g Austernpilze | 1 EL Öl
1 Knoblauchzehe | Salz | schwarzer Pfeffer aus der Mühle
2 EL gehackte Petersilie | 150 g Raclettekäse in Streifen

1 Den Teig wie links beschrieben zubereiten und vorbacken. Die Eiersahne ebenfalls vorbereiten.

2 Pilze putzen und klein schneiden. Das Öl erhitzen und die Pilze darin 4–5 Min. schmoren. Knoblauch schälen, dazupressen und 30 Sek. mitschmoren. Etwas abkühlen lassen. Salzen, pfeffern und die Petersilie unterrühren.

3 Pilze in die Förmchen füllen, mit der Eiersahne begießen und mit Käse belegen. Wie beschrieben fertig backen.

Miniquiches mit Mangold

ZUBEREITUNG: CA. 1 STD. | RUHEN: CA. 1 STD.
PRO PORTION: CA. 595 KCAL
FÜR 4 PERSONEN | 8 MINIQUICHES

1 Rezept Miniquiches klassisch
6–8 Mangoldblätter, geputzt | Salz
3 EL Sultaninen | 2 EL Pinienkerne
schwarzer Pfeffer aus der Mühle | Muskatnuss

1 Den Teig wie links beschrieben zubereiten und vorbacken. Die Eiersahne ebenfalls vorbereiten.

2 Mangoldstiele in 1 cm große Streifen schneiden, 2 Min. in Salzwasser blanchieren. Mangoldgrün grob hacken, 30 Sek. blanchieren und abtropfen lassen. Sultaninen in Wasser einweichen. Pinienkerne trocken rösten, auf die Törtchen streuen. Mangold und Sultaninen mischen, mit Salz, Pfeffer und Muskat würzen. In die Förmchen füllen und mit der Eiersahne begießen. Wie beschrieben fertig backen.

Miniquiches mit Zwiebeln & Speck

ZUBEREITUNG: CA. 1 STD. 15 MIN. | RUHEN: CA. 1 STD.
PRO PORTION: CA. 700 KCAL
FÜR 4 PERSONEN | 8 MINIQUICHES

1 Rezept Miniquiches klassisch
400 g Zwiebeln | 80 g durchwachsener Räucherspeck
1 EL Öl | 1 Knoblauchzehe | Kümmelsamen

1 Den Teig wie links beschrieben zubereiten und vorbacken. Die Eiersahne ebenfalls vorbereiten.

2 Zwiebeln schälen und mittelfein hacken. Räucherspeck fein würfeln. Das Öl erhitzen und die Zwiebeln darin in 5–6 Min. glasig dünsten. Knoblauch schälen, dazupressen und 30 Sek. mitschmoren. Zwiebeln mit Kümmel mischen. Zwiebelmasse in die Förmchen füllen, mit der Eiersahne begießen und mit Speck bestreuen. Wie beschrieben fertig backen.

Frische Frühlingsrollen

Ein bisschen aufwendig herzustellen, dafür ein ganz besonderer asiatisch-leichter Snack. Mit einer Suppe für vier Personen zum Sattwerden oder für acht als Vorspeise.

ZUBEREITUNG: CA. 1 STD. 30 MIN.
PRO PORTION: CA. 215 KCAL
FÜR 4 PERSONEN

150 g Hähnchenbrustfilet
1 Bio-Zitrone
1 EL Sojasauce
50 g feinste Reisnudeln
2 kleine Zwiebeln (100 g)
2–3 Möhren (200 g)
100 g frische Sojabohnensprossen
1/2 Bund Koriandergrün
1/2 Bund glatte Petersilie
16 Salatblätter (am besten von Romanasalatherzen) zum Einwickeln
2 EL Öl
Salz | schwarzer Pfeffer aus der Mühle
1 EL Fischsauce (oder Sojasauce)
20 runde Reispapierscheiben (16 cm Ø)
Austernsauce und süßscharfe Chilisauce zum Dippen

1 Das Filet waschen, trocken tupfen, quer halbieren und in dünne Streifen (0,5 x 4 cm) schneiden. Zitrone heiß waschen und abtrocknen. Die Schale mit einem Zestenreißer in dünnen Streifen abziehen, beiseitestellen. 2 EL Saft auspressen, mit der Sojasauce mischen. Die Hähnchenstreifen darin marinieren. Die Reisnudeln nach Packungsangabe kochen. Kalt abspülen und klein schneiden.

2 Zwiebeln schälen, halbieren und in feine Streifen schneiden. Die Möhren schälen, in schmale Streifen schneiden (0,3 x 4 cm). Sprossen waschen und trocken tupfen. Koriandergrün und Petersilie waschen, trocken schütteln und die Blättchen abzupfen. Die Salatblätter waschen und trocken schleudern, dicke Mittelrippen herausschneiden.

3 Zwiebelstreifen in 1 EL Öl in 3 Min. glasig dünsten. Möhrenstreifen zugeben und knapp 2 Min. mitdünsten. Sojasprossen einstreuen und 1–2 Min. weiterschmoren. Möhren und Sprossen sollen noch knackig sein. Beiseitestellen. Hähnchenstreifen aus der Marinade nehmen und trocken tupfen. Im restlichen Öl in 3 Min. goldbraun braten. Salzen, pfeffern und abkühlen lassen. Filetstreifen, Gemüse, Reisnudeln und Fischsauce mischen.

4 Reispapierscheiben einzeln in einem Suppenteller in kaltem Wasser 1–2 Min. einweichen, bis sie transparent und weich werden. Auf ein Stück Küchenpapier legen (saugt überschüssiges Wasser auf). Koriandergrün und Petersilie in der Mitte verteilen (sieht später sehr dekorativ aus). Darauf 1 gehäuften EL der Gemüse-Nudel-Fleisch-Mischung und 2–3 Zitronenzesten geben.

5 Das weiche Reisblatt von unten bis zur Mitte aufrollen, dann die Seiten einschlagen und den Rest aufrollen. Umgedreht auf eine Platte legen. Mit Klarsichtfolie abdecken, damit die Rollen nicht austrocknen. Mit den restlichen Reispapierscheiben ebenso verfahren. Gut abgedeckt im Kühlschrank bis zum Verzehr aufheben. Kurz vor dem Servieren jede Rolle in 1 Salatblatt wickeln. Mit Austern- und Chilisauce zum Dippen servieren.

VARIANTE MIT FISCH
Statt der Hähnchenstreifen Surimi-Stäbchen längs vierteln und mit dem Gemüse mischen. Ebenso geeignet sind roher Thunfisch, roher Lachs oder kleine Garnelen, in Zitrone und Sojasauce mariniert.

Das Aufwickeln der Reisblätter ist nicht ganz einfach, weil sie leicht einreißen. Hilfreich ist es, die Zutaten sehr fein zu schneiden. So lässt sich alles besser zusammenfassen. Auch wenn die Rollen anfangs nicht perfekt sind: Sie schmecken großartig, und das Salatblatt drumherum gibt zusätzlichen Halt.

Knusprig frittierte Papadams mit einem feurig-würzigen Kokosdip und einem sanft frischen Minzedip – ein feiner Appetizer, mit dem Sie Ihre Gäste in die ganze Aromenvielfalt Indiens entführen.

Papadams mit Dips

Die knusprig-dünnen Fladen aus Kichererbsenmehl sind solo schon Knabberspaß pur – kommen dann noch kräuterwürzige Dips dazu, rückt Indien ganz nah.

ZUBEREITUNG: CA. 2 STD.
EINWEICHEN: CA. 4 STD.
PRO PORTION: CA. 415 KCAL
FÜR 4 PERSONEN

FÜR DEN KOKOSDIP

125 g Chana Dal (kleine Kichererbsen; Asienladen)
3 cm frischer Ingwer
6–7 frische Curryblätter
1 Zimtstange
1 getrocknete Chilischote
3 Kardamomkapseln
2 EL Butterschmalz
1 TL Kreuzkümmel
1/2 TL Anissamen
30 g Kokosflocken | Salz
75 g Vollmilchjoghurt (3,5 % Fett)
1 TL getr. Bockshornkleeblätter (»methi«)

FÜR DEN MINZEDIP

300 g Salatgurke | Salz
2 Zweige Japanische Minze
150 g Sahnejoghurt (10 % Fett)
schwarzer Pfeffer aus der Mühle

FÜR DIE PAPADAMS

Pflanzenöl zum Frittieren
12 Papadams

1 Für den Kokosdip Chana Dal etwa 4 Std. in kaltem Wasser einweichen. In einem Sieb abtropfen lassen. Ingwer schälen und fein hacken. Chana Dal mit knapp 750 ml Wasser, Ingwer, Curryblättern, Zimt und Chili langsam aufkochen. Zugedeckt bei schwacher Hitze etwa 45 Min. garen, dabei ab und zu umrühren.

2 Die Kardamomkapseln aufbrechen und die Samen auslösen. Das Butterschmalz erhitzen. Kardamomsamen, Kreuzkümmel und Anis darin anbraten. Die Kokosflocken zugeben, leicht anbraten. Die Buttermischung unter die Chana Dal rühren, mit Salz abschmecken. Etwas abkühlen lassen, dann den Joghurt untermischen. In Schüsselchen füllen, mit Bockshornkleeblättern bestreuen.

3 Für den Minzedip die Gurke waschen. Mit Schale in ganz kleine Würfel schneiden. In ein Sieb geben, mit Salz bestreuen und 15 Min. abtropfen lassen. Minze waschen, Blättchen abzupfen, die Zweigspitzen zur Seite legen, die übrigen Blättchen in feine Streifen schneiden.

4 Den Joghurt glatt rühren. Minzestreifen und Gurkenwürfel untermischen, mit Salz und Pfeffer abschmecken. In Schälchen füllen, mit den Zweigspitzen garnieren.

5 Für die Papadams in einer tiefen Pfanne etwa 1 cm hoch Öl stark erhitzen. Es ist heiß genug, wenn sich an einem eingetauchten Holzstäbchen sofort kleine Bläschen bilden. Jeweils 1 Papadam ins heiße Öl legen und einige Sekunden frittieren. Wenden und auf der anderen Seite ebenfalls ganz kurz backen.

6 Die frittierten Papadams senkrecht stehend auf Küchenpapier kurz abtropfen lassen. Heiß und knusprig mit den Dips servieren.

TIPP Die Papadams lassen sich auch im Backofen zubereiten. Mit einer Mischung aus Erdnussöl und wenig Sesam-Würzöl dünn bestreichen und im heißen Backofen bei 225° auf dem Gitter in 2–3 Min. knusprig backen.

Artischocken mit Dips

Artischocken zum Dippen werden in Frankreich klassisch mit Kräutervinaigrette serviert. Hier kommen noch Zitronenbasilikum-Mayo und Minze-Avocado-Creme dazu.

ZUBEREITUNG: CA. 1 STD.
PRO PORTION: CA. 540 KCAL
FÜR 4 PERSONEN

FÜR DIE ARTISCHOCKEN

4 große französische Artischocken
Saft von 1 Zitrone | 1 TL Salz
2 Lorbeerblätter | 2 Zweige Thymian

FÜR DIE ZITRONENBASILIKUM-MAYONNAISE

1 EL Zitronensaft | 2 ganz frische Eigelb
1/2 TL Salz | 1 Knoblauchzehe
125 ml kalt gepresstes Sonnenblumenöl
1/2 Bund Zitronenbasilikum
2 EL Joghurt | Cayennepfeffer

FÜR DIE MINZE-AVOCADO-CREME

1 kleines Bund Minze
1 kleine reife Avocado
2–3 EL Limettensaft | 1 EL Olivenöl
1 EL saure Sahne | Salz | Cayennepfeffer
Zucker

FÜR DIE KRÄUTERVINAIGRETTE

1 EL grober Senf
2 EL milder Weißweinessig
3 EL gut gewürzte Gemüsebrühe
3 EL Olivenöl
4 EL fein gehackte Kräuter (z. B. Estragon, Petersilie und Dill oder auch Kerbel)
Salz | Pfeffer aus der Mühle

1 Artischockenstiele direkt unter dem Blütenansatz mit einem Ruck abbrechen (am besten über einer Tischkante). So bleiben keine harten oder bitteren Fasern im Artischockenherz. Harte Blätter entfernen, Blattspitzen nach Belieben kürzen.

2 In einem großen Topf reichlich Wasser mit Zitronensaft aufkochen, Salz, Lorbeerblätter und Thymianzweige dazugeben. Die Artischocken darin etwa 30–35 Min. garen. Abgießen und abkühlen lassen.

3 Für die Mayonnaise den Zitronensaft mit den Eigelben und Salz im Mixer verrühren. Knoblauch schälen und dazupressen. Öl zunächst tropfenweise, dann in einem dünnen Strahl untermixen, bis eine Mayonnaise entsteht. Zitronenbasilikum waschen, trocken schütteln. Blättchen fein hacken und mit dem Joghurt unterrühren. Mayonnaise mit Salz und Cayennepfeffer abschmecken.

4 Für die Avocadocreme die Minze waschen, trocken schütteln, Blättchen abzupfen. Die Avocado halbieren, den Stein entfernen. Fruchtfleisch aus den Hälften heben und sofort mit 2 EL Limettensaft, Öl und der Minze pürieren. Saure Sahne unterrühren. Den Dip mit Salz, Cayennepfeffer, Limettensaft und Zucker abschmecken.

5 Für die Vinaigrette Senf, Weißweinessig und Gemüsebrühe verrühren. Olivenöl und Kräuter unterschlagen. Salzen und pfeffern.

6 Die Artischocken mit den Saucen servieren. Blättchen abzupfen, fleischigen Teil in einen Dip tauchen und genießen. Zum Schluss die Artischockenböden vom Heu befreien und ebenfalls mit Dip essen.

Den Stiel mit einem Ruck abbrechen, sonst bleiben möglicherweise bittere Fasern im Artischockenherz.

Blättchen von den gegarten, abgekühlten Artischocken abzupfen, in Vinaigrette, Mayonnaise oder Avocadocreme dippen.

Zum Schluss die Artischockenböden vom Heu, das nicht mitgegessen wird, befreien und mit Dip genießen.

Moreto

Cremiger Frischkäse, sanftes Olivenöl, würzige Kräuter und kräftiger Knoblauch: schon im alten Rom eine beliebte Vorspeise. Der Mörser (lat. »moretum«) gab dem Dip seinen Namen.

ZUBEREITUNG: CA. 25 MIN.
KÜHLEN: CA. 1 STD.
PRO PORTION: CA. 180 KCAL
FÜR 4 PERSONEN

250 g milder Schaf-Ziegen-Frischkäse
2 EL natives Olivenöl extra
5 Zweige Koriandergrün
1 Zweig Selleriegrün
2 Liebstöckelblätter
1 kleiner Zweig Weinraute
4–6 Knoblauchzehen
grobes Meersalz | 1 TL Estragonessig
schwarzer Pfeffer aus der Mühle
4 Salatblätter zum Anrichten

1 Frischkäse in eine Schüssel füllen und mit dem Olivenöl glatt rühren. Die Kräuter waschen und mit Küchenpapier gut trocken tupfen, klein schneiden. Knoblauch schälen und grob zerteilen.

2 Knoblauch mit 1 Prise Meersalz im Mörser zu Brei zerdrücken. Die Kräuter zugeben und alles fein zerstampfen.

3 Das Kräuter-Knoblauch-Püree unter den Frischkäse mischen. Mit Estragonessig und Pfeffer abschmecken. Den Moreto im Kühlschrank etwa 1 Std. ziehen lassen. Auf Salatblättern anrichten und servieren.

VARIANTE MIT SCHNITTLAUCH

Milden Schafskäse (Feta) mit etwas Milch zerdrücken, 1 kleine Zwiebel schälen und dazureiben, 1 Knoblauchzehe dazupressen. Mit 1 TL rosenscharfem Paprikapulver und 2 EL feinen Schnittlauchröllchen vermischen.

Barbecue-Dip

ZUBEREITUNG: CA. 20 MIN.
PRO PORTION: CA. 110 KCAL
FÜR 4 PERSONEN

1 große Zwiebel | 2 Knoblauchzehen
2 EL Öl
je 1/2 TL getrockneter Rosmarin, Thymian und Oregano
je 150 ml Tomatenketchup und Gemüsefond
1 EL Tomatenmark
1 EL Ahornsirup | 2 TL Rotweinessig
einige Tropfen Tabasco | Salz | Pfeffer aus der Mühle

1 Zwiebel und Knoblauchzehen schälen und fein würfeln. Das Öl erhitzen und beides darin langsam weich schmoren.

2 Die Kräuter mit den Fingern fein zerreiben und darüberstreuen. Ketchup, Gemüsefond und Tomatenmark zugeben. Alles offen 15 Min. leise köcheln lassen, bis die Sauce dick ist.

3 Den Dip mit Ahornsirup, Rotweinessig, Tabasco, Salz und Pfeffer pikant abschmecken.

Guacamole

ZUBEREITUNG: CA. 10 MIN.
PRO PORTION: CA. 150 KCAL
FÜR 4 PERSONEN

1 reife, schnittfeste Tomate | 1 kleine Zwiebel
1 Bund Koriandergrün
2 große reife Avocados | 2 EL Limettensaft
Salz | Pfeffer aus der Mühle

1 Die Tomate waschen, halbieren und den Stielansatz entfernen. Die Hälften sehr klein würfeln. Zwiebel schälen und sehr klein würfeln. Koriandergrün waschen, trocken schütteln und fein schneiden.

2 Avocados halbieren, die Kerne auslösen und das Fruchtfleisch mit einem Löffel herausheben. Mit einer Gabel fein zerdrücken, dabei mit dem Limettensaft beträufeln.

3 Tomaten, Zwiebeln und Koriandergrün unter das Avocadomus heben. Die Guacamole mit Salz und Pfeffer abschmecken und sofort servieren.

Quark-Joghurt-Dip

ZUBEREITUNG: CA. 10 MIN.
ABTROPFEN: CA. 3 STD.
PRO PORTION: CA. 100 KCAL
FÜR 4 PERSONEN

500 g Quark (Magerstufe) | 4 EL Joghurt
1 EL abgeriebene Schale von 1 Bio-Limette (oder Bio-Zitrone)
3 EL fein gehackte Kräuter (z. B. Petersilie, Schnittlauch, Dill, Minze und Borretsch)
1 grüne Chilischote
Salz | Pfeffer aus der Mühle

1 Ein Sieb mit einem Tuch auslegen. Den Quark darin 3–4 Std. abtropfen lassen.

2 Trockenen Quark durch ein Sieb streichen. Mit Joghurt, Limettenschale und Kräutern mischen.

3 Chilischote putzen, entkernen, waschen und in feine Ringe schneiden. Unter den Quark heben. Den Dip mit Salz und Pfeffer abschmecken.

Chili-Chicken-Dip

ZUBEREITUNG: CA. 15 MIN.
PRO PORTION: CA. 115 KCAL
FÜR 4 PERSONEN

5 rote Chilischoten
3 Knoblauchzehen
2 Kaffirlimettenblätter | 100 g Zucker
2 gestrichene TL Speisestärke
3 EL Reisessig | Salz

1 Die Chilischoten putzen, waschen und mit Kernen sehr klein würfeln. Knoblauch schälen und hacken. Kaffirlimettenblätter in haarfeine Streifen schneiden.

2 Den Zucker in einem Topf schmelzen lassen. Chilis und Knoblauch kurz darin andünsten. 250 ml Wasser zugießen und aufkochen.

3 Speisestärke in etwas kaltem Wasser anrühren und zugeben. Limettenblätter einstreuen und aufkochen lassen. Den Dip mit Reisessig und Salz würzen. Abkühlen lassen.

Hähnchenflügel vom Grill schmecken natürlich am besten, wenn man sie vor dem Abknabbern in einen cremigen Dip taucht – ganz nach Geschmack mild oder pikant gewürzt und gekräutert.

Kräutermuffins

Die Miniküchlein schmecken mit wenigen Zutaten immer wieder anders. Hier eine pikante Variation mit einem Frischkäse-Kräuter-Kern – ofenwarm am allerbesten!

ZUBEREITUNG: CA. 50 MIN.
BACKEN: CA. 20 MIN.
PRO STÜCK: CA. 185 KCAL
FÜR 12 MUFFINS

1 dickes Bund Basilikum
je 1/2 Bund Oregano und Thymian
(oder je 1–2 TL getr. Oregano und Thymian)
4 getr. Tomaten in Öl
1 kleine, grob zerstoßene getr. Chilischote
150 g Doppelrahmfrischkäse
(oder Ziegenfrischkäse)
Meersalz | Pfeffer aus der Mühle
50 g Parmesan | 170 g Mehl
2 1/2 TL Backpulver
1/2 TL Natron
geriebene Muskatnuss
1/2 TL Zucker
75 g sehr weiche Butter
2 Eier (Größe M)
250 ml Buttermilch

AUSSERDEM

1 Muffinblech
Fett und 12–24 Papierförmchen

1 Ein Muffinblech einfetten und ins Tiefkühlfach stellen, bis der Teig fertig ist. Papierförmchen in die Mulden des Muffinblechs setzen. Alternativ jeweils zwei Papierförmchen ineinandersetzen. Kräuter waschen und trocken schütteln. Basilikumblättchen abzupfen und fein schneiden. Oregano- und Thymianblättchen abstreifen und etwas kleiner hacken. Tomaten gut abtropfen lassen und sehr klein würfeln.

2 Knapp die Hälfte des Basilikums, die Tomatenwürfelchen und die zerstoßene Chilischote mit dem Frischkäse mischen. Käsemischung mit Meersalz und Pfeffer vorsichtig abschmecken.

3 Backofen auf 175° (Umluft 160°) vorheizen. Den Parmesan mit dem Mehl, dem Backpulver, dem Natron, 1 TL Salz, 1 guten Prise Muskat und dem Zucker sorgfältig vermischen.

4 Butter mit Eiern schaumig rühren. Buttermilch, das restliche Basilikum, Oregano und Thymian unterrühren. Dann die Mehlmischung unterheben.

5 Die Hälfte des Teigs gleichmäßig in die Förmchen verteilen. Jeweils 1 TL Frischkäsemasse in die Mitte auf den Teig setzen und mit dem restlichen Teig bedecken. Die Muffins im heißen Ofen (Mitte) 20–25 Min. backen. Etwa 10 Min. auskühlen lassen und aus den Förmchen lösen.

VARIANTEN MIT BÄRLAUCH, PETERSILIE ODER RUCOLA
Die Muffins schmecken im Frühjahr gut mit Bärlauch statt Basilikum. Auch Petersilie passt. Oder Muffins mit Rucola backen: ein herb-würziges Geschmackserlebnis.

Vielleicht nicht ganz stilecht, doch die luftigen Kräutermuffins können durchaus auch mal Zwischengang eines italienischen Menüs sein. Oder Sie reichen sie zum Auftakt eines solchen – am besten mit einem prickelnden Campari Soda.

Putenstreifen in scharfer Erdnusskruste

Tsirepulver stammt aus Westafrika. Dort werden mit dieser scharfen Mischung aus Erdnüssen und Gewürzen Lammhackröllchen vor dem Grillen paniert.

ZUBEREITUNG: CA. 45 MIN.
MARINIEREN: CA. 15 MIN.
PRO PORTION: CA. 330 KCAL
FÜR 4 PERSONEN

FÜR DIE PUTENSTREIFEN

400 g Putenfilet
Saft von 1 Zitrone
Salz | 3 EL Öl

FÜR DAS TSIREPULVER

100 g gesalzene Erdnüsse
1 TL brauner Zucker
1/2 TL Chilipulver
1/2 TL gem. Piment
1/2 TL Zimtpulver
1/2 TL Ingwerpulver
1/4 TL gem. Gewürznelken
Muskatnuss

1 Putenfilet in 12 Streifen schneiden. Die Streifen einzeln zwischen 2 Bogen Klarsichtfolie legen und mit dem Handballen flach klopfen, bis die Streifen etwa 1 cm dick sind. Fleischstreifen mit Zitronensaft einreiben und leicht salzen. Etwa 15 Min. marinieren.

2 Den Backofengrill auf 200° (Umluft nicht empfehlenswert) vorheizen. Für das Tsirepulver die Erdnüsse mittelfein mahlen. Mit Zucker und den gemahlenen Gewürzen mischen. Muskatnuss frisch dazureiben. Tsirepulver in einen Suppenteller füllen.

3 Die Fleischstreifen trocken tupfen. Das Öl in einen Suppenteller geben. Die Fleischstreifen zuerst auf beiden Seiten durch das Öl ziehen (überschüssiges Öl abstreifen) und dann in das Tsirepulver drücken, sodass auf beiden Seiten eine dicke Kruste entsteht. Die panierten Fleischstreifen im Ofen (oben) von beiden Seiten etwa 3 Min. grillen.

TIPP Dazu passt die Mango-Limetten-Sauce (Seite 315) oder ein Dip aus einem milden Mangochutney, das mit Joghurt oder etwas Orangensaft glatt gemixt wird.

VARIANTEN
Erdnüsse mit Zucker, Chili und 2–3 TL Currypulver mischen oder mit Berbere (Seite 58), dann aber Chili weglassen.

Wird das Fleisch vor dem Panieren plattiert, ist es in nur wenigen Minuten gar.

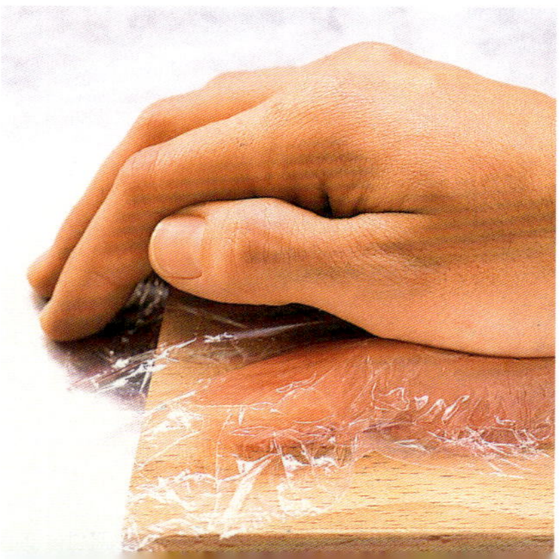

Tsirepulver ist eine Mischung aus nussigen, scharfen und warmen Aromen.

Das milde Putenfleisch bekommt mit der Erdnusspanade eine würzige Umhüllung.

Safranzwiebeln mit Ahornsirup und Limetten

Eine feine Beilage zu Couscous, Fleisch und Fisch. Köstlich auch als Vorspeise mit einem gut gekühlten Sherry.

ZUBEREITUNG: CA. 1 STD.
MARINIEREN: 8 STD.
PRO PORTION: CA. 305 KCAL
FÜR 4 PERSONEN

2 Limetten
1/2 TL Safranfäden
1 TL Zucker
700 g kleine runde Zwiebeln
3 EL Olivenöl
4 EL Ahornsirup
250 ml heiße Hühnerbrühe
1 Lorbeerblatt
1 TL Salz

1 Limetten auspressen. Safranfäden mit dem Zucker im Mörser fein zerreiben. Mit 1 EL Limettensaft mischen und ziehen lassen. Zwiebeln schälen, dabei den Wurzelansatz belassen.

2 Die Zwiebeln mit dem Öl in einen Topf geben. Bei mittlerer Hitze 10 Min. unter häufigem Wenden langsam anschmoren, bis sie rundum goldgelb sind. Ahornsirup zugeben. Die Hitze erhöhen und die Zwiebeln 3–4 Min. unter Rühren schmoren, bis der Sirup karamellisiert.

3 Mit heißer Hühnerbrühe ablöschen. 3 EL Limettensaft, Lorbeerblatt und Salz zugeben. Abgedeckt bei schwacher bis mittlerer Hitze 10 Min. leicht köcheln lassen. Die Safranmischung zugeben und 15 Min. weiterköcheln, bis die Zwiebeln weich sind. Im Sud erkalten lassen. Mindestens 8 Std., besser über Nacht, abgedeckt ziehen lassen, damit sich die Aromen gut mischen.

Arme Ritter von Nordseekrabben mit Dill-Gurken-Creme

Arm sind diese Ritter eigentlich nicht mehr, denn wir haben sie mit zarten Krabben und aromatischem Dill ordentlich bereichert. Genießen Sie diese pikante Version des Küchenklassikers als leichten Snack zwischendurch oder zum Sattessen mit einem bunt gemischten Salat.

ZUBEREITUNG: CA. 1 STD.
PRO PORTION: CA. 655 KCAL
FÜR 4 PERSONEN

8 Scheiben Sandwichbrot vom Vortag
200 ml Milch
2 Eier (Größe S)
Salz | weißer Pfeffer aus der Mühle
1 kleine Salatgurke (400 g)
200 g Crème fraîche
ca. 80 g Sahne
2–3 EL fein geschnittener Dill
4 EL Butter
4 EL Semmelbrösel
200 g geschälte Nordseekrabben (oder Eismeerkrabben)
1 EL Zitronensaft
Dillzweige zum Garnieren

1 Die Weißbrotscheiben so entrinden, dass quadratische Scheiben entstehen. In einer flachen Schale die Milch mit Eiern, etwas Salz und Pfeffer verquirlen. Die Brotscheiben darin wenden und die Milchmischung etwa 15 Min. einziehen lassen.

2 Die Gurke waschen, schälen und längs halbieren. Die Kerne mit einem scharfkantigen Teelöffel herauskratzen. Die Hälften in kleine Würfel schneiden, mit etwas Salz vermischen und 10 Min. ziehen lassen.

3 Die Crème fraîche mit so viel Sahne verrühren, dass eine dickcremige Sauce entsteht. Mit Salz, Pfeffer und Dill würzen. Die Gurkenwürfel kalt überbrausen, gut abtropfen lassen und mit Küchenpapier trocken tupfen. Unter die Crème fraîche rühren.

4 In einer großen Pfanne etwas Butter erhitzen. Die Semmelbrösel auf einen flachen Teller streuen. Die Weißbrotscheiben in den Semmelbröseln wenden und portionsweise in der heißen Butter bei mittlerer Hitze von beiden Seiten in jeweils 5 Min. goldbraun braten. Fertig gebratene Scheiben auf Küchenpapier entfetten.

5 Jeweils 1 heiße Brotscheibe in die Mitte eines Tellers legen, Krabben darauf verteilen und mit etwas Zitronensaft beträufeln. Eine zweite Brotscheibe darauflegen. Die Dill-Gurken-Creme daneben anrichten. Mit Dillzweigen garnieren und heiß servieren.

ASIATISCHE VARIANTE

200 g Hähnchenbrustfilet in feine Streifen schneiden, mit 1 EL heller Sojasauce und 1 EL Speisestärke vermischen. 3 Frühlingszwiebeln waschen, putzen und klein schneiden. 1 große rote Paprikaschote waschen, halbieren und putzen, in kleine Würfel schneiden. 2 grüne Thai-Chilis waschen und in feine Scheiben schneiden. Blättchen von 5 Stängeln Koriandergrün und 3 Stängeln Thai-Basilikum abzupfen. 2 EL Erdnussöl stark erhitzen, Hähnchenstreifen 1 Min. braten, Paprika, Frühlingszwiebeln und Chilis zugeben, noch 1 Min. braten. In eine Schüssel füllen, mit Kräuterblättchen, 2 EL Zitronensaft und 2 EL Fischsauce vermischen, mit Salz abschmecken. Abgekühlt zwischen die Brotscheiben füllen.

Die Kombination aus Krabben, Gurke und Dill rückt die armen Ritter in nördliche Gefilde, weswegen ein herbes Pils oder auch ein Gläschen eiskalter Aquavit besonders gut dazu passen.

Avocadodip – vier Mal variiert

Avocadodip mit Pistazien

ZUBEREITUNG: CA. 10 MIN. | KÜHLEN: CA. 1 STD.
PRO PORTION: CA. 315 KCAL | FÜR 4 PERSONEN

2 reife Avocados | 2 EL Zitronensaft
100 g Crème fraîche | 1 Knoblauchzehe
Salz | Pfeffer aus der Mühle
50 g gesalzene Pistazienkerne
1 TL getrocknete Minze

1 Avocados halbieren, entkernen und das Fruchtfleisch aus der Schale heben. Mit einer Gabel fein zerdrücken und mit dem Zitronensaft beträufeln. Crème fraîche unterheben. Knoblauch schälen und dazupressen. Mit Salz und Pfeffer abschmecken.

2 Pistazienkerne hacken, Minze fein zerreiben, beides mischen. 1 EL davon beiseitelegen, den Rest unter das Avocadomus heben. Abgedeckt 1 Std. kühl stellen. Mit der restlichen Minzmischung bestreut servieren.

Avocadodip mit Sesam

ZUBEREITUNG: CA. 10 MIN. | KÜHLEN: CA. 1 STD.
PRO PORTION: CA. 190 KCAL | FÜR 4 PERSONEN

2 reife Avocados | 3 EL Limettensaft
3 EL Tahini (Sesampaste) | 1–2 Knoblauchzehen
Salz | Pfeffer aus der Mühle
1 TL gemahlener Kreuzkümmel
1 rote Chilischote | 1/4 Bund glatte Petersilie

1 Avocados halbieren, entkernen und das Fruchtfleisch aus der Schale heben. Mit einer Gabel fein zerdrücken und mit 1 EL Limettensaft beträufeln.

2 Tahini mit 2 EL Limettensaft glatt rühren und untermischen. Knoblauch schälen und dazupressen. Mit Salz, Pfeffer und Kreuzkümmel abschmecken. Abgedeckt 1 Std. kühl stellen. Die Chilischote putzen, entkernen, waschen und sehr fein hacken. Petersilie waschen, trocken schütteln und fein schneiden. Beides auf den Dip streuen.

Avocadodip mit Koriander

ZUBEREITUNG: CA. 20 MIN. | KÜHLEN: CA. 1 STD.
PRO PORTION: CA. 160 KCAL | FÜR 4 PERSONEN

1 Zwiebel | 2 Knoblauchzehen
1 Fleischtomate
1 grüne Chilischote | 1/2 Bund Koriandergrün
2 reife Avocados | 2–3 EL Zitronensaft
Salz | Pfeffer aus der Mühle | Tabasco

1 Zwiebel und Knoblauch schälen und fein hacken. Tomate häuten, entkernen und fein hacken. Chili putzen, entkernen, waschen und fein hacken. Koriandergrün waschen, trocken schütteln und fein hacken.

2 Avocados halbieren, entkernen und das Fruchtfleisch aus der Schale heben. Mit einer Gabel fein zerdrücken und mit dem Zitronensaft beträufeln. Zwiebel, Knoblauch, Tomate, Chili und Koriandergrün unterheben. Mit Salz, Pfeffer und Tabasco kräftig abschmecken. Abgedeckt 1 Std. kühl stellen.

Avocadodip mit Wasabi

ZUBEREITUNG: CA. 15 MIN. | KÜHLEN: CA. 1 STD.
PRO PORTION: CA. 170 KCAL | FÜR 4 PERSONEN

4 EL Zitronensaft | 1–2 EL Apfeldicksaft
2 TL Wasabipaste (Tube)
2 reife Avocados
40 g Ingwer in Sirup (Glas)
Salz | Pfeffer aus der Mühle | Schnittlauchhalme

1 Zitronensaft, Apfeldicksaft und Wasabipaste verrühren. Avocados halbieren, entkernen und das Fruchtfleisch aus der Schale heben. Mit einer Gabel fein zerdrücken. Sofort mit dem Wasabi-Mix verrühren.

2 Den Ingwer sehr fein würfeln und unterheben. Den Dip mit Salz und Pfeffer abschmecken und abgedeckt 1 Std. kühl stellen. Mit Schnittlauchhalmen dekorieren.

Honig-Senf-Creme

Eine wunderbar cremige Sauce, bei der Honig und Senf in einem herrlich süßscharfen Gegensatz stehen und Safran mit seinem einmaligen Aroma das Ganze abrundet. Besonders gut zu kaltem Fleisch.

ZUBEREITUNG: CA. 25 MIN.
PRO PORTION: CA. 145 KCAL | FÜR 4 PERSONEN

3 Eier | 1/2 TL Safranfäden | 1/2 TL grobes Salz
2 TL Zitronensaft | 75 ml Dijon-Senf
75 ml Akazienhonig

1 Die Eier in 10 Min. hart kochen. Inzwischen die Safranfäden mit Salz im Mörser fein verreiben. Mit dem Zitronensaft mischen und etwas ziehen lassen. Eier abschrecken, pellen.

2 Senf und Honig gut mischen. Die Eigelbe durch ein Sieb streichen und unterrühren (Eiweiße anderweitig verwenden). Die Safranmischung zugeben und alles gut mischen.

Fetadip mit getrockneten Tomaten

Ein Dip, mit dem auch mitten im Winter mediterrane Sommerstimmung aufkommt. Passt zu Fladenbrot, rohen Gemüsesticks und als Füllung in Kirschtomaten.

ZUBEREITUNG: CA. 25 MIN. | MARINIEREN: 2 STD.
PRO PORTION: CA. 310 KCAL | FÜR 4 PERSONEN

50 g getrocknete Tomaten
1–2 Knoblauchzehen | 1 Bund Basilikum
150 g Feta | 200 g Crème fraîche
schwarzer Pfeffer aus der Mühle

1 Die getrockneten Tomaten etwa 10 Min. in warmem Wasser einweichen. Tomaten trocken tupfen und sehr fein hacken. Den Knoblauch schälen. Basilikum waschen, trocken schütteln, die Blätter abzupfen. Einige Blätter beiseitelegen, die übrigen fein hacken. Es sollten gut 2 EL voll sein.

2 Feta und Crème fraîche mischen, bei Bedarf mit dem Pürierstab pürieren. Knoblauch dazupressen. Kräftig pfeffern. Tomaten und Basilikum unterheben. Mit den restlichen Blättchen dekorieren. Den Dip 2–3 Std. kalt stellen.

Dip aus gebackenen Zwiebeln

Die milde Süße der gebackenen Zwiebeln wird durch den Honig noch gesteigert. Sherryessig und weißer Pfeffer sorgen für feine Säure und aromatische Schärfe. Passt zu gegrilltem Schweinefleisch und kaltem Aufschnitt.

ZUBEREITUNG: CA. 35 MIN.
BACKEN: 30–60 MIN. | RUHEN: CA. 1 STD.
PRO PORTION: CA. 175 KCAL | FÜR 4 PERSONEN

500 g Zwiebeln | 2 EL Sherryessig | Salz
2–3 TL heller, klarer Honig (z. B. Akazienhonig) | Zimtpulver
weißer Pfeffer aus der Mühle | 4 EL Olivenöl | 2 EL Pinienkerne

1 Zwiebeln auf ein mit Backpapier belegtes Blech legen, bei 190° (Umluft 170°) in 30–60 Min. weich backen. Abkühlen lassen, schälen, im Mixer glatt pürieren.

2 Zwiebelpüree mit Essig, Salz, Honig, 1 guten Prise Zimt und reichlich weißem Pfeffer pikant abschmecken. Das Öl nach und nach unterschlagen. Den Dip für etwa 1 Std. kalt stellen. Pinienkerne in einer Pfanne ohne Fett rösten, über den Dip streuen.

Thunfischdip

Ein besonders vielseitiger Dip: Er schmeckt zu Kalb (»Vitello tonnato«) und Geflügel, man kann Tomaten und kleine Quiches damit füllen oder einen Nudel-Gemüse-Salat damit anmachen.

ZUBEREITUNG: CA. 30 MIN.
PRO PORTION: CA. 225 KCAL | FÜR 4 PERSONEN

2 Eier | 4 Sardellenfilets in Salz eingelegt
2 Dosen Thunfisch naturell (à 150 g Abtropfgewicht)
3 EL Kapern, abgetropft | 100 g Crème fraîche
schwarzer Pfeffer aus der Mühle | Saft von 1 Zitrone

1 Eier in 10 Min. hart kochen, kalt abschrecken, pellen. Eigelbe und Eiweiße trennen. Sardellen für 5 Min. wässern, trocken tupfen und grob hacken.

2 Thunfisch etwas zerpflücken. Mit 2 EL Kapern, den Sardellen und der Crème fraîche in den Mixer geben und kurz pürieren. Eigelbe durch ein Sieb streichen und untermischen.

3 Den Dip mit Pfeffer und 3–4 TL Zitronensaft abschmecken. Die Eiweiße hacken und zusammen mit den restlichen Kapern über den Thunfischdip streuen.

Für neue Geschmackserlebnisse lassen sich diese Dips ganz leicht abwandeln: Den Zwiebeldip (unten links) mit Piment oder Muskatnuss würzen. Den Thunfischdip (unten rechts) mit geräucherten Forellenfilets abwandeln, und den Schafskäse im Fetadip (oben rechts) durch milden Ziegenfrischkäse ersetzen.

Joghurtdip mit Gartenkräutern

ZUBEREITUNG: CA. 15 MIN.
PRO PORTION: CA. 50 KCAL
FÜR 4 PERSONEN

1 Handvoll Kerbel | 1 EL Schnittlauchröllchen
2 EL gehackte Petersilie | 1 Spritzer Zitronensaft
300 g Vollmilchjoghurt (3,5 % Fett oder griechischer Sahnejoghurt, 10 % Fett)
1 EL gehackter Sauerampfer, Pimpinelle oder Ysop (nach Belieben)
Salz | Pfeffer aus der Mühle

1 Den Kerbel waschen, trocken schütteln, verlesen und hacken. Mit Schnittlauch, Petersilie und Zitronensaft unter den Joghurt rühren. Nach Belieben noch Sauerampfer unterheben.

2 Den Dip mit Salz und Pfeffer abschmecken. Besonders fein zu Rohkost, Salat und kleinen neuen Pellkartoffeln.

Joghurtdip mit Zitronenmelisse

ZUBEREITUNG: CA. 10 MIN.
PRO PORTION: CA. 75 KCAL
FÜR 4 PERSONEN

1 Bio-Orange
1 EL Akazienhonig
1 kleine Handvoll Zitronenmelisseblättchen
300 g Vollmilchjoghurt (3,5 % Fett oder griechischer Sahnejoghurt, 10 % Fett)

1 Die Orange heiß abwaschen und trocknen. 1 TL Schale abreiben und 2 EL Saft auspressen. Beides mit dem Akazienhonig mischen. Zitronenmelisse waschen, trocken tupfen und in hauchfeine Streifen schneiden.

2 Den Joghurt mit Orangenhonig und Zitronenmelisse verrühren. Der Dip schmeckt zu Obststückchen und Gemüsesticks.

Joghurtdip mit Rucola

ZUBEREITUNG: CA. 15 MIN.
PRO PORTION: CA. 80 KCAL
FÜR 4 PERSONEN

1 kleines Bund Rucola | 2 Frühlingszwiebeln
300 g Vollmilchjoghurt (3,5 % Fett oder griechischer Sahnejoghurt, 10 % Fett)
1 EL kalt gepresstes Olivenöl
Salz | Cayennepfeffer
1–2 Knoblauchzehen

1 Rucola verlesen und grobe Stiele abknipsen. Die Blätter waschen, trocken schleudern und fein schneiden. Frühlingszwiebeln putzen, waschen und sehr fein hacken.

2 Den Joghurt mit Olivenöl, 1/2 TL Salz und etwas Cayennepfeffer glatt rühren. Knoblauch schälen und dazupressen. Rucola und Frühlingszwiebeln unterheben.

3 Den Dip nochmals mit Salz und Cayennepfeffer abschmecken. Zu gegrilltem Gemüse und Fleisch servieren.

Joghurtdip mit Minze & Kreuzkümmel

ZUBEREITUNG: CA. 15 MIN.
PRO PORTION: CA. 55 KCAL
FÜR 4 PERSONEN

1 dickes Bund Minze
300 g Vollmilchjoghurt (3,5 % Fett oder griechischer Sahnejoghurt, 10 % Fett)
1 TL gem. Kreuzkümmel | 1 TL schwarze Senfkörner
Salz | Pfeffer aus der Mühle
1 Stückchen Salatgurke (nach Belieben)
2–3 EL Limettensaft

1 Minze waschen und trocken schütteln. Die Blättchen abzupfen und in feine Streifen schneiden. Den Joghurt mit Kreuzkümmel, Senfkörnern, Salz und Pfeffer glatt rühren. Die Minze untermischen.

2 Nach Belieben noch die Gurke schälen, entkernen und in Würfelchen schneiden. Im Limettensaft marinieren, salzen und unterheben. Der Dip passt auf ein orientalisches Büfett, zu Gemüse und kurz gebratenem Fleisch.

Ein klassischer Dip mit viel frischem Grün. Mit verschiedenen Kräutern und zusätzlichen Gewürzen lässt er sich immer neu variieren. So zum Beispiel mit Zitronenmelisse (oben rechts), mit Rucola (unten links) und mit Minze (unten rechts).

Hoummous

Ein Klassiker, der stilecht mit warmem Fladenbrot oder mit rohen Gemüsesticks aufgedippt wird. Man kann damit aber auch Teigfladen bestreichen, darauf Salat aus fein gehobeltem Weißkohl, schmalen Paprika- und Zwiebelstreifen häufen, das Ganze mit Sumach bestreuen und aufrollen.

ZUBEREITUNG: CA. 20 MIN.
EINWEICHEN: 8 STD.
GAREN: CA. 1 STD. 30 MIN.
PRO PORTION: CA. 315 KCAL
FÜR 4 PERSONEN

200 g getrocknete Kichererbsen
2–3 EL Zitronensaft
3 EL Tahini (Sesampaste)
4 EL Olivenöl
3–4 Knoblauchzehen
2 TL Salz
1/4 – 1/2 TL Cayennepfeffer
1/2 Bund glatte Petersilie
2 EL Pinienkerne
1/4 – 1/2 TL Paprikapulver

1 Kichererbsen waschen, mit kaltem Wasser bedecken und mindestens 8 Std., besser über Nacht, einweichen. Wasser abgießen, eventuell gelöste Häutchen von den Kichererbsen abrubbeln und entfernen. Die Kichererbsen mit frischem Wasser bedecken und aufkochen. Bei schwacher Hitze in etwa 1 Std. 30 Min. weich kochen. Abgießen, die Kochflüssigkeit aufheben.

2 Die Kichererbsen mit Zitronensaft, Tahini und 3 EL Olivenöl im Mixer fein pürieren. Bei Bedarf etwas Kochflüssigkeit zugeben, bis eine glatte, dickliche Creme entsteht. Knoblauch schälen und dazupressen. Mit Salz und Cayennepfeffer abschmecken.

3 Petersilie waschen, trocken schütteln, die Blättchen abzupfen und hacken. Pinienkerne in einer Pfanne ohne Fett goldgelb rösten. Das restliche Olivenöl über den Hoummous träufeln. Mit Paprikapulver, Petersilie und Pinienkernen bestreuen.

TIPP Wem Tahini zu herb schmeckt, der ersetzt es durch Mandelmus oder Cashewmus (Reformhaus). Für einen leichteren und frischeren Hoummous 3–4 EL stichfesten Joghurt unterrühren.

VARIANTE MIT KREUZKÜMMEL
Statt mit Paprikapulver und Cayennepfeffer den Hoummous mit 2 TL gemahlenem Kreuzkümmel würzen. Zusätzlich 1 EL Kreuzkümmel in einer Pfanne ohne Fett rösten, bis er duftet, und mit dem Olivenöl über den fertigen Hoummous geben. Mit Korianderblättchen dekorieren.

Nach dem Einweichen der Kichererbsen lassen sich die Häutchen leicht entfernen.

Sollte das Kichererbsenpüree zu fest sein, noch etwas Garwasser unterarbeiten.

Im cremigen Hoummous vereinen sich süße, saure, herbe und scharfe Aromen.

Paprika-Walnuss-Paste

In diesem Dip treffen alle Geschmacksempfindungen zusammen und bilden eine köstliche Einheit: süße Paprika, herbe Walnüsse, saurer Granatapfelsirup, Salz und scharfer Knoblauch – bei Gästen der absolute Favorit!

ZUBEREITUNG: CA. 1 STD.
KÜHLEN: 3 STD.
PRO PORTION: CA. 340 KCAL
FÜR 4 PERSONEN

3–4 rote Paprikaschoten (800 g)
1 Stück trockenes Ciabatta- oder Fladenbrot (der Menge eines Brötchens entsprechend)
2 Knoblauchzehen
1 kleine frische rote Chilischote
100 g Walnusskerne
1–2 TL Salz | 1 EL Limettensaft
3 EL ungesüßter Granatapfelsirup
4 EL Olivenöl

1 Ofen auf 200° (Umluft) mit Grillfunktion vorheizen. Ein Backblech mit Backpapier belegen. Paprika halbieren, putzen und waschen. Mit der Schnittfläche nach unten aufs Blech legen, etwas flach drücken. Im Ofen 15–20 Min. grillen, bis die Haut dunkle Blasen wirft. Die Schoten herausnehmen, mit einem feuchten Tuch abdecken und 10 Min. abkühlen lassen. Dann häuten. In der Zwischenzeit Brot reiben. Knoblauch schälen. Chilischote putzen, entkernen, waschen und fein hacken.

2 Einige Walnusshälften beiseitestellen. Restliche Nüsse mit Brotbröseln, Salz, Limettensaft, Granatapfelsirup, Knoblauch und Chili im Mixer pürieren. Die Paprika zugeben. Während des Mixens langsam das Öl zugießen, bis eine sämige Paste entsteht. Die Paste 3–4 Std. kalt stellen. Mit den restlichen Walnusshälften garnieren und mit etwas Öl beträufeln. Mit Fladenbrot servieren.

Sie lassen sich mit Saucen, Gewürzen, Kräutern, Käse und Nüssen immer wieder neu variieren – als vegetarisches Hauptgericht oder Eintopf mit Fleisch, als edle Vorspeise oder raffinierte Beilage: Nudeln, Reis und Couscous sind echte Verwandlungskünstler.

NUDELN & REIS

Nudeln mit Knoblauch-Knuspersauce

Mit diesen köstlichen Nudeln können Sie richtig Eindruck machen. Dabei sind sie ganz schnell und einfach zubereitet.

ZUBEREITUNG: CA. 30 MIN.
PRO PORTION: CA. 570 KCAL
FÜR 4 PERSONEN

400 g kurze Nudeln (z. B. Penne) | Salz
4–5 Scheiben trockenes Vollkorn-Toastbrot
3 Knoblauchzehen
1–2 TL getrocknete grüne Pfefferkörner
1–2 TL rosa Pfefferbeeren (Schinus)
1 großes Bund glatte Petersilie
3 EL Olivenöl
schwarzer Pfeffer aus der Mühle
80 g frisch geriebener Parmesan

1 Nudeln in Salzwasser nach Packungsangabe bissfest garen. Brot im Blitzhacker zu Bröseln verarbeiten. Knoblauch schälen. Beide Sorten Pfeffer im Mörser zerstoßen. Petersilie waschen, trocken schütteln, die Blättchen abzupfen und hacken.

2 Olivenöl bei mittlerer Hitze erwärmen. Brösel hineinrühren, Knoblauch dazupressen. Etwa 3 Min. unter Rühren knusprig braten. Zwei Drittel der Pfeffermischung zugeben und mit Pfeffer aus der Mühle abschmecken. Petersilie und Parmesan unterrühren, über die Nudeln geben. Restliche Pfeffermischung darüberstreuen und sofort servieren.

VARIANTEN
1. Mit Salbei: Anstelle der Petersilie die Blätter eines großen Bundes Salbei klein hacken und mit dem Knoblauch anbraten, bis der Salbei knusprig ist. Sofort mit Parmesan und Nudeln mischen und servieren. Einzelne Blättchen Salbei in einer kleinen Pfanne in Butter knusprig braten und über die Nudeln verteilen.
2. Mit Kapern: 2 EL feine Kapern abspülen und trocken tupfen. In einer kleinen Pfanne 20 g Butter aufschäumen, die Kapern darin knusprig braten und zum Schluss auf die fertigen Nudeln geben.
3. Mit Tomaten & schwarzen Oliven: Die Hälfte der Petersilie durch Basilikum ersetzen. Zusätzlich die Nadeln von 2 kleinen Rosmarinzweigen fein hacken und zusammen mit je 60 g getrockneten Tomaten und schwarzen Oliven, beides fein gewürfelt, mit den Bröseln anbraten.

Kräuterlasagne

Ein feinwürziges Sommeressen, bei dem Kräuter großzügig verwendet werden. Ideal, wenn sich Petersilie & Co. im Garten oder auf dem Balkon allzu breit machen oder auf dem Wochenmarkt zum Spottpreis angeboten werden.

ZUBEREITUNG: CA. 45 MIN.
BACKEN: CA. 45 MIN.
PRO PORTION: CA. 750 KCAL
FÜR 4 PERSONEN

700 g zarter Blattspinat | Salz
je 1 Bund Petersilie, Basilikum und Minze oder Majoran
2 Knoblauchzehen
1 rote Zwiebel
3 EL Olivenöl
Pfeffer aus der Mühle
geriebene Muskatnuss
2 1/2 EL Butter
2 gehäufte EL Mehl
350 ml Gemüsebrühe
250 ml Milch
100 g Sahne
1 Lorbeerblatt (am besten frisch)
Öl für die Form
12 Lasagneblätter ohne Vorkochen (ca. 250 g)
250 g frisch geriebener Gruyère (oder Emmentaler)

AUSSERDEM

rechteckige Auflaufform

1 Den Spinat verlesen, waschen und in wenig kochendem Salzwasser in 2–3 Min. zusammenfallen lassen. Spinat eiskalt abschrecken, gut abtropfen lassen, dann in eine Schüssel geben. Kräuter waschen, trocken schütteln, Blättchen abzupfen und grob hacken. Einige Blättchen beiseitelegen. Knoblauch und Zwiebel schälen und sehr fein hacken.

2 Knoblauch und Zwiebel in 2 EL Olivenöl in 3–5 Min. glasig dünsten, Kräuter kurz mitdünsten. Mischung zum Spinat geben. Alles kräftig mit Salz, Pfeffer und Muskat würzen und vermengen. Backofen auf 180° (Umluft 160°) vorheizen.

3 Für die Béchamelsauce 1 1/2 EL Butter und knapp 1 EL Olivenöl erhitzen. Mehl einrühren. Mit Gemüsebrühe, Milch und Sahne ablöschen, Lorbeer dazugeben. Béchamel unter Rühren aufkochen und 5–8 Min. bei schwacher Hitze sanft kochen lassen. Lorbeerblatt entfernen.

4 Die Auflaufform mit Öl einpinseln. Den Boden mit Béchamelsauce bedecken. Je nach Größe der Form 3–4 Lasagneblätter nebeneinander einlegen. Darauf in mehreren Lagen abwechselnd Kräuterspinat, etwas Béchamelsauce und geriebenen Käse schichten. Zum Schluss Lasagneblätter mit restlicher Béchamel, restlichem Käse und 1 EL Butter in Flöckchen belegen.

5 Die Lasagne im heißen Ofen (Mitte) 40–45 Min. backen, bis die Oberfläche leicht gebräunt ist. Lasagne mit den restlichen Kräutern bestreuen und sofort servieren.

VARIANTEN
Besonders würzig schmeckt die Lasagne mit einer Mischung aus Spinat, Liebstöckel und Oregano. Im Frühjahr können Sie auch einmal eine Spinat-Bärlauch-Mischung probieren.

Der Italo-Klassiker auf grünen Abwegen: Zwischen den Nudelblättern verstecken sich einmal nicht die üblichen Verdächtigen Tomaten und Hackfleisch, sondern hocharomatische Newcomer – zarter Blattspinat und viele, viele frische Kräuter.

Pesto – vier Mal variiert

Pesto klassisch

ZUBEREITUNG: CA. 30 MIN.
PRO PORTION: CA. 345 KCAL
FÜR 2–3 PERSONEN

1–2 Bund Basilikum | 40 g Pinienkerne
1 Knoblauchzehe | 3 EL Olivenöl
30 g frisch geriebener Parmesan
Salz | Pfeffer aus der Mühle

1 Basilikum waschen, trocken schütteln, die Blättchen abzupfen und 30 g abwiegen. Einige Blättchen beiseitelegen. Pinienkerne in einer Pfanne ohne Fett goldgelb rösten, 1 TL davon beiseitelegen. Knoblauch schälen und grob hacken.

2 Basilikum, Pinienkerne und Knoblauch im Mixer nicht zu fein pürieren. Olivenöl tropfenweise zugießen, bis sich alles gut gemischt hat. Parmesan unterheben, mit Salz und Pfeffer abschmecken. Mit den restlichen Basilikumblättchen und Pinienkernen bestreuen.

Pesto mit Koriandergrün & Walnuss

ZUBEREITUNG: CA. 30 MIN.
PRO PORTION: CA. 335 KCAL
FÜR 2–3 PERSONEN

1–2 Bund Koriandergrün | 40 g Walnusskerne
1 Knoblauchzehe
1–2 TL Limetttensaft | 3 EL Olivenöl
30 g frisch geriebener Parmesan
Salz | Pfeffer aus der Mühle

1 Koriandergrün waschen, trocken schütteln, die Blättchen abzupfen und 30 g abwiegen. Walnusskerne grob hacken. Knoblauch schälen und grob hacken.

2 Koriandergrün, Walnusskerne, Knoblauch und Limettensaft im Mixer nicht zu fein pürieren. Olivenöl tropfenweise zugießen, bis sich alles gut gemischt hat. Parmesan unterheben, mit Salz, Pfeffer und Limettensaft abschmecken.

Pesto mit Petersilie & Zitrone

ZUBEREITUNG: CA. 30 MIN.
PRO PORTION: CA. 345 KCAL
FÜR 2–3 PERSONEN

1–2 Bund Petersilie | 40 g Pinienkerne
1 Knoblauchzehe | 1 Bio-Zitrone
3 EL Olivenöl | 30 g frisch geriebener Parmesan
Salz | Pfeffer aus der Mühle

1 Petersilie waschen, trocken schütteln. Blättchen abzupfen und 30 g abwiegen. Pinienkerne in einer Pfanne ohne Fett goldgelb rösten. Knoblauch schälen und grob hacken. Zitrone heiß waschen und trocknen. Die Schale hauchdünn abziehen und fein hacken, 1–2 TL Saft auspressen.

2 Petersilie, Pinienkerne und Knoblauch im Mixer nicht zu fein pürieren. Olivenöl tropfenweise zugießen, bis sich alles gut gemischt hat. Zitronenschale und Parmesan unterheben. Das Pesto mit Salz, Pfeffer und Zitronensaft abschmecken.

Pesto mit Haselnuss & Tomate

ZUBEREITUNG: CA. 30 MIN.
PRO PORTION: CA. 240 KCAL
FÜR 2–3 PERSONEN

je 1 Bund Basilikum und glatte Petersilie
30 g Haselnusskerne
20 g getrocknete Tomaten | 3 EL Olivenöl
Salz | Pfeffer aus der Mühle

1 Basilikum und Petersilie waschen und trocken schütteln. Die Blättchen abzupfen und je 10 g abwiegen. Haselnüsse in einer Pfanne ohne Fett rösten, bis die Häutchen abblättern. Die Häutchen mit einem Küchentuch abrubbeln. Tomaten sehr klein würfeln.

2 Kräuter, Haselnüsse und Tomaten im Mixer nicht zu fein pürieren. Das Olivenöl tropfenweise zugießen, bis sich alles gut gemischt hat. Das Pesto mit Salz und Pfeffer abschmecken.

Pesto mit Tomate & Petersilie

ZUBEREITUNG: CA. 30 MIN.
PRO PORTION: CA. 185 KCAL
FÜR 4 PERSONEN

75 g getrocknete Tomaten
2 Knoblauchzehen
30 g blanchierte Mandeln
3 EL grob geschnittene Petersilienblätter
1 EL Zitronensaft | 75 ml Olivenöl
Salz | Pfeffer aus der Mühle

1 Tomaten in heißem Wasser 20 Min. quellen lassen. Etwas ausdrücken und in Stücke schneiden. Knoblauch schälen.

2 Tomaten, Knoblauch und Mandeln im Mixer glatt pürieren. Petersilie und Zitronensaft zugeben. Weitermixen, dabei das Olivenöl langsam zulaufen lassen, bis sich alles gut gemischt hat. Das Pesto mit Salz und Pfeffer abschmecken.

Pesto mit Rucola & Kürbiskernen

ZUBEREITUNG: CA. 30 MIN.
PRO PORTION: CA. 260 KCAL
FÜR 4 PERSONEN

1 Bund Rucola | 1 Bund Petersilie
2 Knoblauchzehen | 3 EL grünschalige Kürbiskerne
2 EL geschälte Sonnenblumenkerne
40 g zerbröckelter Parmesan
75 ml Sonnenblumenöl | 1 EL Kürbiskernöl
Salz | Pfeffer aus der Mühle

1 Rucola und Petersilie waschen und trocken schütteln. Die Petersilienblätter abzupfen. Rucola- und Petersilienblätter grob schneiden. Knoblauch schälen und grob hacken.

2 Kräuter, Knoblauch, Kürbiskerne und Sonnenblumenkerne im Mixer pürieren. Parmesan zugeben. Weitermixen, dabei das Sonnenblumenöl langsam zulaufen lassen, bis sich alles gut gemischt hat. Das Pesto mit Kürbiskernöl, Salz und Pfeffer abschmecken.

Pesto mit Bärlauch & Haselnüssen

ZUBEREITUNG: CA. 30 MIN.
PRO PORTION: CA. 250 KCAL
FÜR 4 PERSONEN

1 dickes Bund Bärlauch (etwa 75 g)
35 g Haselnusskerne | 50 g Bergkäse
1 EL geriebener Meerrettich (Glas) | 1 EL Zitronensaft
75 ml kalt gepresstes Rapsöl
Salz | Pfeffer aus der Mühle | Cayennepfeffer

1 Bärlauch waschen, trocken schütteln und grob zerschneiden. Haselnüsse in einer Pfanne ohne Fett etwa 7 Min. rösten, bis die Häutchen abblättern. Die Häutchen mit einem Küchentuch abrubbeln. Bergkäse würfeln.

2 Bärlauch, Haselnüsse und Bergkäse mit Meerrettich und Zitronensaft im Mixer pürieren. Dabei das Rapsöl langsam zulaufen lassen, bis sich alles gut gemischt hat. Das Pesto mit Salz, Pfeffer und Cayennepfeffer abschmecken.

Pesto mit Koriandergrün & Tofu

ZUBEREITUNG: CA. 30 MIN.
PRO PORTION: CA. 150 KCAL
FÜR 4 PERSONEN

150 g geräucherter Tofu | 1 Bio-Limette
1 Handvoll Koriandergrün
3 EL Walnusskerne | 2 Knoblauchzehen
100–150 ml Milch | 1 EL Sesam-Würzöl
Tabasco | Salz | Pfeffer aus der Mühle

1 Tofu würfeln. Die Limette heiß waschen und trocknen. Die Schale fein abreiben, die Frucht auspressen.

2 Tofu, Limettenschale, Koriandergrün und Walnusskerne in einen Mixer füllen. Knoblauch schälen und dazupressen. Alles mit der Milch glatt pürieren. Sesam-Würzöl und einige Tropfen Tabasco untermixen. Das Pesto mit Salz, Pfeffer und Limettensaft pikant abschmecken.

Es muss nicht immer Basilikum sein. Auch andere Kräuter und Zutaten schmecken als Pesto fein und bringen Abwechslung auf den Pastateller. Reste einfach in ein gut schließendes Glas füllen und mit etwas Öl bedecken. Kühl aufbewahrt etwa eine Woche haltbar.

Nudeln mit Hähnchenleberragout

Madeira und Aceto balsamico runden dieses feine Ragout süß-aromatisch und dabei mit leichter Säure ab.

ZUBEREITUNG: CA. 35 MIN.
PRO PORTION: CA. 780 KCAL
FÜR 4 PERSONEN

400 g lange Nudeln (z. B. Tagliatelle)
Salz
1 Bund Thymian
60 g Butter
500 g frische Hähnchenlebern
350 ml Madeira
2 EL Aceto balsamico
2 EL Akazienhonig
2 EL Tomatenmark
1 TL Koriandersamen oder Orangenkoriander (Seite 56) aus der Mühle
schwarzer Pfeffer aus der Mühle
geriebene Muskatnuss

1 Nudeln nach Packungsangabe in kochendem Salzwasser bissfest garen. Thymian abbrausen, trocken schütteln, die Blättchen abzupfen. Die Nudeln abgießen und abtropfen lassen. 30 g Butter in Flöckchen mit dem Thymian unter die fertigen Nudeln mischen.

2 Inzwischen die Hähnchenlebern in einem Sieb unter fließendem kalten Wasser 5 Min. wässern. Abtropfen, trocken tupfen und von Fett und Sehnen befreien. Lebern in 30 g Butter von jeder Seite in knapp 1 Min. goldbraun braten. Sofort aus der Pfanne nehmen.

3 Bratsatz mit Madeira ablöschen. Balsamico, Honig und Tomatenmark einrühren, auf die Hälfte einkochen. Mit Koriander, Salz, Pfeffer und Muskatnuss abschmecken. Lebern in die Sauce geben und darin in etwa 1 Min. fertig garen. Sofort mit den Nudeln servieren.

TIPP Besonders edel wird dieses Essen, wenn man Kalbsleber statt Hähnchenleber nimmt. Dazu passt Polenta (Seite 182).

VARIANTEN
1. Mit Sherry & Ahornsirup: Madeira durch Sherry medium ersetzen, Aceto balsamico durch Sherryessig und Honig durch Ahornsirup. 2 EL fein gehackten Salbei in Butter kurz anbraten und unter die Nudeln mischen.
2. Mit Weißwein & Senf: 1 Zwiebel schälen und fein würfeln, im Bratsatz glasig schmoren. Statt mit Madeira mit 150 ml Weißwein ablöschen. 2 EL scharfen Senf und 200 g Sahne einrühren und um ein Drittel einkochen lassen. Mit Salz, Pfeffer und nach Belieben etwas Weißweinessig abschmecken.

Am Geld wird gespart, am Geschmack ganz und gar nicht: Nudeln mit Hähnchenleberragout sind preiswert und ein Fest für den Gaumen – auch wenn man sie mit tiefgekühlten Hähnchenlebern zubereitet. Diese am besten über Nacht im Kühlschrank auftauen lassen, dann bleiben sie schön zart.

Maultaschen mit Wildkräuterfüllung

Zarter Nudelteig, süße Sahne und fruchtige Tomatensauce mildern das feinherbe Aroma der Wildkräuter. Darum schmecken die Nudeltaschen auch allen, die sich sonst nicht so sehr für die wilden Grünen begeistern können.

ZUBEREITUNG: CA. 1 STD. 30 MIN.
PRO PORTION: CA. 605 KCAL
FÜR 4 PERSONEN

FÜR DEN NUDELTEIG

300 g Mehl (Type 550) | Salz
2 Eier (Größe M)
4 EL Weißwein
Mehl zum Arbeiten

FÜR DIE TOMATENSAUCE

750 g reife Tomaten
100 g Sahne
Salz | Pfeffer aus der Mühle

FÜR DIE FÜLLUNG

300 g Wildkräuter (Knoblauch-Hederich, Löwenzahn, Schafgarbe, ein wenig Gundermann)
Salz | 1 Brötchen vom Vortag
100 g Hartkäse (z. B. Rohmilch-Bergkäse)
100 g Sahne
Pfeffer aus der Mühle
geriebene Muskatnuss

AUSSERDEM

Auflaufform
Fett für die Form

1 Für den Nudelteig Mehl mit 1 Prise Salz, Eiern und Wein gut verkneten. Zu einer Kugel formen, mit etwas Mehl bestreuen, in Folie wickeln und 30 Min. ruhen lassen.

2 Für die Tomatensauce die Tomaten waschen, die Stielansätze herausschneiden und die Tomaten in Stücke schneiden. In einem Topf bei mittlerer Hitze etwa 40 Min. zugedeckt sanft köcheln lassen.

3 Für die Füllung Wildkräuter verlesen, Blätter abzupfen, waschen und in Salzwasser 1–2 Min. blanchieren. In ein Sieb abgießen und abtropfen lassen. Brötchen entrinden, kurz in kaltem Wasser einweichen und fest ausdrücken. Den Käse reiben. Kräuter fest ausdrücken, mit dem Brötchen, der Hälfte vom Käse und der Sahne im Blitzhacker pürieren. Mit Salz, Pfeffer und 1 guten Prise Muskat würzen.

4 Den Nudelteig in 8 Teile teilen, auf bemehlter Arbeitsfläche oder mit der Nudelmaschine messerrückendick ausrollen. Auf die Hälfte der Teigplatten mit jeweils 10 cm Abstand 1 TL Füllung geben, Zwischenräume dünn mit Wasser bestreichen. Übrige Teigplatten darüberdecken, vorsichtig andrücken. Mit einer runden Ausstechform (10 cm Ø) runde Maultaschen ausstechen. Auf ein Tuch legen.

5 Reichlich Salzwasser für die Maultaschen zum Kochen aufsetzen. Backofen auf 240° (Umluft 225°) vorheizen. Die Form fetten. Gedünstete Tomaten durch ein Sieb streichen, das Püree mit der Sahne verrühren, mit Salz und Pfeffer würzen.

6 Die Maultaschen im leise kochenden Wasser etwa 10 Min. garen. Mit einer Schaumkelle in die Form heben. Tomatensauce darübergießen und mit dem restlichen Käse bestreuen. Im heißen Ofen (Mitte) etwa 10 Min. überbacken, bis der Käse bräunt. In der Form servieren.

VARIANTE MIT BRENNNESSELN & KNOBLAUCH

Die Maultaschen schmecken auch mit einer Brennnesselfüllung. Statt der Kräuter 300 g zarte Brennnesselspitzen (mit Gummihandschuhen sammeln und verarbeiten) 2–3 Min. in Salzwasser blanchieren, fein hacken und mit 2 gehackten Knoblauchzehen in etwas Butter andünsten. Zu den übrigen Füllungszutaten geben.

Der schwäbische Erfindergeist ist groß: Die berühmten Maultaschen werden im »Ländle« längst auch mit anderem als mit Hackfleisch, Speck und Spinat gefüllt. Und mit heimischen Wildkräutern schmecken sie nicht nur sparsamen Schwaben …

Nudeln, Tomaten und Kräuter – was braucht man mehr zum Glück! Mit wenigen Zutaten zaubern Sie ein feines Pastagericht auf den Tisch. Das schmeckt Groß und Klein.

Makkaroni mit rohen Tomaten und Kräutern

Ein bisschen Zeit braucht es schon, bis die Tomaten die Kräuteraromen angenommen haben. Aber dafür lässt sich die erfrischende Sommersauce prima vorbereiten.

ZUBEREITUNG: CA. 30 MIN.
MARINIEREN: CA. 3 STD.
PRO PORTION: CA. 575 KCAL
FÜR 4 PERSONEN

600 g reife Eiertomaten
(oder Fleischtomaten)
1 großes Bund Basilikum
1/2 Bund Petersilie
4 Knoblauchzehen
6 EL natives Olivenöl extra
Salz
400 g Makkaroni
schwarzer Pfeffer aus der Mühle
70 g frisch gehobelter Parmesan

1 Tomaten kurz mit kochendem Wasser überbrühen, häuten und entkernen. Das Fruchtfleisch klein würfeln. Die Kräuter nur kurz waschen, trocken schütteln und die Blättchen in feine Streifen schneiden. Knoblauch schälen und fein hacken.

2 Tomatenwürfel, Kräuter, Knoblauch und 2 EL Olivenöl in einer großen Schüssel vorsichtig vermischen. Zugedeckt bei Zimmertemperatur 3–4 Std. marinieren.

3 Für die Nudeln reichlich Wasser zum Kochen bringen, salzen. Die Makkaroni in handbreite Stücke brechen und im Salzwasser nach Packungsangabe bissfest garen.

4 Die Tomaten-Kräuter-Mischung mit Salz und Pfeffer würzen. Das restliche Olivenöl vorsichtig erhitzen. Die Nudeln abgießen, nur kurz abtropfen lassen und in der Schüssel rasch mit Tomaten und Kräutern vermischen. Das heiße Öl darübergießen und nochmals kurz mischen. Mit dem Parmesan servieren.

VARIANTEN

1. Mit Rucola: Statt der Kräuter 150 g Rucola in schmale Streifen schneiden. Nur die Tomatenwürfel kurz marinieren, mit heißen Nudeln vermischen und dann erst den Rucola untermischen.

2. Mit Wildkräutern: Etwa 100 g gemischte Wildkräuter (Brunnenkresse, Sauerampfer, Schafgarbe, Gänseblümchenblätter) waschen und klein schneiden. Statt der Tomaten 2 kleine Zucchini winzig klein würfeln. Wie beschrieben mit Olivenöl und Knoblauch marinieren, unter die Nudeln heben und mit heißem Öl vermischen.

Tomatensauce – vier Mal variiert

Tomatensauce klassisch

ZUBEREITUNG: CA. 30 MIN. | KOCHEN: CA. 1 STD.
PRO PORTION: CA. 150 KCAL
FÜR 4 PERSONEN

2 Zwiebeln (150 g) | 2–3 Knoblauchzehen
1 Stange Staudensellerie | 1 Möhre | 2 EL Öl | 3 EL Tomatenmark
250 ml kräftiger Rotwein | 1 große Dose geschälte Tomaten (800 g)
Salz | schwarzer Pfeffer aus der Mühle

1 Zwiebeln und Knoblauch schälen, fein hacken. Sellerie waschen und putzen, Möhre schälen. Beides fein würfeln.

2 Zwiebeln im Öl in 5–6 Min. glasig dünsten. Sellerie und Möhren zufügen und 2 Min. anbraten. Knoblauch 1 Min. unter Rühren mitschmoren. Das Tomatenmark einrühren und anrösten. Mit Wein ablöschen. Tomaten etwas zerkleinern und zugeben. Salzen und pfeffern. Die Sauce offen 1 Std. bei schwacher Hitze köcheln lassen, dabei gelegentlich umrühren. Bei Bedarf noch etwas Wein zugießen. Mit Salz und Pfeffer abschmecken.

Tomatensauce mit Pecorino

ZUBEREITUNG: CA. 30 MIN. | KOCHEN: CA. 1 STD.
PRO PORTION: CA. 275 KCAL
FÜR 4 PERSONEN

1 Rezept Tomatensauce klassisch
1 Lorbeerblatt | 2 Zweige Rosmarin | 2 Gewürznelken
125 g geriebener Pecorino
1/2 TL Zimtpulver | 1 EL Ahornsirup
Salz | schwarzer Pfeffer aus der Mühle | 2–3 Stängel Basilikum

1 Die Tomatensauce wie links beschrieben zubereiten. Dabei mit den Tomaten Lorbeerblatt, Rosmarin und Gewürznelken zugeben und mitköcheln lassen.

2 Die Gewürze aus der fertigen Sauce entfernen. 80 g Pecorino einrühren und schmelzen lassen. Die Sauce mit Zimt, Ahornsirup, Salz und Pfeffer abschmecken. Basilikum waschen, trocken schütteln und die Blätter hacken. Mit dem restlichen Pecorino über die Sauce streuen.

Tomatensauce mit Speck

ZUBEREITUNG: CA. 30 MIN. | KOCHEN: CA. 1 STD.
PRO PORTION: CA. 385 KCAL
FÜR 4 PERSONEN

1 Rezept Tomatensauce klassisch
150 g fein gewürfelter durchwachsener Speck
1 Lorbeerblatt | 2 TL Kräuter der Provence
Salz | schwarzer Pfeffer aus der Mühle
1/2 Bund gehackte glatte Petersilie

1 Die Tomatensauce wie links beschrieben zubereiten. Dabei den Speck mit den Zwiebeln anbraten. Lorbeerblatt und Kräuter der Provence mit den Tomaten zugeben und mitköcheln lassen.

2 Lorbeer aus der fertigen Sauce entfernen. Die Sauce mit Salz und Pfeffer abschmecken und mit Petersilie bestreuen.

Tomatensauce mit Anchovis & Kapern

ZUBEREITUNG: CA. 30 MIN. | KOCHEN: CA. 1 STD.
PRO PORTION: CA. 255 KCAL
FÜR 4 PERSONEN

1 Rezept Tomatensauce klassisch
250 ml Weißwein | 1 Lorbeerblatt
4–5 Anchovis (Glas) | 2 EL Kapern (Glas)
150 g abgetropfter Thunfisch (in Öl oder naturell, Dose)
Salz | schwarzer Pfeffer aus der Mühle | gehackte glatte Petersilie

1 Die Tomatensauce wie links beschrieben zubereiten. Dabei das Schmorgemüse mit Weißwein ablöschen. Lorbeerblatt mit den Tomaten zugeben und mitköcheln lassen.

2 Anchovis kurz wässern, trocken tupfen und fein hacken. Kapern abbrausen, klein hacken. Thunfisch zerpflücken. Anchovis, Kapern und Thunfisch in der fertigen Sauce erwärmen. Die Sauce mit Salz und Pfeffer abschmecken und mit Petersilie bestreuen.

Schön lange im Kräutersud geschmort wird das Wildschweinfleisch wunderbar mürbe und fein-würzig im Geschmack. Das lange Garen hat aber noch einen weiteren Vorteil: Sie können in der Zwischenzeit ganz entspannt die Beine hochlegen!

Bandnudeln mit Wildschwein und frittiertem Salbei

Für Salbei-Fans: Das mitgegarte Kräuterbüschel gibt dem Ragout bereits eine aromatische Note. Frittierte Salbeiblättchen runden den Genuss ab. Und wenn's noch mehr herbfrische Würze sein soll, mischen Sie ein paar klein gehackte frische Blättchen unter die frittierten.

ZUBEREITUNG: CA. 40 MIN.
GAREN: CA. 1 STD. 50 MIN.
PRO PORTION: CA. 740 KCAL
FÜR 4 PERSONEN

600 g Wildschweinfleisch zum Schmoren (Schulter oder Keule)
1 Zwiebel
1 Knoblauchzehe
2 Stangen Staudensellerie
1 Bund Salbei
je 3–4 Stängel Oregano und Petersilie
4 EL Butterschmalz
400 ml Wildfond (Glas)
200 g frische Steinpilze (oder Egerlinge)
Salz | Pfeffer aus der Mühle
400 g Bandnudeln
3 EL Sahne
2–3 EL Madeira oder Portwein

AUSSERDEM

Küchengarn

1 Fleisch waschen, trocken tupfen und ohne Fett und Sehnen in etwa 2 cm große Würfel schneiden. Zwiebel und Knoblauch schälen und sehr fein würfeln. Sellerie waschen, putzen und ebenfalls fein würfeln. Kräuter waschen und trocken schütteln. 3–4 Salbeiblätter mit Oregano und Petersilie zu einem Sträußchen zusammenbinden.

2 Das Fleisch in zwei Portionen in jeweils 1 EL Butterschmalz in einem Schmortopf scharf anbraten. Zwiebel, Knoblauch und Sellerie dazugeben und mitbräunen. Das Kräutersträußchen zufügen. Alles mit 200 ml Fond ablöschen, aufkochen und zugedeckt bei schwacher bis mittlerer Hitze 1 1/2 Std. schmoren lassen. Bei Bedarf Fond nachgießen.

3 Pilze trocken säubern. Steinpilze in Scheibchen schneiden, Egerlinge vierteln. Pilze in 1 EL Butterschmalz scharf anbraten. Salzen, pfeffern, zum Fleisch geben und alles noch 10–15 Min. – falls nötig bei offenem Topf – schmoren lassen.

4 Inzwischen reichlich Wasser für die Bandnudeln aufkochen, salzen. Die Bandnudeln in sprudelnd kochendem Salzwasser nach Packungsangabe garen. Kurz vor Ende der Garzeit das Ragout mit Sahne, Madeira, Salz und Pfeffer abschmecken. Den übrigen Salbei im restlichen Butterschmalz ganz kurz knusprig frittieren.

5 Die Bandnudeln abgießen und abtropfen lassen. Mit dem Ragout mischen und mit dem frittierten Salbei bestreut servieren.

VARIANTE MIT THYMIAN & GEWÜRZEN

Statt mit Salbei können Sie den Sugo auch mit Thymian aromatisieren. Dazu statt Salbei 1 kleines Bund Thymian und – am besten in einem Teefilter – 2 Gewürznelken und je 3 Wacholder- und Pimentkörner mitgaren. Statt Wildfond Rotwein verwenden oder beides mischen. Zum Schluss weder Sahne noch Madeira unterrühren, Ragout mit Petersilie und einigen frischen Thymianblättchen bestreut servieren.

Nudeln mit Entenbrust und Thai-Basilikum

Salzige, scharfe und süße Aromen bilden die würzige Basis dieses Wokgerichts, das mit Thai-Basilikum noch ein pfeffriges Frischetopping bekommt. Streuen Sie die klein geschnittenen Blättchen aber wirklich erst ganz am Schluss auf – mitgegart verfliegt das tolle Aroma sehr schnell.

ZUBEREITUNG: CA. 40 MIN.
PRO PORTION: CA. 610 KCAL
FÜR 4 PERSONEN

150 g Mie-Nudeln (Instantnudeln)
Salz
1 Bund Thai-Basilikum
2 kleine Entenbrustfilets ohne Haut
1 Stück frischer Ingwer (ca. 3 cm)
2 Schalotten
2 Knoblauchzehen
1 frische rote Chilischote
2 zarte Möhren
2 dünne Zucchini
4 EL Fischsauce
1 EL Speisestärke
1 EL brauner Zucker
150 ml Hühnerbrühe
2 EL Pflanzenöl

1 Die Nudeln nach Packungsangabe in kochendem Salzwasser garen, abschrecken und abtropfen lassen. Inzwischen das Basilikum waschen und trocken schütteln. Die Blättchen abzupfen, in feine Streifen schneiden und beiseitelegen. Fleisch in sehr schmale Streifen schneiden.

2 Ingwer, Schalotten und Knoblauch schälen und hacken. Chilischote putzen, entkernen, waschen und in Streifchen schneiden. Die Möhren schälen, die Zucchini waschen. Das Gemüse längs erst in feine Scheiben, dann in Streifen schneiden.

3 Fischsauce, Speisestärke, Zucker und Hühnerbrühe zu einer Würzsauce verrühren. In einem Wok 1 EL Öl erhitzen. Das Fleisch darin unter Rühren 1–2 Min. anbraten und herausnehmen.

4 Restliches Öl im Wok erhitzen. Knoblauch, Ingwer, Schalotten und Chili im Wok braten. Möhren und Zucchini 2–3 Min. unter Rühren mitbraten. Die Würzsauce angießen und aufkochen.

5 Fleisch und Nudeln untermischen. Alles zusammen 2–3 Min. sanft garen. Nudeln im Wok mit Kräuterblättchen bestreut servieren.

VARIANTEN

Den Nudelwok mit Schwarznesselblättchen bestreuen. Das in Vietnam »tia to« genannte Kraut verleiht dem Gericht eine frische Zimtnote. Auch Minze passt. Oder mal frische Thai-Pfefferblätter hauchfein schneiden und über die Nudeln streuen.

Nudeln, Ente und allerlei knackiges Gemüse schnell gewokt und spannend abgeschmeckt – mehr braucht es nicht für den kleinen Luxus im Alltag.

Woknudeln

Dreierlei Schärfe von Ingwer, Chili und Frühlingszwiebel wird aufgefangen von sanften Nudeln. Sherry und Sojasauce sorgen für Würze. Und die unterschiedlichen Konsistenzen von knackigem Gemüse, saftigem Fleisch und kernigen Nüssen machen das Gericht zu einem einzigen Vergnügen.

ZUBEREITUNG: CA. 1 STD.
PRO PORTION: CA. 585 KCAL
FÜR 4 PERSONEN

200 g Mie-Nudeln (Instantnudeln)
Salz
60 g Cashewkerne
2 Knoblauchzehen
1 Stück frischer Ingwer (30 g)
6 Frühlingszwiebeln
1–2 rote Chilischoten
200 g Möhren
1 Zucchino (150 g)
200 g Zuckerschoten
1 rote Paprikaschote
300 g Hähnchenbrustfilet
100 ml Sherry
1 EL brauner Zucker
4 EL Sojasauce
1–2 TL süßscharfe Chilisauce
5 EL Erdnussöl
Pfeffer aus der Mühle

1 Die Nudeln nach Packungsangabe in kochendem Salzwasser garen. Abgießen, kalt abbrausen und abtropfen lassen.

2 Cashewkerne trocken rösten, hacken und beiseitestellen. Knoblauch und Ingwer schälen und sehr fein würfeln. Frühlingszwiebeln putzen und waschen. Das Weiße fein hacken, das Grüne in Ringe schneiden. Chilischoten längs halbieren, die Trennwände und Samen entfernen. Die Hälften waschen und in schmale Streifen schneiden.

3 Möhren schälen und in 3 mm feine Stifte schneiden bzw. hobeln. Zucchino waschen, putzen und in 3 mm feine Streifen hobeln. Zuckerschoten waschen, schräg in 1 cm breite Streifen schneiden. Paprika waschen, vierteln, Trennwände und Samen entfernen, quer in feine Streifen schneiden.

4 Hähnchenfilet trocken tupfen, längs halbieren und in schmale Streifen schneiden. Sherry, Zucker, Soja- und Chilisauce mischen. 2 EL Erdnussöl im Wok erhitzen. Knoblauch, Ingwer, Chili und das Weiße der Frühlingszwiebeln darin 2 Min. anbraten. An den Rand schieben, das Fleisch zugeben und 2–3 Min. unter Rühren braten, bis es leicht bräunt. Aus dem Wok nehmen, salzen und pfeffern, warm halten.

5 Im Wok 2 EL Erdnussöl erhitzen. Möhren, Zuckerschoten und Paprika darin 3 Min. unter Rühren braten. Zucchini zugeben, noch 1 Min. braten. Aus dem Wok nehmen. Leicht salzen. Das restliche Öl erhitzen, die Nudeln darin anbraten. Sherrymischung angießen. Gemüse und Fleisch zugeben, alles unter Rühren erwärmen. Mit Chili- und Sojasauce nach Belieben abschmecken, mit Cashewkernen bestreuen und sofort servieren.

VARIANTE MIT KRABBEN & SESAM

Das Hähnchenfleisch durch rohe Krabben ersetzen. Statt der Sherrymischung je 2 EL Limettensaft, Sojasauce und Fischsauce mit 1 EL braunem Zucker verrühren. Das fertige Gericht mit 2 TL dunklem Sesamöl würzen und mit 50 g trocken geröstetem Sesam bestreuen.

Fastfood auf asiatische Art – alles flott nacheinander im Wok gewirbelt. Wichtig dabei: Die unterschiedlich langen Garzeiten beachten, damit das Gemüse knackig bleibt und das Fleisch nicht trocken wird.

Makkaroni mit Tomaten-Fisch-Ragout

Rotwein und Chili sorgen dafür, dass diese Tomatensauce einmal ganz anders schmeckt.

ZUBEREITUNG: CA. 1 STD.
PRO PORTION: CA. 735 KCAL
FÜR 4 PERSONEN

3 große Fleischtomaten (600 g)
4 Knoblauchzehen
2 rote Chilischoten
1 Bio-Zitrone
500 g weißes festes Fischfilet
250 g rohe Garnelenschwänze, geschält und entdarmt
Salz | 3 EL Olivenöl
1 TL Delikatess-Paprikapulver
300 ml Fischfond | 300 ml Rotwein
1 Bund glatte Petersilie
400 g Makkaroni (oder kurze Nudeln)
4 TL brauner Zucker
2–3 EL Tomatenmark
schwarzer Pfeffer aus der Mühle

1 Tomaten überbrühen, häuten und entkernen. Das Fruchtfleisch klein würfeln. Knoblauch schälen und fein hacken. Chilischoten längs halbieren, die Trennwände und Samen entfernen. Die Hälften waschen und fein hacken. Zitrone heiß waschen. Die Schale mit dem Zestenreißer abziehen und fein hacken, 2 EL Saft auspressen. Fischfilet und Garnelen abspülen und trocken tupfen. Das Filet in 3 cm große Würfel schneiden, mit etwas Zitronensaft beträufeln und leicht salzen.

2 In einer Pfanne 2 EL Öl erhitzen. Knoblauch, Chili, Zitronenzesten und Paprikapulver darin anschmoren. Mit Fischfond und Rotwein ablöschen, etwa 10 Min. köcheln lassen. Tomatenwürfel zufügen und weitere 5 Min. köcheln. Inzwischen die Petersilie waschen und trocken schütteln, die Blättchen abzupfen und hacken. Die Nudeln in kochendem Salzwasser nach Packungsangabe bissfest garen. Mit der Hälfte der Petersilie und 1 EL Olivenöl mischen.

3 Den eingekochten Rotweinfond mit Zucker und Tomatenmark verrühren, mit Salz und Pfeffer abschmecken. Die Fischwürfel und Garnelen in den heißen Fond einlegen und in etwa 3 Min. gar ziehen lassen. Mit restlicher Petersilie bestreuen und sofort mit den Nudeln servieren.

VARIANTE MIT ZIMT & ORANGE
Die Zitrone durch 1 Bio-Orange ersetzen. Die gehackte Schale mit anbraten, das Fischfilet mit etwas Saft marinieren. Restlichen Saft mit Brühe und Rotwein mischen. Zum Schluss mit je 1 kräftigen Prise Zimt und Cayennepfeffer und 1 TL getr. Orangenschalen (Seite 61) abschmecken.

Tomaten klein würfeln. Sie sollen nahezu verkochen und die Sauce sämig machen.

Fischfond und Rotwein geben der Tomatensauce ein interessantes Basisaroma.

Fisch und Garnelen kommen erst zum Schluss in die Sauce, sie sind schnell gar.

Bandnudeln mit Garnelen in Limettensahne

Ein verlockendes Essen, das richtig was hermacht, aber ganz einfach herzustellen ist: Die Sauce kann man im Voraus zubereiten, die Garnelen erst hineingeben, wenn die Gäste schon am Tisch sitzen.

ZUBEREITUNG: CA. 30 MIN.
PRO PORTION: CA. 800 KCAL
FÜR 4 PERSONEN

1 Bio-Limette
4 Kaffirlimettenblätter
400 g Sahne
400 ml Brühe
getrocknete grüne Pfefferkörner (oder Grüner Zitronenpfeffer, Seite 55)
Salz | 400 g schmale Bandnudeln
500 g King Prawns (rohe Garnelenschwänze, geschält und entdarmt)

1 Limette heiß waschen. Die Schale mit dem Zestenreißer abziehen. 1 1/2 EL Saft auspressen. Die Kaffirlimettenblätter mehrfach einschneiden, aber ganz lassen. Sahne und Brühe mit Limettensaft und Limettenblättern aufkochen und auf die Hälfte reduzieren. Die Sauce mit grünem Pfeffer aus der Mühle abschmecken, salzen.

2 Inzwischen die Nudeln nach Packungsangabe in kochendem Salzwasser bissfest garen. Die Garnelenschwänze kalt abspülen und etwa 3 Min. in der leicht köchelnden Sauce ziehen lassen. Mit den Bandnudeln anrichten, mit Limettenzesten bestreuen.

VARIANTE MIT FRISCHEM THUNFISCH
Den Thunfisch in Erdnussöl von jeder Seite 1/2–1 Min. braten, sodass er innen noch roh ist. In Scheiben schneiden und mit Limettensahne und Bandnudeln anrichten.

Spaghetti mit Salbei

ZUBEREITUNG: CA. 20 MIN.
PRO PORTION: CA. 665 KCAL
FÜR 4 PERSONEN

2 Knoblauchzehen | 200 g Sahne
100 g frisch geriebener Parmesan
Salz | Pfeffer aus der Mühle
2 EL Butter | 12 frische Salbeiblätter
400 g Spaghetti

1 Knoblauch schälen und halbieren. Sahne und Knoblauch bei mittlerer Hitze 5–7 Min. köcheln lassen. Knoblauch entfernen, 50 g Parmesan einrühren. Salzen, pfeffern und erhitzen, bis der Käse schmilzt.

2 Butter aufschäumen lassen, die Salbeiblätter darin knusprig braten. Nudeln nach Packungsangabe in kochendem Salzwasser bissfest garen. Abgießen und abtropfen lassen.

3 Die Spaghetti mit Salbeibutter mischen, mit Sauce übergießen und mit dem restlichen Parmesan servieren.

Spaghetti mit Thymian

ZUBEREITUNG: CA. 20 MIN.
PRO PORTION: CA. 625 KCAL
FÜR 4 PERSONEN

100 g weiche Butter | 1 Bio-Zitrone
2 EL Thymianblättchen
Salz | Pfeffer aus der Mühle
400 g Spaghetti
75 g frisch geriebener Parmesan

1 Butter in einer Schüssel schaumig rühren. Zitrone waschen und trocknen. 1 EL Schale abreiben, den Saft auspressen. Schale und Saft unter die Butter rühren. Thymian hacken und untermischen. Die Butter mit Salz und Pfeffer abschmecken.

2 Nudeln nach Packungsangabe in kochendem Salzwasser bissfest garen. Abgießen, dabei 1 Tasse Kochwasser auffangen. Unter die Butter rühren, dann die abgetropften Spaghetti unterheben. Auf Teller verteilen und mit dem Parmesan servieren.

Spaghetti mit Rucola

ZUBEREITUNG: CA. 20 MIN.
PRO PORTION: CA. 540 KCAL
FÜR 4 PERSONEN

250 g Ricotta oder Frischkäse
1 gute Handvoll Rucolablätter
10 grüne Oliven ohne Stein
80 g frisch geriebener Parmesan
Salz | weißer Pfeffer aus der Mühle
400 g Spaghetti

1 Ricotta in einer Schüssel zerdrücken. Rucola waschen, trocken schütteln und in Streifen schneiden. Zum Ricotta geben. Oliven hacken, mit 40 g Parmesan unter den Ricotta mischen. Mit Salz und Pfeffer würzen.

2 Nudeln nach Packungsangabe in kochendem Salzwasser bissfest garen. Abgießen und tropfnass unter die Ricottamischung heben. Mit dem restlichen Parmesan bestreut servieren.

Spaghetti mit Queller

ZUBEREITUNG: CA. 20 MIN.
PRO PORTION: CA. 550 KCAL
FÜR 4 PERSONEN

70 g Queller
150 g Sahne | 150 g Fischfond (Glas)
2 Knoblauchzehen | 150 ml Prosecco
Salz | Pfeffer aus der Mühle
125 g kleine Garnelen
400 g Spaghetti

1 Queller mit kochendem Wasser übergießen und 5 Sek. ziehen lassen. Abtropfen lassen und klein schneiden.

2 Sahne und Fischfond aufkochen. Knoblauch schälen und dazupressen. Alles 5 Min. bei starker Hitze einkochen lassen. Prosecco zugießen und weitere 5 Min. einkochen lassen. Salzen und pfeffern.

3 Nudeln nach Packungsangabe in kochendem Salzwasser bissfest garen. Abgießen und abtropfen lassen. Garnelen und Queller in die Sauce rühren. Über die Spaghetti verteilen.

Frische Kräuter kommen besonders gut in hellen Saucen zur Geltung. Mit Salbei (oben links), Thymian (oben rechts), Rucola (unten links) und Queller (unten rechts) schmecken Spaghetti immer anders, aber immer fein.

Kräuterrisotto mit grünem Spargel

Frühling zum Genießen – als Beilage für sechs, zum Sattessen für vier. »Al dente« gegarter Spargel und cremiger Risotto bilden einen reizvollen Kontrast. Wenn Sie Spargel nicht so knackig mögen, garen Sie ihn einfach länger mit.

ZUBEREITUNG: CA. 50 MIN.
PRO PORTION (BEI 6 PERSONEN): CA. 350 KCAL
FÜR 4–6 PERSONEN

500 g grüner Spargel
1 Handvoll Kerbel
je 1/2 Bund Petersilie und Zitronenmelisse
2 dicke Frühlingszwiebeln mit Grün
3 EL Butter
1 TL Puderzucker
Salz | Pfeffer aus der Mühle
400 g italienischer Risottoreis
200 ml trockener Weißwein
gut 1 l heiße Gemüsebrühe

1 Den Spargel gründlich waschen und im unteren Drittel schälen. Holzige Enden großzügig wegschneiden. Spargelspitzen abschneiden und beiseitelegen. Stangen in etwa 2 cm lange Stücke schneiden. Kräuter waschen und trocken schütteln. Blättchen abzupfen und fein hacken. Frühlingszwiebeln putzen und waschen. Das Weiße sehr fein hacken. Das Grüne fein schneiden und mit den Kräutern mischen.

2 In einem großen Topf 1 EL Butter schmelzen. Die Spargelstücke darin 2–3 Min. anbraten, aber nicht bräunen. Die Spargelspitzen dazugeben, alles mit dem Puderzucker bestäuben und in weiteren 3 Min. bissfest dünsten. Den Spargel aus dem Topf nehmen, mit der Hälfte der Kräutermischung bestreuen, salzen, pfeffern und beiseitestellen.

3 Wieder 1 EL Butter im Topf erhitzen, die Zwiebelwürfel darin glasig dünsten, den Risottoreis mitdünsten. Hitze erhöhen, den Wein dazugießen und verdampfen lassen. Dann bei schwächerer Hitze nach und nach die Gemüsebrühe angießen, dabei häufig rühren. Nach gut 15 Min. den Spargel dazugeben und mitgaren, bis der Reis sämig ist, die Körner aber noch Biss haben. Die restliche Butter unterrühren und den Risotto heiß servieren, beispielsweise als Beilage zu kurz gebratenen Lamm- oder Kalbskoteletts.

TIPP Wird der Risotto als Hauptgericht serviert, 50 g frisch geriebenen Parmesan zum Bestreuen dazu servieren. Oder geräucherten Lachs in Streifen schneiden, anbraten und darübergeben.

VARIANTEN
1. Mit Zuckerschoten: Statt Spargel passen auch Zuckerschoten gut zu den Kräutern. Die Schoten putzen, waschen und wie beschrieben bissfest dünsten. Zuletzt zum Risotto geben.
2. Mit Basilikum: Statt mit der Kräutermischung den Risotto mal ganz schlicht nur mit Basilikum würzen.
3. Provenzalischer Kräuterreis: Einige Stängel Petersilie, 1 kleiner Zweig Rosmarin und 2 Zweige Thymian waschen und trocken schütteln. Blättchen bzw. Nadeln abstreifen und sehr fein hacken. 1 Schalotte und 1 Knoblauchzehe schälen und fein hacken. Beides mit den Kräutern in Olivenöl andünsten. 200 g Reis (z. B. Langkornreis aus der Camargue) kurz mitdünsten. 500 ml Gemüsebrühe angießen und aufkochen. Den Reis zugedeckt bei sehr schwacher Hitze 15–20 Min. quellen lassen.

Der Reis ist noch angenehm bissfest und die enthaltene Stärke hat sich mit der Garflüssigkeit sämig verbunden – das macht einen perfekten Risotto aus. Wie er gelingt? Immer nur wenig und vor allem kochend heiße Flüssigkeit nachgießen, damit der Garvorgang nicht unterbrochen wird.

Basmati – vier Mal variiert

Basmati mit würzigen Pilzen

ZUBEREITUNG: CA. 20 MIN.
PRO PORTION: CA. 295 KCAL
FÜR 4 PERSONEN

500 g Austernpilze | 1 Bund Chinesischer Schnittlauch
2 Knoblauchzehen | 30 g frischer Ingwer
3 EL Öl | 150 ml Geflügelfond | helle Sojasauce
800 g frisch gekochter Basmatireis

1 Austernpilze säubern und in Streifen schneiden. Schnittlauch waschen, trocken schütteln und schräg in Streifen schneiden. Knoblauch und Ingwer schälen und fein hacken.

2 Das Öl in einer hohen Pfanne erhitzen. Knoblauch und Ingwer kurz darin anbraten. Die Pilze zugeben und bei starker Hitze 4–5 Min. unter Rühren braten. Geflügelfond zugießen, Schnittlauch einrühren und einmal aufkochen. Die Sauce mit Sojasauce abschmecken und zum Reis anrichten.

Basmati mit süßem Thai-Basilikum

ZUBEREITUNG: CA. 20 MIN.
PRO PORTION: CA. 635 KCAL
FÜR 4 PERSONEN

500 g TK-Meeresfrüchte
2 Stangen Staudensellerie | 1 Bund Frühlingszwiebeln
2 große Möhren | 2 EL Öl | 2 EL grüne Currypaste
500 ml Kokosmilch | 1 Handvoll süße Thai-Basilikumblätter
Salz | Pfeffer aus der Mühle | 800 g frisch gekochter Basmatireis

1 Meeresfrüchte nach Packungsangabe auftauen lassen. Staudensellerie, Frühlingszwiebeln und Möhren putzen, waschen und in Stücke schneiden.

2 Das Öl in einer hohen Pfanne erhitzen und das Gemüse darin bei starker Hitze 3 Min. unter Rühren braten. Currypaste und Kokosmilch einrühren, aufkochen lassen. Meeresfrüchte und Thai-Basilikum in die Sauce geben und kurz erhitzen. Mit Salz und Pfeffer abschmecken und zum Reis anrichten.

Basmati mit Koriandergrün

ZUBEREITUNG: CA. 20 MIN.
PRO PORTION: CA. 415 KCAL
FÜR 4 PERSONEN

350 g Schweineschnitzel | 1–2 EL helle Sojasauce
3 Paprikaschoten | 4 Schalotten
4 EL Öl | 150 ml Hühnerbrühe
1 Handvoll Korianderblättchen
800 g frisch gekochter Basmatireis

1 Das Fleisch in schmale Streifen schneiden und mit 1 EL Sojasauce vermischen. Paprikaschoten waschen, putzen und in Rauten schneiden. Schalotten schälen und vierteln.

2 Das Öl in einer Pfanne stark erhitzen, das Fleisch darin 3 Min. anbraten. Das Gemüse zugeben und 3 Min. mitbraten. Hühnerbrühe zugießen, aufkochen und mit Sojasauce abschmecken. Die Korianderblättchen unterheben und die Sauce zum Reis anrichten.

Basmati mit Kaffirlimettenblättern

ZUBEREITUNG: CA. 20 MIN.
PRO PORTION: CA. 295 KCAL
FÜR 4 PERSONEN

800 g gekochter kalter Basmatireis | 1 Bund Frühlingszwiebeln
3 Schalotten | 2 Knoblauchzehen
6 Kaffirlimettenblätter
3 EL Öl | 5 EL Zitronensaft
Salz | Pfeffer aus der Mühle

1 Frühlingszwiebeln putzen, waschen und klein schneiden. Schalotten und Knoblauch schälen und hacken. Kaffirlimettenblätter in feine Streifen schneiden.

2 Das Öl in einer Pfanne erhitzen, Gemüse darin anbraten. Reis zugeben und unter Rühren in etwa 10 Min. knusprig rösten.

3 Limettenblattstreifen und Zitronensaft unter den Reis mischen. Mit Salz und Pfeffer abschmecken.

Reis mit Spinat, Kichererbsen und Thai-Basilikum

Milde Würze und säuerliche Zitronenfrische lassen bei diesem Gericht den Geschmackssinn – nicht nur von Vegetariern – jubeln.

ZUBEREITUNG: CA. 45 MIN.
GAREN UND ABKÜHLEN: CA. 4 STD.
PRO PORTION: CA. 450 KCAL
FÜR 4 PERSONEN

150 g getrocknete Kichererbsen
1 Msp. Speisenatron (Bullrichsalz)
1 Lorbeerblatt
250 g Naturreis | Salz
350 g Blattspinat
4 Zwiebeln
2 Knoblauchzehen
4 EL Pflanzenöl
100 ml kräftige Gemüsebrühe
2 TL abgeriebene Bio-Zitronenschale
1 Bund Thai-Basilikum
3 EL Zitronensaft
schwarzer Pfeffer aus der Mühle

1 Getrocknete Kichererbsen in reichlich kaltem Wasser mit Natron und Lorbeerblatt aufsetzen. Langsam aufkochen und 5 Min. leise köcheln lassen. Den Herd ausschalten und die Kichererbsen zugedeckt auf der Herdplatte 3 Std. abkühlen und quellen lassen.

2 Den Naturreis waschen, in reichlich Salzwasser aufkochen und zugedeckt bei schwacher Hitze in 35–40 Min. bissfest garen. Den Reis in ein Sieb schütten, abtropfen und abkühlen lassen. Kichererbsen in ein Sieb gießen und zwischen den Händen reiben, um die harten Schalen zu entfernen (sie bleiben an den Fingern hängen und können einfach abgeschüttelt werden).

3 Spinat putzen und die harten Stiele entfernen, Blätter waschen, abtropfen lassen und in Streifen schneiden. Zwiebeln und Knoblauch schälen, in feine Scheiben schneiden. Das Öl erhitzen, Zwiebel- und Knoblauchscheiben darin bei mittlerer Hitze goldgelb dünsten. Den Reis auflockern und zugeben, unter Rühren kurz anbraten.

4 Die Kichererbsen mit Brühe und Zitronenschale zugeben. Alles 5 Min. köcheln lassen. Den Spinat unterrühren und weitere 5 Min. garen. Basilikum waschen, die Blätter zum Gemüsereis zupfen. Mit Zitronensaft, Salz und Pfeffer abschmecken, servieren.

VARIANTEN
1. Mit Minze & Joghurt: Thai-Basilikum durch 3 EL fein geschnittene Minze ersetzen, zum Schluss noch einige Löffel Vollmilchjoghurt unterrühren.
2. Mit Schwarznessel & Sesam-Würzöl: Statt Basilikum reichlich fein geschnittene Schwarznesselblätter (Perilla bzw. »tia to«) kurz mitgaren. Den Reis mit 1–2 TL Sesam-Würzöl (aus geröstetem Sesam) aromatisieren.

Für dieses vegetarische Gericht werden Reis, Spinat und Kichererbsen zu einem aromatischen Energiebündel geschnürt, das es in Sachen Eiweiß und Vitamine in sich hat. Und leichter verdaulich wird, wenn die Kichererbsen geschält werden.

Gebratener Reis mit Schweinefilet und Kräutern

Viele Kräuter – aufregende Aromen: Kardamomblätter schenken dem Reis eine zimtige Note, Kaffirlimettenblätter machen ihn zitronig. Und die aufgestreute Orangenminze verströmt einen verlockend fruchtig-süßen Duft.

ZUBEREITUNG: CA. 1 STD.
ABKÜHLEN: CA. 4 STD.
PRO PORTION: CA. 515 KCAL
FÜR 4 PERSONEN

280 g Langkornreis (Patna)
4–5 Kardamomblätter
Salz | 350 g Schweinefilet
2 Knoblauchzehen
1 Bund Frühlingszwiebeln
2 rote Paprikaschoten (300 g)
2 rote Thai-Chilischoten
4 Kaffirlimettenblätter
2 Eier (Größe M)
weißer Pfeffer aus der Mühle
100 ml kräftige Gemüsebrühe
2 EL helle Sojasauce
2 EL Fischsauce
4 EL Pflanzenöl zum Braten
3 EL fein geschnittene Orangenminze

1 Möglichst schon am Vortag den Reis in ein Sieb geben und mit lauwarmem Wasser überbrausen, bis das Wasser klar abläuft. Abtropfen lassen. Kardamomblätter waschen, ganz lassen. Reis und Kardamomblätter mit gut 500 ml Wasser aufsetzen, wenig salzen. Bei starker Hitze aufkochen, 2–3 Min. kochen, dann auf sehr schwache Hitze schalten.

2 Sobald der Reis nicht mehr kocht, den Topf fest zudecken und den Reis 15 Min. garen. Topf von der Kochstelle nehmen und den Reis zugedeckt noch 10 Min. ruhen lassen. Den Deckel abheben und den Reis mit einer Gabel auflockern, die Kardamomblätter entfernen. Reis ausdampfen und vollständig abkühlen lassen.

3 Das Schweinefilet trocken tupfen und in 1 cm breite Streifen oder dünne Scheiben schneiden. Knoblauch schälen und in Scheiben schneiden. Frühlingszwiebeln waschen, putzen, schräg in dünne Scheiben schneiden. Paprikaschoten waschen, halbieren, putzen. Hälften in breite Streifen und diese in Rauten schneiden. Chilis waschen, putzen und samt Kernen in feine Ringe schneiden. Kaffirlimettenblätter waschen, die Blätter an der Mittelrippe längs falten, harte Mittelrippe wegschneiden. Blätter aufrollen und in hauchfeine Streifen schneiden. Die Eier mit Salz und Pfeffer verquirlen. Gemüsebrühe mit Sojasauce und Fischsauce vermischen.

4 Im Wok oder in einer hohen Pfanne das Öl erhitzen. Bei starker Hitze Filetstreifen und Knoblauch unter Rühren 2–3 Min. darin braten. Frühlingszwiebeln, Paprika, Chilis und Kaffirlimettenblätter zugeben, 1–2 Min. mitbraten. Den Reis unterheben und alles etwa 2 Min. unter Rühren weiterbraten.

5 Die Eier darübergießen und alles rasch vermischen. Sobald die Eier zu stocken beginnen, den Wok von der Kochstelle nehmen und die gewürzte Brühe darüberträufeln. Den gebratenen Reis auf einer Platte anrichten und mit Orangenminze bestreut servieren.

VARIANTEN
1. Mit Chinesischem Schnittlauch: Statt Kaffirlimettenblätter 1 Bund Chinesischen Schnittlauch sehr schräg in feine Streifen schneiden, kurz mitbraten.
2. Mit Bockshornkleeblättern: Den gebratenen Reis mit getrockneten Bockshornkleeblättern (»methi«) statt mit Orangenminze aromatisieren.

Am besten bereiten Sie den Reis für dieses kräutervielfältige Asia-Gericht schon am Vortag zu, damit er über Nacht vollständig ausdampfen kann – fürs Braten im Wok ganz wichtig.

Reis mit Erdnüssen

ZUBEREITUNG: CA. 40 MIN.
PRO PORTION: CA. 370 KCAL | FÜR 4 PERSONEN

3 EL gesalzene Erdnusskerne | 1/2 TL brauner Zucker
je 1/4 TL gem. Piment, Zimt und Ingwer
etwas geriebene Muskatnuss | Cayennepfeffer
1–2 Schalotten | 1 EL Öl | 1 Tasse (250 ml) Basmatireis
500 ml Hühnerbrühe | 3 EL Erdnusscreme
Salz | gehackte Petersilie

1 Erdnusskerne hacken, mit Zucker und Gewürzen mischen. Schalotten schälen und fein hacken.

2 Schalotten im Öl in 2–3 Min. glasig dünsten. Reis zugeben und unter Rühren glasig anbraten. Die Brühe mit Erdnusscreme aufkochen und den Reis damit ablöschen. 2 EL Nussmischung einrühren. Den Reis kurz aufkochen und zugedeckt bei schwacher Hitze 12–18 Min. ausquellen lassen.

3 Den Reis vom Herd nehmen und unter einem sauberen Tuch 5 Min. ausdampfen lassen, salzen. Mit der restlichen Nussmischung und Petersilie bestreuen. Dazu passt gebratenes Geflügel und süßscharfe Chilisauce.

Reis mit Tomaten

ZUBEREITUNG: CA. 40 MIN.
PRO PORTION: CA. 220 KCAL | FÜR 4 PERSONEN

1–2 Schalotten | 1 EL Öl | 1 Tasse (250 ml) Basmatireis
250 ml Hühnerbrühe | 250 ml Tomatensaft
1 TL getr. Kräuter der Provence
1 TL edelsüßes Paprikapulver | 1/4 – 1/2 TL Cayennepfeffer
Salz | Thymianblättchen

1 Schalotten schälen und fein hacken. Im Öl in 2–3 Min. glasig dünsten. Reis zugeben und unter Rühren glasig anbraten.

2 Die Brühe mit Tomatensaft aufkochen und den Reis damit ablöschen. Kräuter der Provence, Paprikapulver und Cayennepfeffer einrühren. Den Reis kurz aufkochen und zugedeckt bei schwacher Hitze 12–18 Min. ausquellen lassen.

3 Den Reis vom Herd nehmen und unter einem sauberen Tuch 5 Min. ausdampfen lassen, salzen. Mit Thymianblättchen bestreuen. Dazu passt gegrillter Fisch und Chimichurri (Seite 54).

Reis mit Aprikosen

ZUBEREITUNG: CA. 40 MIN.
PRO PORTION: CA. 310 KCAL | FÜR 4 PERSONEN

1–2 Schalotten | 1 EL Öl | 1 Tasse (250 ml) Basmatireis
250 ml Hühnerbrühe | 250 ml Orangensaft
1 Prise Safran | Salz
je 1/2 TL gem. Pfeffer, Kreuzkümmel und Kurkuma
1/4 TL gem. Kardamom
80 g fein gewürfelte getr. Aprikosen | geröstete Pinienkerne

1 Schalotten schälen und fein hacken. Im Öl in 2–3 Min. glasig dünsten. Reis zugeben und unter Rühren glasig anbraten.

2 Die Brühe mit Orangensaft aufkochen und den Reis damit ablöschen. Safran mit etwas Salz zerreiben. Mit Pfeffer, Kreuzkümmel, Kurkuma und Kardamom unter den Reis rühren. Den Reis kurz aufkochen und zugedeckt bei schwacher Hitze 12–18 Min. ausquellen lassen. Kurz vor Ende der Garzeit die Aprikosen unterheben.

3 Den Reis vom Herd nehmen und unter einem sauberen Tuch 5 Min. ausdampfen lassen, salzen. Mit Pinienkernen bestreuen. Dazu passen Schweinefilet und Mandelsauce (Seite 315).

Reis mit Kokos

ZUBEREITUNG: CA. 40 MIN.
PRO PORTION: CA. 400 KCAL | FÜR 4 PERSONEN

1–2 Schalotten | 1 EL Öl | 1 Tasse (250 ml) Basmatireis
250 ml Hühnerbrühe | 250 ml Kokosmilch
je 1 TL gem. Koriander und Kurkuma
1/2 TL gem. Kreuzkümmel und Knoblauch
1 Msp. Cayennepfeffer
Salz | 4–5 EL Kokosraspel

1 Schalotten schälen und fein hacken. Im Öl in 2–3 Min. glasig dünsten. Reis zugeben und unter Rühren glasig anbraten.

2 Die Brühe mit Kokosmilch aufkochen und den Reis damit ablöschen. Koriander, Kurkuma, Kreuzkümmel, Knoblauch und Cayennepfeffer einrühren. Den Reis kurz aufkochen und zugedeckt bei schwacher Hitze 12–18 Min. ausquellen lassen.

3 Den Reis vom Herd nehmen und unter einem sauberen Tuch 5 Min. ausdampfen lassen, salzen. Mit Pinienkernen bestreuen. Die Kokosraspel leicht rösten und über den Reis streuen. Dazu passen Fisch-, Gemüse- oder Geflügelcurrys.

Mit Gewürzen, Kräutern, Nüssen und aromatischen Flüssigkeiten können Sie schlichten Reis immer wieder neu variieren und jedem Hauptgericht anpassen.

Lammpilaw mit Möhren und Korinthen

Granatapfelsirup, Korinthen, Mandeln und Limettenschale machen aus diesem Reisgericht ein orientalisches Erlebnis.

ZUBEREITUNG: CA. 1 STD. 15 MIN.
PRO PORTION: CA. 850 KCAL
FÜR 4 PERSONEN

500 g Lammfleisch aus der Keule (ohne Knochen) | 4 EL Olivenöl | Salz
schwarzer Pfeffer aus der Mühle | 900 ml kräftige Fleischbrühe
5 EL ungesüßter Granatapfelsirup | 1 EL brauner Zucker | 1 TL gem. Kardamom
1 TL Zimtpulver | 100 g Korinthen | 300 g Zwiebeln | 3 Knoblauchzehen
400 g Möhren | 250 g Basmatireis | 50 g Mandelblättchen | 1 Bund glatte Petersilie
1 Bio-Limette (nach Belieben) | 1/2 TL Cayennepfeffer

1 Fleisch von Fett und Sehnen befreien, in 1 1/2 cm große Würfel schneiden. Portionsweise in 2 EL Olivenöl scharf anbraten, salzen und pfeffern. Mit 200 ml Brühe ablöschen, mit Granatapfelsirup, Zucker, Kardamom und Zimt würzen. Die Korinthen abbrausen und zugeben. Alles etwa 45 Min. abgedeckt sanft garen, bis das Fleisch weich ist.

2 Zwiebeln und Knoblauch schälen und fein hacken. Möhren schälen und in feine Stifte schneiden. Zwiebeln im restlichen Öl in 15 Min. goldbraun braten, Knoblauch dazupressen, noch 1 Min. schmoren. Den Reis zugeben, unter Rühren anschmoren, bis er glasig wird. Möhrenstifte zugeben, kurz anbraten, mit restlicher Brühe ablöschen. Abgedeckt bei schwacher Hitze in 12–15 Min. ausquellen lassen.

3 Mandeln trocken goldbraun rösten. Petersilie waschen, trocken schütteln, die Blättchen hacken. Limette heiß waschen, die Schale fein abreiben. Den fertigen Reis mit dem Fleisch mischen. Mit Pfeffer, Salz, Cayennepfeffer, Kardamom und Zimt abschmecken. Petersilie und Limettenschale nach Geschmack untermischen, mit Mandeln bestreuen.

Scharfes Anbraten gibt aromatischen Röstgeschmack, und das Fleisch bleibt saftig.

Bevor die Flüssigkeit angegossen wird, die Möhren kurz unter Wenden anschwitzen.

VARIANTE MIT HÄHNCHEN & GARAM MASALA

400 g Zwiebeln und 3 Knoblauchzehen schälen, fein hacken. 2–3 große rote Chilis längs halbieren, Trennwände und Samen entfernen, Fruchtfleisch fein würfeln. Zwiebeln in 40 g Butterschmalz 10 Min. schmoren, ohne dass sie Farbe annehmen. Knoblauch und Chilis 1 Min. mitschmoren. 250 g Basmatireis zugeben, unter Rühren glasig braten. Mit 700 ml heißer Hühnerbrühe (oder mit einer Mischung aus 400 ml Kokosmilch und 300 ml Brühe) ablöschen. Abgedeckt bei schwacher Hitze in 12–15 Min. ausquellen lassen. 80 g grob gehackte blanchierte Mandeln untermischen. Mit Salz, Pfeffer, Cayennepfeffer und 2–3 TL Garam Masala abschmecken. 500 g Hähnchenbrustfilet klein würfeln, in 2 EL Butterschmalz goldbraun braten. Salzen, pfeffern und mit etwas Garam Masala bestäuben. Unter den Reis mischen.

Dieser Lammpilaw ist ideal für experimentierfreudige Köche: Man kann beispielsweise die Möhren durch gewürfelte Auberginen ersetzen, die man in Olivenöl getrennt weich schmort und dann untermischt. Statt Petersilie passt dann Koriandergrün und statt Mandelblättchen 100 g grob gehackte Walnusskerne.

Couscous – vier Mal variiert

Couscous marokkanisch

ZUBEREITUNG: CA. 15 MIN.
PRO PORTION: CA. 330 KCAL
FÜR 4 PERSONEN

1 Tasse (250 ml) Instant-Couscous | 2 TL Ras el Hanout (Seite 58)
4 EL Sultaninen | Salz
250 ml kochend heiße Hühnerbrühe | 20 g Butter
geröstete Mandelblättchen

1 Couscous mit Ras el Hanout, Sultaninen und etwas Salz mischen. Mit der heißen Brühe aufgießen und zugedeckt 5–7 Min. quellen lassen.

2 Den Couscous mit einer Gabel etwas auflockern und die Butter dazugeben. Mit Mandelblättchen bestreuen. Dazu passt gebratenes Hähnchenbrustfilet mit Mandelsauce (Seite 315).

Couscous persisch

ZUBEREITUNG: CA. 15 MIN.
PRO PORTION: CA. 310 KCAL
FÜR 4 PERSONEN

1 Tasse (250 ml) Instant-Couscous
2 TL Persisches Rosengewürz (Seite 63) | Salz
250 ml kochend heiße Hühnerbrühe | 3 EL getr. Berberitzen
30 g Butter | 1 TL Zucker

1 Den Couscous mit Rosengewürz und etwas Salz mischen. Mit der heißen Brühe aufgießen und zugedeckt 5–7 Min. quellen lassen. Berberitzen einweichen und trocken tupfen. In 10 g Butter 2 Min. braten. Mit 1 TL Zucker bestreuen und 1 Min. weiterbraten.

2 Den Couscous mit einer Gabel etwas auflockern. Die restliche Butter zugeben und die Berberitzen untermischen. Dazu passt Schmorlamm mit Pflaumen, Ingwer und Zimt (Seite 284).

Couscous orientalisch

ZUBEREITUNG: CA. 15 MIN.
PRO PORTION: CA. 360 KCAL
FÜR 4 PERSONEN

1 Tasse (250 ml) Instant-Couscous | je 1/2 TL gem. Koriander, fein zerriebene getr. Minze und getr. Orangenschalen (Seite 61)
je 1/4 TL gem. Piment und Kurkuma
1 Msp. Cayennepfeffer | Salz
125 ml Orangensaft | 125 ml Brühe
10–12 getr. Datteln | 20 g Butter

1 Couscous mit den Gewürzen und etwas Salz mischen. Orangensaft und Brühe erhitzen. Über den Couscous gießen und zugedeckt 5–7 Min. quellen lassen.

2 Datteln fein hacken. Den Couscous mit einer Gabel etwas auflockern. Die Butter zugeben und die Datteln untermischen. Dazu passen z. B. Safranzwiebeln (Seite 131).

Couscous nussig frisch & scharf

ZUBEREITUNG: CA. 15 MIN.
PRO PORTION: CA. 315 KCAL
FÜR 4 PERSONEN

1 Tasse (250 ml) Instant-Couscous
2 TL Pistacchio-Lemon-Sprinkle (Seite 55)
Salz
250 ml kochend heiße Hühnerbrühe
20 g Butter
2 EL grob gehackte Pistazienkerne

1 Couscous mit Pistacchio-Lemon-Sprinkle und etwas Salz mischen. Mit der heißen Brühe aufgießen und zugedeckt 5–7 Min. quellen lassen.

2 Den Couscous mit einer Gabel etwas auflockern und die Butter unterheben. Mit den Pistazien bestreuen. Dazu passt gegrillter Fisch.

Polenta

Die Mühe des langen Rührens lohnt sich. Polenta ist eine leckere Alternative zu Reis und Kartoffelpüree und dabei ebenso variationsreich zu würzen und abzuwandeln – fein beispielsweise als Beilage zu gegrilltem oder geschmortem Fleisch.

ZUBEREITUNG: CA. 50 MIN.
PRO PORTION: CA. 665 KCAL
FÜR 4 PERSONEN

2 Knoblauchzehen
1–2 Zwiebeln (150 g)
60 g Butter
500 ml Hühnerbrühe
500 ml Milch
1 TL Salz
250 g Polenta (Maisgrieß)
geriebene Muskatnuss

1 Knoblauch und Zwiebeln schälen, fein hacken. Die Zwiebeln in 20 g Butter in 5–6 Min. glasig dünsten. Knoblauch zugeben und 1 Min. mitschmoren. Mit Hühnerbrühe und Milch ablöschen, salzen. Kurz aufkochen und die Hitze sofort wieder zurücknehmen.

2 Sobald die Flüssigkeit nur noch köchelt, den Polentagrieß unter ständigem Rühren einrieseln lassen. Die Hitze so weit reduzieren, dass der Brei nur gelegentlich blubbert. Dabei regelmäßig umrühren, bis er sich vom Topfboden löst.

3 Die Polenta in 20–30 Min. oder nach Packungsangabe garen. Mit Muskatnuss abschmecken. Restliche Butter schmelzen, bis sie leicht bräunt. Über die Polenta gießen.

VARIANTEN

1. Mit Parmesan & Oliven: Direkt vor dem Servieren 100 g frisch geriebenen Parmesan, 40 g sehr fein gehackte schwarze Oliven und 2 EL Olivenöl unter die Polenta mischen.

2. Mit Steinpilzen: 20 g getr. Steinpilze etwa 30 Min. einweichen, ausdrücken und fein hacken. 100 g frische Steinpilze (oder braune Champignons) putzen und klein schneiden. Sobald Zwiebeln und Knoblauch glasig sind, die Pilze 2–3 Min. anbraten. Mit 1 l Hühnerbrühe (keine Milch!) ablöschen. Mit Salz und Pfeffer abschmecken, mit gehackter Petersilie bestreuen.

3. Mit Basilikum: Die Blätter von 1 großen Bund Basilikum grob hacken. Mit 3 EL Olivenöl (oder Brühe) im Mixer fein pürieren, unter die Polenta mischen. Wenn kein frisches Basilikum zu bekommen ist, dann einfach 3–4 EL Pesto klassisch (Seite 146) unterrühren.

Sämige Polenta ist eine gute Beilage zu saucenreichen Gerichten. Man kann die Polenta auch etwas fester zubereiten, streicht sie zum Abkühlen etwa 2 cm dick auf ein gefettetes Blech, schneidet sie in Rechtecke und brät sie in reichlich Butter oder grillt sie kurz von beiden Seiten.

Gratinierte Polenta

Polenta schmeckt langweilig? Solo vielleicht. Aber ganz bestimmt nicht, wenn sie wie hier mit ordentlich Kräutern darin und mit Mozzarella gratiniert knusprig aus dem Ofen kommt.

ZUBEREITUNG: CA. 1 STD. 15 MIN.
PRO PORTION: CA. 490 KCAL
FÜR 4 PERSONEN

1 Handvoll Basilikumblätter
1 EL frische Thymianblättchen
3 frische Salbeiblätter
4 EL Butter | Salz
200 g feine Polenta (Maisgrieß)
100 ml Milch
Pfeffer aus der Mühle
geriebene Muskatnuss
etwas Öl für die Platte
250 g Mozzarella
2 Zwiebeln
100 g Sahne

AUSSERDEM

flache Auflaufform

1 Kräuter waschen und trocken schütteln. Die Basilikumspitzen abzupfen und beiseitelegen. Die restlichen Blätter mit den übrigen Kräutern fein hacken. Knapp 1 l kaltes Wasser mit 1 EL Butter in einen Topf geben. Salzen und den Polentagrieß einrühren. Bei mittlerer Hitze unter Rühren aufkochen und bei schwacher Hitze 15 Min. leise köcheln lassen. Dabei beständig rühren.

2 Die Milch unterrühren und die Polenta noch 10–15 Min. unter Rühren köcheln lassen. Kräuter untermischen, mit Salz, Pfeffer und Muskat abschmecken. Die Polenta auf einer leicht geölten Platte mit einem nassen Messer etwa 2 cm dick verstreichen, abkühlen lassen. Backofen auf 225° (Umluft 200°) vorheizen.

3 Die Form mit etwas Butter fetten. Mozzarella abtropfen lassen und in Scheiben schneiden. Zwiebeln schälen und in Scheiben schneiden. Die restliche Butter in einer Pfanne erhitzen und die Zwiebeln darin bei mittlerer Hitze unter Rühren in 7–10 Min. hellbraun braten.

4 Die Polenta in Rechtecke schneiden und abwechselnd mit den Mozzarellascheiben in die Auflaufform schichten. Die gebratenen Zwiebeln darüber verteilen und mit Sahne übergießen. Im heißen Backofen (Mitte) in etwa 20 Min. goldbraun überbacken. Mit den Basilikumspitzen garniert servieren.

Mit einem nassen Messer lässt sich die Polenta glatt verstreichen.

Polenta- und Mozzarellascheiben abwechselnd in die Auflaufform schichten.

Die goldbraun überbackene Polenta mit Basilikumspitzen garnieren.

Kräuter-Couscous mit Lamm

Zartes Lamm und körniger Couscous, frische Minze und feinherbes Currykraut – das schmeckt nach Nordafrika. Und geht mit Instant-Couscous auch noch richtig schnell.

ZUBEREITUNG: CA. 45 MIN.
PRO PORTION: CA. 855 KCAL
FÜR 4 PERSONEN

400 g Lammlende (ausgelöster Lammrücken)
schwarzer Pfeffer aus der Mühle
2 EL Olivenöl | Salz
1 Bund glatte Petersilie
4 Zweige frische Marokkanische Minze
2 Zweige Currykraut
450 ml Hühnerbrühe
300 g Instant-Couscous
2 EL Butter | Zitronenachtel zum Garnieren

1 Die Lammlende in 2 cm dicke Scheiben schneiden, trocken tupfen, mit Pfeffer würzen. Backofen auf 75° (Umluft 60°) vorheizen. In einer Pfanne das Olivenöl erhitzen, die Lammscheiben darin bei starker Hitze pro Seite 2 Min. scharf anbraten. Aus der Pfanne heben, salzen und in Alufolie wickeln. Im Ofen etwa 15 Min. nachziehen lassen.

2 Kräuter waschen und trocken schütteln. Die Blättchen abzupfen und fein hacken. Hühnerbrühe aufkochen. Couscous in einer Schüssel mit der kochenden Brühe übergießen und 3 Min. quellen lassen. Couscous mit einer Gabel auflockern. Die Kräuter und die Butter unterheben und den Couscous ausdampfen lassen. Mit dem Lamm anrichten, mit Zitronenachteln garnieren.

VARIANTE MIT HÄHNCHEN

Statt Lammfleisch 4 große Hähnchenschenkel mit Salz, Pfeffer und etwas Kurkuma würzen. In Butterschmalz pro Seite etwa 10 Min. braten.

Grüner Bulgur mit Fischbällchen

Ein schönes Sommeressen, das an Urlaub denken lässt: Knusprig frittierte griechische Fischbällchen mit viel Petersilie und Minze werden auf körnigen, »fenchelgrünen« Bulgur gebettet.

ZUBEREITUNG: CA. 1 STD.
PRO PORTION: CA. 750 KCAL
FÜR 4 PERSONEN

500 g helles Fischfilet (Rotbarsch, Schellfisch)
2 TL Zitronensaft
2 Eier (Größe M)
ca. 100 g Semmelbrösel
3 EL fein gehackte Petersilie
2 EL fein gehackte Marokkanische Minze
Salz | schwarzer Pfeffer aus der Mühle
150 g zarte Stängel Fenchelkraut
2 Zwiebeln
3 Knoblauchzehen
1 frische grüne Chilischote
2 EL Olivenöl
450 ml Gemüsebrühe
300 g grober Bulgur
Sonnenblumenöl zum Ausbacken
3 EL Pinienkerne
Zitronenachtel zum Garnieren

1 Das Fischfilet kurz waschen, trocken tupfen und gut kühlen. Das Filet dann in Stücke schneiden, dabei eventuelle Gräten entfernen. Fisch mit Zitronensaft beträufeln und durch den Fleischwolf drehen oder im Blitzhacker pürieren. Mit Eiern und so viel Semmelbröseln vermischen, dass ein gut formbarer Teig entsteht. Mit gehackten Kräutern, Salz und Pfeffer würzen, 30 Min. im Kühlschrank quellen lassen.

2 Fenchelkraut waschen, das Fenchelgrün beiseitelegen. Die Stängel in kochendem Salzwasser etwa 5 Min. überbrühen, bis sie weich sind. In ein Sieb gießen, kalt abbrausen und abtropfen lassen. Die Fenchelstängel in feine Stücke schneiden.

3 Zwiebeln und Knoblauch schälen, fein hacken. Chilischote waschen, putzen und in feine Streifen schneiden. In einem Topf das Olivenöl erhitzen, darin Zwiebeln und Knoblauch in 2–3 Min. glasig dünsten. Chili und Fenchelstücke zugeben, Gemüsebrühe angießen und aufkochen lassen. Den Bulgur einrühren, den Topf von der Kochstelle nehmen und den Bulgur zugedeckt 15 Min. ausquellen lassen.

4 Backofen auf 75° (Umluft 60°) vorheizen. Aus der Fischmasse mit leicht eingeölten Händen etwa 20 golfballgroße Bällchen formen. In einer Pfanne etwa 1/2 cm hoch Sonnenblumenöl erhitzen. Die Bällchen darin portionsweise bei mittlerer Hitze pro Seite in etwa 5 Min. goldbraun ausbacken. Fertige Bällchen auf Küchenpapier abtropfen lassen und im Ofen warm halten.

5 Zuletzt die Pinienkerne in der Pfanne hellbraun rösten, abtropfen lassen und unter den Bulgur rühren, mit Salz und Pfeffer abschmecken. Den Bulgur auf eine Platte geben, die Fischbällchen darauf setzen, mit dem Fenchelgrün und Zitronenachteln garnieren, sofort servieren.

ASIATISCHE VARIANTE

Für das Fischfilet den unteren Teil von 1 Zitronengrasstängel weich klopfen und sehr fein hacken, 2 Kaffirlimettenblätter fein hacken. Beides mit 2 EL fein gehacktem Koriandergrün unter die Fischmasse mischen. Den Bulgur mit den Blättern von 5 Zweigen Thai-Basilikum statt Fenchelgrün würzen. Anstelle der Pinienkerne 2 EL Sesam in einem Pfännchen ohne Fett rösten, über den Bulgur streuen.

Je feiner der Fisch zerkleinert wird, desto lockerer geraten die minzfrischen Bällchen. Besonders gut geht das mit einem Fleischwolf oder auch mit einem Blitzhacker. Wenn Sie weder noch besitzen, würfeln Sie den Fisch mit einem scharfen Messer winzig klein.

Ihr Image als Grundnahrungsmittel und »Sättigungsbeilage« haben sie längst hinter sich gelassen und kommen jetzt mit viel Geschmack und Raffinesse daher. Aus Kartoffeln, Gemüse und Hülsenfrüchten werden mit aromatischen Gewürzen und frischen Kräutern immer neue Köstlichkeiten.

KARTOFFELN, GEMÜSE & HÜLSENFRÜCHTE

Bratkartoffeln aus rohen Kartoffeln

Bratkartoffeln sollen goldbraun, außen knusprig und innen weich sein. Sie gelingen am besten, wenn sie gleichmäßig dick geschnitten und möglichst in nur einer Schicht in der Pfanne gebraten werden.

ZUBEREITUNG: CA. 35 MIN.
PRO PORTION: CA. 195 KCAL
FÜR 2 PERSONEN

4 größere Kartoffeln (400–500 g)
1–2 EL Öl (z. B. Erdnussöl) oder Butterschmalz
schwarzer Pfeffer aus der Mühle
1/2 Bund glatte Petersilie
Salz | Cayennepfeffer

1 Kartoffeln schälen, in 1 cm dicke Scheiben hobeln und trocken tupfen. Das Öl in einer Pfanne stark erhitzen. Die Kartoffelscheiben kurz darin wenden, sodass sie von allen Seiten mit Öl überzogen sind. Dann gleichmäßig auf dem Pfannenboden verteilen.

2 Die Hitze herunterschalten, sodass die Kartoffeln nur noch leise zischen. Nach etwa 5 Min., sobald sie auf einer Seite eine goldgelbe Kruste haben, die Pfanne rütteln. Kartoffeln vorsichtig umdrehen und etwa 20 Min. weiterbraten, bis sie gleichmäßig goldbraun sind. Dabei mehrmals wenden. Nach etwa 15 Min. die Kartoffeln pfeffern. Petersilie waschen, trocken schütteln und hacken. Die gebratenen Kartoffeln salzen, mit Cayennepfeffer bestäuben und mit Petersilie bestreuen.

VARIANTEN
1. Feurig-nussig: Grob gehackte Cashewkerne etwa 5 Min. bevor die Kartoffeln fertig sind, mitbraten. Direkt vor dem Servieren 1–2 TL Sambal Oelek dünn auf den Kartoffelscheiben verstreichen.
2. Mediterran: Etwa 10 Min. bevor die Kartoffeln fertig sind, 4–5 in Öl eingelegte, abgetropfte getrocknete Tomaten klein würfeln und zusammen mit 1–2 TL Kräuter der Provence unter die Kartoffeln mischen. Mit frisch gehacktem Basilikum bestreuen.
3. Salzig-würzig: Speck würfeln und langsam auslassen. Grieben und Schinkenwürfel aus der Pfanne heben. Die Kartoffeln im Speckfett braten. Erst zum Schluss die Grieben und Schinkenwürfel zu den Kartoffeln geben. Nach Belieben mit frischen Kräutern bestreuen (Petersilie, Kerbel, Schnittlauch, Majoran).

Kartoffelpüree – vier Mal variiert

Kartoffelpüree mit Safran & Mandeln

ZUBEREITUNG: CA. 45 MIN.
PRO PORTION: CA. 400 KCAL
FÜR 4 PERSONEN

800 g mehligkochende Kartoffeln
Salz | 1/2 TL Safranfäden
150 ml Milch | 150 g Sahne
schwarzer Pfeffer aus der Mühle
30 g Butter | 40 g geröstete Mandelblättchen

1 Kartoffeln schälen und 20 Min. in kochendem Salzwasser garen. Abgießen und 5 Min. ausdampfen lassen. Kartoffeln durch die Presse drücken oder stampfen.

2 Safranfäden mit etwas Salz zerreiben. In 3 EL warmem Wasser ziehen lassen. Milch und Sahne aufkochen, die Safranmischung zugeben. Die Safransahne mit dem Schneebesen unter die Kartoffelmasse rühren. Das Püree mit Pfeffer abschmecken. Butter erhitzen und leicht bräunen. Über das Püree gießen und mit Mandelblättchen bestreuen. Passt zu Geflügel.

Kartoffelpüree mit Minze & Chili

ZUBEREITUNG: CA. 45 MIN.
PRO PORTION: CA. 250 KCAL
FÜR 4 PERSONEN

800 g mehligkochende Kartoffeln | Salz
300 ml heiße Milch | 30 g Butter
je 2 EL frisch gehackte Minze, glatte Petersilie und Koriandergrün
2–3 EL sehr fein gehackte grüne Chilischoten
grüner Pfeffer aus der Mühle

1 Kartoffeln schälen und 20 Min. in kochendem Salzwasser garen. Abgießen und 5 Min. ausdampfen lassen. Kartoffeln durch die Presse drücken oder stampfen.

2 Heiße Milch und Butter mit dem Schneebesen unter die Kartoffelmasse rühren. Kräuter und Chili unterheben. Das Püree mit Salz und grünem Pfeffer abschmecken. Schmeckt zu Steaks und Fisch.

Kartoffelpüree mit schwarzen Oliven

ZUBEREITUNG: CA. 45 MIN.
PRO PORTION: CA. 375 KCAL
FÜR 4 PERSONEN

800 g mehligkochende Kartoffeln | Salz
100 g schwarze Oliven ohne Stein
225 ml Milch | 75 ml Olivenöl
30 g Butter | schwarzer Pfeffer aus der Mühle
geriebene Muskatnuss | grob gehacktes Basilikum

1 Kartoffeln schälen und 20 Min. in kochendem Salzwasser garen. Abgießen und 5 Min. ausdampfen lassen. Kartoffeln durch die Presse drücken oder stampfen.

2 Oliven fein hacken. Milch mit Öl und etwas Salz aufkochen. Mit der Butter unter die Kartoffelmasse rühren. Das Püree mit Salz, Pfeffer und Muskat kräftig abschmecken. Mit Basilikum bestreuen. Dieses herb würzige Püree passt besonders gut zu mediterranen Gerichten.

Kartoffelpüree mit Wasabi & Sesam

ZUBEREITUNG: CA. 45 MIN.
PRO PORTION: CA. 410 KCAL
FÜR 4 PERSONEN

800 g mehligkochende Kartoffeln | Salz | 30 g weiße Sesamsamen
150 ml Milch | 150 g Sahne
30 g Butter | 1–1 1/2 EL Wasabipaste (Tube)
2–3 TL dunkles Sesamöl | 3–4 TL Limettensaft
schwarzer Pfeffer aus der Mühle

1 Kartoffeln schälen und 20 Min. in kochendem Salzwasser garen. Abgießen und 5 Min. ausdampfen lassen. Kartoffeln durch die Presse drücken oder stampfen.

2 Sesam trocken rösten, bis er duftet. Milch, Sahne, Butter und etwas Salz aufkochen. Mit dem Schneebesen unter die Kartoffelmasse rühren. Wasabipaste, Sesamöl und Limettensaft unterheben. Das Püree mit Salz und Pfeffer abschmecken. Mit dem gerösteten Sesam bestreuen. Passt zu kurz gebratenem Fisch.

Kartoffelgratin kennt jeder, doch diese Version mit Löwenzahn ist eine echte Überraschung. Besonders lecker zu gegrillten oder gebratenen Lammkoteletts.

Kartoffel-Löwenzahn-Gratin

Ein Küchenklassiker geht wildern: Zarter Frühlingslöwenzahn gibt dem milden Gratin eine wunderbar feinherbe Note. Und ein Gesundheitsplus! Denn das wilde Kraut wirkt entwässernd. Der Frühling ist schon vorbei? Auch Sommerlöwenzahn passt: Legen Sie ihn für etwa 10 Minuten in lauwarmes Wasser, das entzieht die Bitterstoffe.

ZUBEREITUNG: CA. 20 MIN.
GAREN: CA. 50 MIN.
PRO PORTION: CA. 415 KCAL
FÜR 4 PERSONEN

700 g mehligkochende Kartoffeln
50 g junge Löwenzahnblätter
1 Knoblauchzehe
Meersalz
200 g Sahne
200 ml Milch
Pfeffer aus der Mühle
geriebene Muskatnuss
1 EL kalte Butter
2 EL grüne Oliven ohne Stein
100 g Comté (französischer Hartkäse)

AUSSERDEM

breite Auflaufform
Butter für die Form

1 Kartoffeln schälen, waschen und in hauchdünne Scheiben hobeln. Scheiben mit Küchenpapier trocken tupfen. Löwenzahn waschen, verlesen, grobe Stiele entfernen und trocken schleudern. Blätter etwas kleiner zupfen. Einige Blättchen beiseitelegen. Den Knoblauch schälen.

2 Backofen auf 175° (Umluft 160°) vorheizen. Die Form mit der Knoblauchzehe ausreiben und buttern. Die Hälfte der Kartoffelscheiben auf dem Boden der Form auslegen und leicht salzen. Den Löwenzahn daraufschichten und mit den restlichen Kartoffeln bedecken.

3 Sahne und Milch mit dem Knoblauch aufkochen. Mit Salz, Pfeffer und Muskat kräftig würzen. Den Knoblauch entfernen und die Sahnemilch heiß über die Kartoffelscheiben gießen. Die kalte Butter in Flöckchen obenauf setzen.

4 Gratin im heißen Ofen (Mitte) etwa 35 Min. garen, bis die Oberfläche leicht gebräunt ist. Inzwischen restliche Löwenzahnblättchen und Oliven fein hacken, Käse in kleine Würfel schneiden. Löwenzahn, Oliven und Käse über das Gratin streuen. Alles 10–15 Min. weitergaren, bis der Käse geschmolzen ist und die Kartoffeln weich sind (zur Probe mit einer Gabel einstechen). Sofort servieren.

TIPP Verwenden Sie möglichst mehligkochende Kartoffeln, festkochende haben eine längere Garzeit.

VARIANTE MIT CATALOGNA

Als italienischer Löwenzahn wird das Bittergemüse Catalogna verkauft. Auch das passt gut zum Kartoffelgratin. Verwenden Sie aber nur die zarten Blätter. Strunk und dicke Stiele wegschneiden. Sie brauchen etwa 1/2 kleine Staude. Auch Rucola eignet sich.

Kräuterquark mit Schnittlauch & Dill

ZUBEREITUNG: CA. 5 MIN.
PRO PORTION: CA. 170 KCAL
FÜR 4 PERSONEN

250 g Magerquark | 200 g Schmand
2–3 EL Mineralwasser | 1 TL Zitronensaft
1 kleines Bund Schnittlauch | 1 Bund Dill
Salz | Pfeffer aus der Mühle

1 Den Magerquark mit Schmand, Mineralwasser und Zitronensaft cremig rühren.

2 Schnittlauch und Dill waschen und trocken schütteln. Schnittlauch in feine Röllchen schneiden, vom Dill die Spitzen abzupfen. Kräuter unter den Quark heben. Den Quark mit Salz und Pfeffer abschmecken.

Wildkräuterquark mit Walnüssen

ZUBEREITUNG: CA. 5 MIN.
PRO PORTION: CA. 140 KCAL
FÜR 4 PERSONEN

400 g Magerquark | 100 g Joghurt
3 EL Mineralwasser
4 EL fein gehackte gemischte Wildkräuter (Bärlauch, Sauerampfer, Spitzwegerich, Brunnenkresse, etwas Gundermann)
2 EL gehackte Walnusskerne
Salz | Pfeffer aus der Mühle
einige Gänseblümchenblüten

1 Den Magerquark mit Joghurt und Mineralwasser cremig rühren. Wildkräuter und Walnüsse unterheben.

2 Den Wildkräuterquark mit Salz und Pfeffer abschmecken. Mit den Gänseblümchenblüten garnieren.

Kräuterquark mit Bärlauch

ZUBEREITUNG: CA. 5 MIN.
PRO PORTION: CA. 115 KCAL
FÜR 4 PERSONEN

250 g Quark | 100 g Ziegenfrischkäse
3–4 EL Mineralwasser | 1 kleine Knoblauchzehe
1 feste Tomate | Salz
1/2 Bund Bärlauch | Pfeffer aus der Mühle

1 Den Quark mit Ziegenfrischkäse und Mineralwasser cremig rühren. Knoblauch schälen und dazupressen.

2 Tomate waschen, Stielansatz entfernen und die Frucht sehr fein würfeln, salzen. Bärlauch waschen, trocken schütteln und in feine Röllchen schneiden. Bärlauch, Tomate und Knoblauch unter den Quark heben. Den Quark mit Salz und Pfeffer kräftig abschmecken.

Kräuterquark mit Meerrettich

ZUBEREITUNG: CA. 5 MIN.
PRO PORTION: CA. 120 KCAL
FÜR 4 PERSONEN

400 g Topfen (oder Schichtkäse) | 150 g saure Sahne
1 Kästchen Kresse
1 TL frisch geriebener Meerrettich (oder Meerrettich aus dem Glas)
Salz | Pfeffer aus der Mühle

1 Den Topfen mit saurer Sahne cremig rühren. Die Kresse vom Beet schneiden.

2 Kresse und Meerrettich unter den Quark heben. Mit Salz und Pfeffer kräftig abschmecken.

Kräuterquark und Ofenkartoffeln sind ein Traumpaar. Besonders gut gelingen sie mit mehligkochenden Kartoffeln. Diese waschen, kreuzweise 1 cm tief einschneiden und in Alufolie wickeln. Im 220° (Umluft 200°) heißen Backofen etwa 1 Stunde garen.

Karibisch scharfe Kartoffelecken

Potato Wedges einmal ganz anders: Kokosraspel, Gewürze und Cayennepfeffer geben diesem spannenden Fingerfood eine knusprig-scharfe Panade.

ZUBEREITUNG: CA. 30 MIN.
BACKEN: CA. 45 MIN.
PRO PORTION: CA. 275 KCAL
FÜR 4 PERSONEN

2 EL Koriandersamen
2 TL schwarze Senfkörner
2 TL Kreuzkümmel
3 EL Kokosraspel
1 EL Kurkuma
1–2 TL Cayennepfeffer
1–2 TL Knoblauchpulver
1 TL Salz
1 kg kleine festkochende Kartoffeln
2–3 EL Öl

1 Koriander, Senfkörner und Kreuzkümmel in einer Pfanne ohne Fett rösten, bis sie duften. Kokosraspel zugeben und unter Rühren mitrösten, bis sie bräunen. Abkühlen lassen, im Blitzhacker zerkleinern und mit den anderen Gewürzen mischen.

2 Den Backofen auf 220° (Umluft 200°) vorheizen. Ein Backblech mit Backpapier belegen. Kartoffeln waschen, sauber bürsten und je nach Größe vierteln oder achteln. Die Schnittstellen dünn mit Öl bepinseln, in die Gewürzmischung drücken und aufs Blech legen. Im Ofen (Mitte) 35–45 Min. backen. Dazu passen fruchtig scharfe Salsas, Mangochutneys oder Chilisaucen zum Dippen.

TIPP Sollte von der Gewürzmischung etwas übrig bleiben, lassen sich damit Reisreste karibisch aufpeppen und braten.

VARIANTEN
1. Klassisch mit Paprika & Knoblauch: Je 2 TL Paprikapulver, Knoblauchpulver, Pfeffer und Salz mit 1/4 – 1/2 TL Cayennepfeffer mischen. Mit 2 EL Öl verrühren und die Kartoffelecken damit einpinseln.
2. Würzig mit Parmesan: 100 g frisch geriebenen Parmesan mit 1 TL Salz und je 2 TL Knoblauchpulver, Paprikapulver und schwarzem Pfeffer mischen. Die Kartoffelecken dünn mit Öl einpinseln und in die Mischung drücken.

Beim Rösten die Gewürze in der Pfanne bewegen, damit sie nicht anbrennen.

Die Gewürzpanade für die Kartoffeln darf ruhig relativ grob zerkleinert sein.

Mediterrane Ofenkartoffeln

Die stärksten Mittelmeer-Aromen mischen sich mit milden Kartoffeln zu einem ursprünglichen Gericht, zu dem gemischter Salat und Lammkoteletts ideal passen.

ZUBEREITUNG: CA. 30 MIN.
BACKEN: CA. 1 STD.
PRO PORTION: CA. 375 KCAL
FÜR 4 PERSONEN

1 1/2 kg Kartoffeln
6–8 Zweige Rosmarin
1 Bund Salbei
3 frische Lorbeerblätter
4 Knoblauchzehen
Salz | schwarzer Pfeffer aus der Mühle
100 ml Olivenöl

1 Backofen auf 190° (Umluft 170°) vorheizen. Kartoffeln schälen, in gleich große Stücke (3 x 4 cm) schneiden. Kräuter waschen, trocken schütteln, die Blättchen abstreifen bzw. abzupfen. Lorbeerblätter in Streifen schneiden. Knoblauch schälen, längs vierteln.

2 Kartoffeln in eine Backform legen, salzen und pfeffern. Knoblauch und Kräuter in die Zwischenräume verteilen. Das Öl darüberträufeln. Die Kartoffeln 1 Std. backen, zwischendurch einmal wenden, damit sie von allen Seiten bräunen.

VARIANTE MIT THYMIAN & ZITRONE
Lorbeer und Salbei durch frischen Thymian ersetzen. 2 Bio-Zitronen in dünne Scheiben schneiden und zwischen die Kartoffeln stecken.

Gefüllte Kartoffel – vier Mal variiert

Gefüllte Kartoffel klassisch

ZUBEREITUNG: CA. 1 STD.
PRO PORTION: CA. 475 KCAL | FÜR 4 PERSONEN

8 große vorwiegend festkochende Kartoffeln | Salz
2 Möhren | 3 Knoblauchzehen | 2 EL Olivenöl + Öl für die Folie
1 EL gehackte Thymianblättchen | 50 g geriebener Parmesan
schwarzer Pfeffer aus der Mühle | 8 Scheiben Kräuterbutter

1 Kartoffeln waschen und in Salzwasser 15 Min. kochen. Möhren und Knoblauch schälen und fein würfeln. Kartoffeln abgießen und pellen. Einen Deckel abschneiden, das Innere aushöhlen. Die Hälfte davon fein hacken. Kartoffeln, Möhren und Knoblauch in 2 EL Olivenöl 5 Min. dünsten.

2 Backofen auf 200° (Umluft 180°) vorheizen. Gemüse, Thymian, Käse, Salz und Pfeffer mischen. Die Kartoffeln damit füllen, die Deckel auflegen. In geölte Alufolie wickeln und im heißen Ofen (Mitte) etwa 30 Min. backen. Kartoffeln halb auspacken und die Kräuterbutter darauf schmelzen lassen.

Gefüllte Kartoffel mit Rucola & Pilzen

ZUBEREITUNG: CA. 1 STD.
PRO PORTION: CA. 450 KCAL | FÜR 4 PERSONEN

8 gekochte Kartoffeln (siehe links)
125 g Rucola | 2 Schalotten | 100 g Champignons
4 EL Olivenöl | 100 g grob geraspelter Butterkäse
3 EL Crème fraîche | Salz | schwarzer Pfeffer aus der Mühle
geriebene Muskatnuss | 4 EL Pesto

1 Kartoffeln wie links beschrieben aushöhlen. Rucola waschen und klein schneiden. Schalotten schälen, Champignons säubern und beides fein hacken.

2 Schalotten und Pilze in 2 EL Olivenöl andünsten. Etwas abkühlen lassen. Rucola, Käse und Crème fraîche unterheben, mit Salz, Pfeffer und Muskat würzen. Die Kartoffeln damit füllen, wie beschrieben in Folie wickeln und backen. Pesto mit 2 EL Olivenöl verrühren, über die Kartoffeln träufeln.

Gefüllte Kartoffel mit Minze & Chili

ZUBEREITUNG: CA. 1 STD.
PRO PORTION: CA. 310 KCAL | FÜR 4 PERSONEN

8 gekochte Kartoffeln (siehe links)
1 Zwiebel | 2 Knoblauchzehen
2 EL Olivenöl | 200 g mageres Hackfleisch (Lamm oder Rind)
2 EL fein gehackte grüne Chilis | 2 reife Tomaten
2 EL gehackte Petersilie | 1 EL fein gehackte Marokkanische Minze
Salz | schwarzer Pfeffer aus der Mühle

1 Kartoffeln wie links beschrieben aushöhlen. Zwiebel und Knoblauch schälen und fein hacken. Beides im Olivenöl goldgelb braten. Hackfleisch zugeben und etwa 7 Min. mitbraten. Chilis zufügen. Tomaten waschen, halbieren und auf der feinen Gemüsereibe dazureiben. Alles 10 Min. dünsten.

2 Petersilie und Minze unterheben, mit Salz und Pfeffer würzen. Die Kartoffeln mit der Masse füllen, wie beschrieben in Folie wickeln und backen.

Gefüllte Kartoffel mit Lorbeer

ZUBEREITUNG: CA. 1 STD.
PRO PORTION: CA. 450 KCAL | FÜR 4 PERSONEN

8 gekochte Kartoffeln (siehe links)
2 Lorbeerblätter
grobes Salz
50 g Räucherspeck | 175 g Schweinemett
4 EL Tomatenpüree | 4 EL gehacktes Koriandergrün
Cayennepfeffer

1 Kartoffeln wie links beschrieben aushöhlen. Lorbeerblätter mit 1 kleinen Prise Salz im Mörser fein zerreiben, harte Blattrippen entfernen. Räucherspeck ohne Schwarte sehr fein würfeln.

2 Speckwürfel, Mett, Tomatenpüree, Koriandergrün, Lorbeerpulver und etwas Cayennepfeffer mischen. Die Kartoffeln mit der Masse füllen, wie beschrieben in Folie wickeln und backen.

Speck und Brühe würzen salzig, Pfeffer und Muskat bringen angenehme Schärfe mit, Milch und gedünstete Zwiebeln sorgen für sanft-süßlichen Ausgleich. Doch erst wenn sich die Kartoffeln mit dem Kräuterquartett einlassen, ist das Geschmackserlebnis perfekt!

Kartoffeln in Kräutersauce

Man nennt sie Kartoffelgemüse, anderenorts Béchamelkartoffeln – im Sauerland heißen Kartoffeln in Kräutersauce schlicht »Schlacks«. Doch wo auch immer serviert, Hauptsache, das genial einfache Essen kommt im Frühsommer auf den Tisch. Dann, wenn es neue Kartoffeln und reichlich frische Kräuter gibt.

ZUBEREITUNG: CA. 1 STD. 30 MIN.
PRO PORTION: CA. 425 KCAL
FÜR 4 PERSONEN

1 kg kleine festkochende Kartoffeln
Salz
1 Zwiebel
50 g durchwachsener Speck
2 EL Butter
4 EL Mehl
500 ml Fleischbrühe
500 ml Milch
je 1 Bund Petersilie, Dill, Zitronenmelisse und Borretsch
1 Handvoll Kerbelblättchen
weißer Pfeffer aus der Mühle
geriebene Muskatnuss

ZUM GARNIEREN

Borretschblüten und Kerbelblättchen

1 Die Kartoffeln waschen, in Salzwasser zum Kochen bringen und in etwa 25 Min. garen. Abgießen, ausdampfen und abkühlen lassen. Die Zwiebel schälen und fein hacken. Den Speck ganz klein würfeln.

2 In einem breiten Topf die Butter aufschäumen lassen und den Speck darin bei schwacher Hitze glasig braten. Die Zwiebelwürfel zugeben und leicht andünsten. Das Mehl darüberstreuen, kurz andünsten. Den Topf von der Kochstelle nehmen und die Mehlschwitze etwas abkühlen lassen. Brühe und Milch angießen, den Topf wieder auf die Kochstelle setzen, alles unter ständigem Rühren langsam aufkochen und einmal aufwallen lassen. Die Sauce bei schwacher Hitze 5 Min. ziehen lassen, dann durch ein Sieb streichen. Wieder in den Topf geben.

3 Die Kräuter waschen, trocken schütteln und die Blättchen fein hacken. Die Kartoffeln pellen und in dicke Scheiben schneiden. Kräuter und Kartoffeln unter die Sauce heben. Mit Salz, Pfeffer und Muskat kräftig abschmecken. Bei ganz schwacher Hitze zugedeckt noch 15 Min. ziehen lassen, dabei ab und zu umrühren. Wenn die Sauce anzuhängen droht, noch ein wenig Milch zugießen.

4 Zum Servieren das Kartoffelgemüse in eine Schüssel füllen und mit Borretschblüten sowie klein gezupften Kerbelblättchen bestreuen. Dazu passen weich gekochte oder pochierte Eier.

VARIANTE MIT ESTRAGON & KAPERN

Die Blättchen von 1 Bund Petersilie und 3 Stängeln Estragon abzupfen und fein hacken, mit den Kartoffeln in die Sauce geben. 2 EL Kapern klein schneiden und zugeben, die Sauce mit etwas Kapernlake oder Essig abschmecken. Dieses säuerliche Kartoffelgemüse schmeckt besonders gut zu Bratwurst oder längs halbierter und gebratener Fleischwurst.

Gemüse mit frischen Curryblättern und Koriander-Minze-Joghurt

Süßliches Asia-Gemüse plus aromatische Curryblätter plus frisch-säuerlicher Koriander-Minze-Joghurt – in der Summe ergibt das einen glänzenden Partner zu Reis und Fisch.

ZUBEREITUNG: CA. 45 MIN.
PRO PORTION: CA. 200 KCAL
FÜR 4 PERSONEN

1 dicke Süßkartoffel (Batate; ca. 500 g)
100 g Zuckerschoten
2–3 kleine Thai-Auberginen
1 Gemüsezwiebel
1 Stück frischer Ingwer (ca. 3 cm)
4 vollreife Tomaten
1 grüne Chilischote
3–4 Stängel frische Curryblätter
2–3 EL Butterschmalz
je 1 TL Fenchelsamen und Kreuzkümmel
je 1/2 Bund Koriandergrün und Minze
200 g Vollmilchjoghurt (3,5 % Fett)
Salz | Pfeffer aus der Mühle

1 Die Süßkartoffel schälen, in 1 cm dicke Scheiben, diese in Würfel schneiden. Die Zuckerschoten waschen und schräg halbieren. Die Auberginen waschen, putzen und in Würfel schneiden. Zwiebel und Ingwer schälen und fein hacken. Tomaten mit kochendem Wasser überbrühen, häuten, halbieren und ohne Stielansatz würfeln. Chilischote putzen, entkernen, waschen und in Ringe schneiden. Curryblattstängel waschen und trocken schütteln.

2 Butterschmalz erhitzen. Zwiebel und Ingwer darin unter Rühren braun anbraten. Fenchelsamen und Kreuzkümmel darüberstreuen und mitbraten. Kartoffelwürfel, Auberginen und Chiliringe nach und nach unter Rühren mitbraten, Currystängel dazugeben.

3 Zuckerschoten und Tomaten zufügen und 150 ml Wasser angießen. Alles 10–12 Min. zugedeckt dünsten, bis die Kartoffeln weich sind. Inzwischen Koriandergrün und Minze waschen und trocken schütteln. Blättchen abzupfen, einige zum Garnieren beiseitelegen. Restliche Blättchen in feine Streifen schneiden und mit dem Joghurt verrühren. Joghurt kräftig mit Salz und Pfeffer würzen.

4 Das Gemüse mit Salz und Pfeffer abschmecken. Curryblattstängel entfernen, gelöste Blättchen belassen. Das Gemüse mit Minze- und Korianderblättchen bestreut servieren. Den Joghurt getrennt dazu reichen oder zum Schluss der Garzeit unter das Gemüse rühren.

VARIANTE
Schmeckt auch sehr gut mit mehligkochenden Kartoffeln oder einer anderen Gemüsemischung, z. B. Möhren, Kartoffeln, Brokkoli.

Süßkartoffeln sind festfleischiger als unsere Kartoffeln und machen daher beim Schälen etwas mehr Mühe.

Für gleichmäßige Würfel die Kartoffeln längs in dicke Scheiben, diese in Stifte, diese wiederum quer in Würfel schneiden.

Volles Aroma geben Curryblätter ab, wenn man sie mit anbrät und dann mitgart. Sie können auch mitserviert werden.

Kräuter-Kartoffel-Gnocchi

Zu diesen kräftig gekräuterten Gnocchi schmeckt eine würzige Tomatensauce.

ZUBEREITUNG: CA. 1 STD.
RUHEN: CA. 30 MIN.
PRO PORTION: CA. 300 KCAL
FÜR 4 PERSONEN

850 g mehligkochende Kartoffeln
je 1/2 Bund Petersilie, Schnittlauch, Basilikum und Minze
120–140 g Mehl
50 g frisch geriebener Parmesan
Salz | Pfeffer aus der Mühle
1 Ei (Größe L)

1 Kartoffeln in sprudelnd kochendem Wasser in 20–30 Min. weich kochen. Inzwischen Kräuter waschen, trocken schütteln, fein hacken. Kartoffeln abgießen, etwas ausdampfen lassen, pellen, durch die Kartoffelpresse in eine Schüssel drücken oder zerstampfen. Die abgekühlte Masse mit 120 g Mehl, Parmesan, 1 TL Salz, 1 kräftigen Prise Pfeffer, Ei und den Kräutern verkneten. Falls der Kartoffelteig zu klebrig ist, noch etwas Mehl unterkneten. Den Teig 30 Min. ruhen lassen.

2 Aus je 1 EL Teig Knödelchen formen. Mit einer Gabel Rillen eindrücken. Gnocchi in sprudelnd kochendes Salzwasser legen und bei ganz schwacher Hitze in 5–7 Min. gar ziehen lassen. Mit einem Schaumlöffel aus dem Wasser heben und sofort servieren, z. B. mit Tomatensauce und frisch geriebenem Parmesan.

VARIANTE

Knödelchen mit 1 EL klein gehacktem Salbei und je 2 EL gehacktem Rosmarin und Thymian würzen. Gnocchi mit Salbeibutter servieren. Dazu 100 g Butter mit einigen möglichst kleinen Salbeiblättchen aufschäumen lassen und sofort über die fertigen Gnocchi träufeln.

Vietnamesisches Gemüse mit Kräutern

Warum wir die vietnamesische Küche so gern mögen? Weil hier gekräutert wird, was das Zeug hält! In Vietnam geht man längst nicht so verschwenderisch mit Gewürzen um wie in anderen asiatischen Ländern – vielmehr ist frisches Grün der Aromalieferant.

ZUBEREITUNG: CA. 1 STD.
PRO PORTION: CA. 250 KCAL
FÜR 4 PERSONEN

8 getrocknete Shiitakepilze
je 1/2 Handvoll glatte Petersilie, Japanische Minze, Thai-Basilikum, Koriandergrün, Schwarznessel und Chinesischer Schnittlauch
2 kleine Auberginen (à 200 g)
2 kleine Zucchini (à 150 g)
30 g frischer Ingwer
2 EL Zitronensaft | Salz
6 EL Pflanzenöl
1 Bund Frühlingszwiebeln
2 rote Paprikaschoten
2 grüne Chilischoten
2 große Möhren
4 große grüne Chinakohlblätter
4 Knoblauchzehen
10 frische Curryblätter
300 ml kräftige Gemüsebrühe
4 EL vietnamesische Fischsauce (»nuoc mam«)
2 EL helle Sojasauce
2 EL gehackte Bockshornkleeblätter (nach Belieben)

1 Die Shiitakepilze in etwa 200 ml warmem Wasser einweichen. Die Kräuter waschen und trocken schütteln, die Blättchen abzupfen, die zarten Stängelspitzen ganz lassen und beiseitelegen. Die Kräuterblättchen fein hacken.

2 Die Auberginen und Zucchini waschen und putzen. Die Auberginen längs achteln, die Zucchini längs vierteln. Alles in etwa 4 cm lange Stücke schneiden, in eine Schüssel füllen. Ingwer schälen und auf einer Gemüsereibe dazureiben. Das Gemüse mit den gehackten Kräutern und Zitronensaft würzen, kräftig salzen und die Hälfte vom Öl zugeben. Mit den Händen gut durchmischen und 15 Min. ziehen lassen.

3 Die Frühlingszwiebeln putzen, waschen und klein schneiden. Die Paprikaschoten waschen, halbieren und putzen, längs in Streifen und diese schräg in Stücke schneiden. Chilis längs aufschlitzen, entkernen, putzen und waschen. Die Schoten in Streifen schneiden. Möhren schälen, längs halbieren und die Hälften schräg in Stücke schneiden. Kohlblätter waschen und in Streifen schneiden. Knoblauch schälen und hacken. Curryblätter waschen, ganz lassen.

4 Die Shiitakepilze aus dem Wasser heben und fest über dem Einweichwasser ausdrücken, in Streifen schneiden. Die Gemüsebrühe mit Shiitakebrühe, Fischsauce und Sojasauce vermischen.

5 Einen Wok oder eine Pfanne mit dem restlichen Öl erhitzen. Auberginen- und Zucchinistücke aus der Marinade heben, mit Küchenpapier trocken tupfen und im heißen Öl etwa 7 Min. rundum kräftig anbraten, bis alles leicht gebräunt ist. Das übrige Gemüse zugeben und kurz anbraten. Marinade und Würzbrühe angießen. Die beiseitegelegten Kräuterspitzen und die Curryblätter unterrühren, einmal aufkochen lassen. Mit Salz abschmecken. Nach Wunsch mit Bockshornkleeblättern bestreuen und zu gekochtem Reis servieren.

VARIANTE MIT PFEFFERBLÄTTERN & KAPUZINERKRESSE
Mindestens zwei frische Kräuter sollten dieses Gericht bereichern – z. B. auch Thai-Pfefferblätter (»la lot« bzw. »cha plu«) und Kapuzinerkresseblätter, die ähnlich schmecken wie vietnamesischer Wasserpfeffer.

Für dieses Wokgericht können Sie Gemüsesorten nach Lust und Laune kombinieren – Hauptsache, Sie sparen nicht an vielen, vielen Kräutern und damit an dem, was die vietnamesische Küche ausmacht.

Steckrüben – vier Mal variiert

Steckrüben mit Kardamom

ZUBEREITUNG: CA. 40 MIN.
PRO PORTION: CA. 200 KCAL | FÜR 4 PERSONEN

600–700 g Steckrüben | 1 Bio-Limette
30 g Butter | Salz
1–2 TL gem. Kardamom | Orangenpfeffer (Seite 56)
50 g geriebener Palmzucker | gehackte Pistazien

1 Rüben schälen, holzige Teile entfernen und waschen. Die Rüben in Stifte (1/2 x 2 cm) schneiden. Limette heiß abwaschen. Die Schale mit einem Zestenreißer abziehen und hacken, den Saft auspressen.

2 Die Rüben in der Butter 3–4 Min. anbraten. Mit Salz, Kardamom und Orangen-Pfeffer würzen. Palmzucker zugeben und karamellisieren lassen. Die Rüben darin unter Rühren bissfest garen. Mit Limettensaft abschmecken, mit Limettenzesten und Pistazien bestreuen.

Steckrüben mit Sherry & Ingwer

ZUBEREITUNG: CA. 40 MIN.
PRO PORTION: CA. 170 KCAL | FÜR 4 PERSONEN

600–700 g Steckrüben
100 ml trockener Sherry | Salz
2 EL fein gewürfelter Ingwer | 30 g Butter
Pfeffer aus der Mühle | 1–2 TL Akazienhonig
Zitronensaft | Korianderblättchen

1 Rüben schälen, holzige Teile entfernen und waschen. Die Rüben zuerst in Streifen (1 x 4 cm), dann schräg in 1 cm große Stücke schneiden.

2 Sherry mit 100 ml Wasser aufkochen. Die Rüben zugeben, salzen und in 8–10 Min. bissfest garen.

3 Ingwer in der Butter anschmoren, die Rüben darin schwenken. Salzen, pfeffern, mit Akazienhonig und etwas Zitronensaft abschmecken. Mit Korianderblättchen bestreuen.

Steckrüben mit Berberitzen

ZUBEREITUNG: CA. 40 MIN.
PRO PORTION: CA. 215 KCAL | FÜR 4 PERSONEN

2 EL getr. Berberitzen | 1 1/2 EL Zucker | 20 g Butter
600–700 g Steckrüben | 50 g geh. Schalotten | 1 geh. Knoblauchzehe
1 EL Öl | 200 ml Orangensaft
2 EL Geflügelbrühe | 3–4 EL Orangenmarmelade
1/4 TL Cayennepfeffer | Salz | Pfeffer aus der Mühle
Zitronensaft | Minzeblättchen

1 Berberitzen 5 Min. einweichen. 1/2 EL Zucker in 10 g Butter karamellisieren lassen. Berberitzen darin 1–2 Min. sanft schmoren. Rüben schälen, waschen und in dünne Stifte schneiden.

2 Schalotten und Knoblauch in Öl und 10 g Butter andünsten. Rüben 3 Min. unter Rühren mitbraten. 1 EL Zucker zugeben, karamellisieren lassen, mit Orangensaft ablöschen. Brühe und Marmelade einrühren. Mit Cayenne, Salz, Pfeffer und Zitronensaft abschmecken. Berberitzen unterheben, mit Minze garnieren.

Steckrüben mit Kokos & Kreuzkümmel

ZUBEREITUNG: CA. 40 MIN.
PRO PORTION: CA. 200 KCAL | FÜR 4 PERSONEN

600–700 g Steckrüben
2 EL Öl | 1 1/2 TL Kreuzkümmel
2 EL brauner Zucker | Salz | Pfeffer aus der Mühle
1 sehr fein gewürfelte kleine grüne Thai-Chilischote
3 EL Kokosraspel | 2 EL Kokoschips
Korianderblättchen

1 Rüben schälen, holzige Teile entfernen und waschen. Die Rüben in feine Streifen (3 mm x 3 cm) schneiden.

2 Öl im Wok erhitzen und den Kreuzkümmel darin 2 Min. anbraten. Die Rüben zugeben und 1 Min. mitbraten. Zucker darüberstreuen, salzen, pfeffern und die Chili untermischen. In 3–4 Min. unter Rühren bissfest garen. Kokosraspel unterheben. Mit Kokoschips und Korianderblättchen bestreuen.

Orientalische Auberginen

In diesem herrlich üppigen Gericht spielt fruchtig-säuerlicher Granatapfelsirup eine wichtige Rolle. Das 1001-Nacht-Gemüse ist eine feine Beilage zu Lamm und Geflügel, zu Safranreis und Couscous.

ZUBEREITUNG: CA. 1 STD.
PRO PORTION: CA. 280 KCAL
FÜR 4 PERSONEN

500 g Auberginen
Salz
200 g Gemüsezwiebeln
2 Knoblauchzehen
4 EL Öl
2–3 EL flüssiges Geflügelfondkonzentrat
2 EL ungesüßter Granatapfelsirup
2 EL brauner Zucker
1 TL Zimtpulver
1/2 TL gemahlener Kardamom
1/2 TL gemahlener Kreuzkümmel
50 g helle Sultaninen
50 g ungesalzene Pistazienkerne
frische Granatapfelkerne für die Garnitur (nach Belieben)

1 Die Auberginen waschen und putzen. Längs in 1 cm dicke Scheiben, dann in gleich breite Streifen und diese in Würfel schneiden. Auberginenwürfel salzen und abgedeckt 10 Min. stehen lassen. Inzwischen Zwiebeln und Knoblauch schälen. Die Zwiebeln fein hacken. Auberginen mit Küchenpapier gut trocken tupfen.

2 Auberginenwürfel in 3 EL Öl etwa 10 Min. unter Rühren anbraten, bis sie Farbe annehmen. Zwiebelwürfel getrennt im restlichen Öl in etwa 5 Min. glasig schmoren, Knoblauch dazupressen, 1 Min. mitschmoren. Zwiebeln zu den gebratenen Auberginen geben.

3 Geflügelfondkonzentrat und Granatapfelsirup mit 200 ml Wasser mischen. Das Gemüse damit ablöschen. Zucker und Gewürze zugeben. Alles bei mittlerer Hitze etwa 10 Min. schmoren, gelegentlich umrühren. Rosinen zufügen, weitere 10 Min. schmoren, bis die Auberginen schön weich sind. Eventuell mit Salz und Granatapfelsirup abschmecken. Pistazienkerne grob hacken und über die Auberginen streuen. Nach Belieben mit Granatapfelkernen garnieren.

VARIANTEN
1. Mit Kürbis & Aprikosen: Auberginen durch Kürbis ersetzen, die Sultaninen durch 100 g gehackte, getrocknete Aprikosen.
2. Mit Rosengewürz: Für ein besonders duftiges Aroma statt Zimt, Kardamom und Kreuzkümmel 2 TL Persisches Rosengewürz (Seite 63) und zusätzlich 1 Prise Cayennepfeffer verwenden.

Auberginen vor dem Braten abtupfen. Das Salz hat Wasser und Bitterstoffe entzogen.

Das Gemüse getrennt anbraten, mischen, mit Fondkonzentrat und Sirup würzen.

Pistazien setzen einen farblichen und einen mandelzarten geschmacklichen Akzent.

Scharfer Thai-Blumenkohl

Typisch thailändisch: Die Schärfe der Currypaste wird durch Kokosmilch gemildert. Kaffirlimettenblätter geben ein besonderes Aroma.

ZUBEREITUNG: CA. 30 MIN.
PRO PORTION: CA. 195 KCAL
FÜR 4 PERSONEN

1 Blumenkohl
2 EL rote Thai-Currypaste
1 EL brauner Zucker
1 Dose Kokosmilch (400 ml)
4 Kaffirlimettenblätter
70 g Maiskörner (Dose)
6 Eier | 1 kleine rote Chilischote

1 Blumenkohl in sehr kleine Röschen teilen und waschen. Currypaste mit Zucker im Wok anrösten, mit der Kokosmilch ablöschen. 2 Limettenblätter einlegen. Blumenkohlröschen darin bei schwacher Hitze zugedeckt garen, öfter umrühren. Nach 10 Min. den Mais zugeben. Offen bei höherer Hitze weitere 5–7 Min. garen. Die Kokosmilch soll etwas einkochen, der Kohl noch Biss haben. Limettenblätter entfernen.

2 Inzwischen die Eier in 7 Min. wachsweich kochen. Chilischote putzen, entkernen, waschen und in feine Ringe schneiden. Das Curry mit Eihälften, Chiliringen und übrigen Limettenblättern anrichten.

VARIANTE MIT MILDEM CURRY & SAHNE
1 fein gewürfelte Schalotte in etwas Öl anschmoren, 1 EL mildes Currypulver einrühren, mit 200 g Sahne ablöschen. Den Blumenkohl darin wie oben garen. Mais und geröstete Mandelblättchen runden das Curry ab.

Rosmarin-Hollandaise zu Spargel

ZUBEREITUNG: CA. 15 MIN.
PRO PORTION: CA. 280 KCAL
FÜR 4 PERSONEN

115 g Butter | 2 große Zweige Rosmarin
2 Eier (Größe L, zimmerwarm) | 1 EL Orangenlikör
Salz | Pfeffer aus der Mühle
1 TL abgeriebene Schale von 1 Bio-Orange
Orangensaft (nach Belieben)

1 Die Butter schmelzen. Rosmarin waschen, trocken schütteln und die Nadeln fein hacken.

2 Die Eier mit Rosmarin, Orangenlikör, Salz und Pfeffer verquirlen. Die Mischung über dem heißen Wasserbad weißschaumig schlagen. Orangenschale unterrühren und löffelweise die flüssige Butter unterschlagen, bis eine dickcremige Sauce entsteht. Die Hollandaise mit Salz, Pfeffer und eventuell Orangensaft abschmecken.

Brunnenkresse-Relish zu Spargel

ZUBEREITUNG: CA. 10 MIN.
PRO PORTION: CA. 75 KCAL
FÜR 4 PERSONEN

1 rote Zwiebel | 1 Handvoll Brunnenkresseblättchen
einige Petersilienblättchen | 1 EL Kapern (Glas)
1 EL Weißweinessig
1 Msp. Dijon-Senf | 3 EL kalt gepresstes- Raps- oder Olivenöl
Salz | Pfeffer aus der Mühle

1 Die Zwiebel schälen und sehr fein hacken. Brunnenkresse- und Petersilienblättchen waschen und trocken schütteln. Mit den Kapern fein hacken.

2 Weißweinessig mit Senf und Öl verrühren. Zwiebel und Kräutermischung unterrühren. Das Relish mit Salz und Pfeffer abschmecken.

Waldmeister-Sahne zu Spargel

ZUBEREITUNG: CA. 40 MIN.
PRO PORTION: CA. 250 KCAL
FÜR 4 PERSONEN

1 Bund Waldmeister | 200 ml Weißwein
2 Schalotten | 1 EL Butter
200 ml Kalbsfond (Glas) | 200 g Sahne
Salz | Pfeffer aus der Mühle | 1 Prise Zucker

1 Waldmeister waschen und trocken schütteln. Einige Blättchen beiseitelegen. Waldmeister im Wein 15 Min. ziehen lassen.

2 Schalotten schälen und sehr fein würfeln. In der Butter hellgelb dünsten. Kalbsfond zugießen und offen 10 Min. köcheln lassen. Aromatisierten Wein zugießen und um ein Drittel einkochen lassen. Die Sahne zugießen und zu einer cremigen Sauce einkochen lassen.

3 Mit Salz, Pfeffer und Zucker abschmecken. Restliche Waldmeisterblättchen hacken und über die Sauce streuen.

Kerbel-Creme zu Spargel

ZUBEREITUNG: CA. 20 MIN.
PRO PORTION: CA. 275 KCAL
FÜR 4 PERSONEN

2 Frühlingszwiebeln | 1 EL fein gehackte Petersilie
2 EL Butter
1 gute Handvoll Kerbelblättchen
1 EL trockener Wermut (z. B. Noilly Prat)
Spargelsud | 200 g Crème fraîche
Salz | Pfeffer aus der Mühle | Zitronensaft
1 sehr frisches Eigelb

1 Frühlingszwiebeln putzen, waschen und mit Grün sehr fein hacken. Mit der Petersilie in Butter sanft andünsten.

2 Kerbel waschen, gut abtropfen lassen und sehr fein hacken. Wermut und etwas Spargelsud zu den Frühlingszwiebeln geben. Crème fraîche einrühren und alles sämig einköcheln lassen. Mit Salz, Pfeffer und etwas Zitronensaft abschmecken. Kerbel unterheben und Sauce mit dem Eigelb legieren.

Mit kräuterwürzigen Saucen wird weißer Spargel nie langweilig, denn damit lässt sich das edle Gemüse stets anders aromatisieren. Rechnen Sie für 4 Personen etwa 1,5 kg gekochten Spargel.

Ratatouille mit Zitronenthymian und Kräuter-Knoblauch-Creme

Weit mehr als nur eine Beilage: Mit knusprigem Baguette kombiniert wird aus der Ratatouille ein leichtes Sommeressen – nicht nur für Vegetarier.

ZUBEREITUNG: CA. 45 MIN.
PRO PORTION: CA. 200 KCAL
FÜR 4 PERSONEN

FÜR DIE RATATOUILLE

3 vollreife Tomaten
1 Gemüsezwiebel
1 Aubergine (ca. 200 g)
je 2 kleine gelbe und grüne Zucchini
1 große rote Paprikaschote
1 kleines Bund Zitronenthymian
2 Zweige Rosmarin
1 Lorbeerblatt
4–5 EL Olivenöl
1 Knoblauchzehe
Meersalz | Pfeffer aus der Mühle

FÜR DIE KRÄUTERCREME

3 EL Crème fraîche
2 EL Joghurt
1/2 Bund Petersilie
1–2 Knoblauchzehen
Meersalz | Pfeffer aus der Mühle

AUSSERDEM

Küchengarn

1 Für die Ratatouille die Tomaten mit kochendem Wasser überbrühen, häuten und ohne die Stielansätze würfeln. Die Gemüsezwiebel schälen, halbieren und in feine Streifen schneiden. Die Aubergine, die Zucchini und die Paprikaschote waschen und putzen. Aubergine längs vierteln und in gröbere Stücke schneiden, Zucchini in 1/2 cm dicke Scheiben, Paprika in Stücke schneiden. 1 Zweig Zitronenthymian beiseitelegen. Rest mit Rosmarin und Lorbeerblatt mit Küchengarn zu einem Kräutersträußchen zusammenbinden.

2 Das Öl in einem Schmortopf erhitzen. Auberginen darin anbraten, die Zwiebeln dazugeben und in 4–6 Min. bei mittlerer Hitze weich braten, aber nicht bräunen. Den Knoblauch schälen und dazupressen. Die Zucchini, die Paprika, das Kräutersträußchen und die Tomaten dazugeben. Alles kräftig salzen und pfeffern und zugedeckt bei schwacher Hitze 20–25 Min. schmoren.

3 Inzwischen für die Kräutercreme die Crème fraîche mit Joghurt glatt rühren. Blättchen vom restlichen Zitronenthymian abstreifen. Petersilie waschen, trocken schütteln und die Blättchen klein hacken. Kräuter unter die Creme rühren. Knoblauch schälen und dazupressen. Die Creme mit Salz und Pfeffer abschmecken.

ORIENTALISCHE VARIANTE
Kichererbsen (Dose) mitgaren. Ratatouille mit gemahlenem Koriander und Kreuzkümmel abschmecken. Die Kräutercreme mit Petersilie, Koriandergrün und 1 EL frisch gehackten Minzeblättchen würzen.

Aus dem Französischen übersetzt bedeutet Ratatouille so viel wie »gerührter Fraß«. Das vergessen Sie sofort, wenn Sie den provenzalischen Eintopf aus sonnenverwöhnten Zutaten einmal gegessen haben – denn eine Ratatouille ist warm oder kalt hochsommerlicher Genuss pur!

Zucchinipuffer – vier Mal variiert

Zucchinipuffer klassisch

ZUBEREITUNG: CA. 1 STD.
PRO PORTION: CA. 440 KCAL
FÜR 2 PERSONEN

500 g kleine, feste Zucchini | 1 EL Zitronensaft | Salz
2 kleine rote Zwiebeln | 2 Knoblauchzehen | Olivenöl | 2 Eier (Größe M)
4 EL Mehl | schwarzer Pfeffer aus der Mühle | 2–3 EL Semmelbrösel

1 Zucchini waschen, raspeln und in ein Sieb geben. Mit Zitronensaft beträufeln, mit 1 TL Salz bestreuen und 15 Min. ziehen lassen. Zwiebeln und Knoblauch schälen, fein hacken. Zwiebeln in 1 EL Olivenöl weich schmoren. Knoblauch 1 Min. mitschmoren, herausnehmen.

2 Eier, Mehl und Pfeffer verquirlen. Zucchini mit Küchenpapier fest ausdrücken, mit den Zwiebeln einrühren. Semmelbrösel unterheben, salzen und pfeffern. Öl in der Pfanne erhitzen. Kleine Teigportionen hineinsetzen und in 5–7 Min. knusprig braten. Auf Küchenpapier entfetten.

Zucchinipuffer mit Rosmarin & Pecorino

ZUBEREITUNG: CA. 1 STD.
PRO PORTION: CA. 735 KCAL
FÜR 2 PERSONEN

1 Rezept Zucchinipuffer klassisch
100 g Pecorino | 2 EL fein gehackte Rosmarinnadeln
1 Fleischtomate | 300 g Vollmilchjoghurt (3,5 % Fett)
1 Knoblauchzehe | Salz | Pfeffer aus der Mühle

1 Den Zucchiniteig wie links beschrieben zubereiten. Pecorino reiben und mit den Rosmarinnadeln unter den Teig heben.

2 Tomate überbrühen, häuten und entkernen. Das Fruchtfleisch fein würfeln. Mit dem Joghurt verrühren. Knoblauch schälen und dazupressen. Mit Salz und Pfeffer abschmecken.

3 Die Puffer braten wie links beschrieben. Auf Küchenpapier entfetten und mit dem Dip servieren.

Zucchinipuffer mit Curry & Schinken

ZUBEREITUNG: CA. 1 STD.
PRO PORTION: CA. 580 KCAL
FÜR 2 PERSONEN

1 Rezept Zucchinipuffer klassisch
120 g gekochter Schinken | 1–2 TL Currypulver
300 g Vollmilchjoghurt (3,5 % Fett)
1 TL getr. Orangenschalen (Seite 61) | 1 Spritzer Zitronensaft
Salz | Pfeffer aus der Mühle | Ahornsirup

1 Den Zucchiniteig wie links beschrieben zubereiten. Schinken fein würfeln und mit dem Currypulver unter den Teig heben.

2 Den Joghurt mit Orangenschalen und Zitronensaft verrühren. Den Dip mit Salz, Pfeffer, Currypulver und Ahornsirup abschmecken.

3 Die Puffer braten wie links beschrieben. Auf Küchenpapier entfetten und mit dem Dip servieren.

Zucchinipuffer mit Haselnüssen

ZUBEREITUNG: CA. 1 STD.
PRO PORTION: CA. 655 KCAL
FÜR 2 PERSONEN

1 Rezept Zucchinipuffer klassisch
50 g gem. Haselnüsse | 1–2 TL gem. Kreuzkümmel
150 g Vollmilchjoghurt (3,5 % Fett)
1 TL Honig | Salz | Pfeffer aus der Mühle
gehackte Bio-Limettenzesten | 1–2 TL Kreuzkümmel

1 Den Zucchiniteig wie links beschrieben zubereiten. Haselnüsse und Kreuzkümmel unter den Teig heben.

2 Den Joghurt mit Honig, Salz, Pfeffer und Limettenzesten verrühren. Kreuzkümmel in einer Pfanne ohne Fett anrösten und über den Dip streuen.

3 Die Puffer braten wie links beschrieben. Auf Küchenpapier entfetten und mit dem Dip servieren.

Das Vorbereiten der Gemüse nimmt zwar ein bisschen Zeit in Anspruch. Doch wenn das Öl im Wok erst einmal heiß geworden ist, steht dieses vegetarische Gericht in kurzer Zeit auf dem Tisch. Die unterschiedlichen Geschmackskomponenten entfalten ein wahres Feuerwerk an Aromen.

Asiatischer Weißkohl

Süß, sauer, salzig und scharf – dieser Weißkohl ist rundum köstlich. Mit weichen Glasnudeln und knackigen Erdnüssen wird daraus eine vollwertige kleine Mahlzeit.

ZUBEREITUNG: CA. 45 MIN.
PRO PORTION (BEI 4 PERSONEN): CA. 315 KCAL
FÜR 3–4 PERSONEN

500 g Weißkohl | 250 g Möhren
je 2–3 grüne und rote Chilischoten | 1 Bund Frühlingszwiebeln
1 pflaumengroßes Stück Ingwer | 2–3 Knoblauchzehen
60 g Glasnudeln | 3–4 EL gesalzene Erdnusskerne
4 EL Erdnussöl | 6 EL Reisessig | 4 EL brauner Zucker
4 EL Austernsauce | Salz
schwarzer Pfeffer aus der Mühle | Cayennepfeffer

1 Weißkohl putzen, den Strunk entfernen, den Kohl sehr fein hobeln. Möhren schälen und in feine Streifen schneiden. Chilischoten längs halbieren, Trennwände und Samen entfernen, waschen und die Hälften fein würfeln. Frühlingszwiebeln putzen und waschen. Das Weiße fein hacken, das Grün in dünne Ringe schneiden. Ingwer und Knoblauch schälen und fein würfeln. Glasnudeln mit kochendem Wasser begießen, 5 Min. ziehen lassen, kalt abspülen und klein schneiden. Erdnusskerne grob hacken.

2 Im Wok 3 EL Erdnussöl sehr heiß werden lassen. Ingwer, Chiliwürfel und gehackte Frühlingszwiebeln unter Rühren 1 Min. anbraten. Knoblauch zugeben, nach 1 Min. den Weißkohl. 2–3 Min. unter ständigem Rühren braten. Kohl an den Rand des Woks schieben. 1 EL Erdnussöl in der Mitte erhitzen. Möhrenstreifen darin in etwa 30 Sek. bissfest braten.

3 Die Glasnudeln zugeben und alles gründlich mischen. Wieder an den Rand des Woks hochschieben. Reisessig und Zucker in die Mitte geben, rühren, bis sich der Zucker gelöst hat. Austernsauce zugießen. Alles noch einmal gut mischen. Mit Salz, Pfeffer und Cayennepfeffer abschmecken. Mit Frühlingszwiebelringen und Erdnüssen bestreuen.

VARIANTEN
1. Mit Chilisauce: Die Hälfte des Reisessigs und den Zucker durch süß-scharfe Chilisauce ersetzen, mit Fisch- statt Austernsauce würzen.
2. Auf indische Art: 1 EL braune Senfkörner und 2 Lorbeerblätter im heißen Öl braten, bis die Senfkörner aufplatzen. Gehobelten Weißkohl zugeben, 5 Min. unter Rühren braten. Mit Salz, etwas Zucker, Pfeffer und 1 gehäuften TL Garam Masala würzen. Wenn der Kohl fast gar ist, mit 2–3 EL trocken gerösteten Kokosraspeln mischen und mit Korianderblättchen bestreuen.

Chili- und Fischsauce lassen den salzig-scharfen Geschmack stärker hervortreten.

Mit Senfkörnern, Garam Masala u. a. geht es geschmacklich von Asien nach Indien.

Brokkoli mit Kokos und Garam Masala

Mit Kokos, Kreuzkümmel und Garam Masala kommt dieser Brokkoli ganz indisch daher.

ZUBEREITUNG: CA. 35 MIN.
PRO PORTION: CA. 135 KCAL
FÜR 4 PERSONEN

1 kg frischer Brokkoli
1–2 Zwiebeln (100 g)
2 Knoblauchzehen
1 Stück frischer Ingwer
1 EL Butterschmalz
1 TL Kreuzkümmel
Salz, Pfeffer aus der Mühle
250 ml Kokosmilch
1–2 TL Garam Masala (Seite 57)
3–4 EL Kokosraspel

1 Brokkoli in Röschen teilen, die Stiele schälen und in 1/2 cm große Scheibchen schneiden. Brokkoliröschen waschen und abtropfen lassen. Zwiebeln und Knoblauch schälen und fein hacken. Ingwer schälen, fein würfeln, 2 TL abmessen.

2 Butterschmalz im Wok erhitzen. Kreuzkümmel 1 Min. anbraten, Zwiebeln zugeben und unter Rühren 2 Min. mitschmoren. Ingwer zugeben, 1 Min. mitschmoren. Knoblauch 30 Sek. mitschmoren.

3 Brokkoli in den Wok geben, salzen, pfeffern und 4–5 Min. unter ständigem Rühren knapp garen. Kokosmilch angießen, etwa 3 Min. köcheln, bis die Kokosmilch etwas eingekocht und sämig ist. Mit Garam Masala bestreuen und gut mischen. Mit Kokosraspeln bestreuen und sofort servieren.

VARIANTEN
1. Mit Sahne, Sherry & Mandelblättchen: Für eine klassische Variante Ingwer, Kreuzkümmel und Garam Masala weglassen. Kokosmilch durch 250 g Sahne und einen Schuss Sherry ersetzen. Mit trocken gerösteten Mandelblättchen bestreuen.
2. Mit Sahne, Curry & Limettenblättern: 2 TL Currypulver und etwas Cayennepfeffer in 250 g Sahne mischen und zum Brokkoli geben. Etwas einkochen lassen. Mit fein geschnittenen Kaffirlimettenblättern und einigen Kokoschips garnieren.
3. Mit Thai-Currypaste, Kokosmilch & Limettensaft: Mit scharfer grüner Currypaste, Kokosmilch, einigen Spritzern Limettensaft und klein gehackter roter Chilischote wird der Brokkoli thailändisch frisch und feurig.

Die Brokkolistiele am besten mit einem Gemüseschäler schälen.

Würzzutaten nacheinander anschmoren, so entfaltet sich das Aroma am besten.

Brokkoli nur kurz pfannenrühren, bevor er in der Kokosmilch bissfest gegart wird.

Grüne Bohnen in Zwiebel-Tomaten-Sauce

Tomaten, Minze, Knoblauch und Schafskäse machen aus grünen Bohnen ein mediterranes Vergnügen! Dazu passen Lammkoteletts und Baguette.

ZUBEREITUNG: CA. 50 MIN.
PRO PORTION: CA. 220 KCAL
FÜR 4 PERSONEN

600 g grüne Bohnen | 600 g Tomaten
300 g Zwiebeln | 2–3 Knoblauchzehen
1/2 Bund Minze | 150 g Schafskäse (Feta)
2 EL Olivenöl | 100 ml Brühe
1 TL Zucker | Salz
Pfeffer aus der Mühle | 2 EL Tomatenmark

1 Bohnen putzen, waschen und nach Belieben in Stücke schneiden. Tomaten überbrühen, häuten und entkernen, dabei den Saft auffangen. Das Fruchtfleisch würfeln. Zwiebeln und Knoblauch schälen, würfeln. Minze waschen, trocken schütteln, Blättchen hacken. Feta grob würfeln.

2 Zwiebeln im Öl in 5–6 Min. glasig schmoren. Knoblauch 1 Min. mitschmoren. Bohnen, Brühe und Tomatensaft zugeben. Zucker untermischen, salzen und pfeffern. Abgedeckt 10 Min. köcheln lassen. Tomatenstücke zugeben, nach 5 Min. den Feta. Nach 3 Min. Tomatenmark in die Sauce einrühren. Köcheln, bis die Bohnen gar, der Käse gerade angeschmolzen und die Sauce sämig ist. Mit Minze bestreuen.

VARIANTE MIT PETERSILIE & PINIENKERNEN
Minze durch glatte Petersilie ersetzen, statt Schafskäse 60 g trocken geröstete Pinienkerne darüberstreuen.

Gefüllte Tomaten säuerlich-frisch

ZUBEREITUNG: CA. 45 MIN. | KÜHLEN: CA. 2 STD.
PRO PORTION: CA. 200 KCAL | FÜR 4 PERSONEN

50 g Instant-Bulgur
80–100 g glatte Petersilienblättchen
15–20 g Minzeblättchen | 6 Frühlingszwiebeln
8 Fleischtomaten (à 120–150 g) | Salz
4 EL Zitronensaft | Pfeffer aus der Mühle
4 EL Olivenöl

1 Bulgur nach Packungsangabe zubereiten und abkühlen lassen. Petersilie, Minze und Frühlingszwiebeln waschen, trocknen und sehr fein hacken.

2 Tomaten waschen, einen Deckel abschneiden und aushöhlen. Umgedreht auf Küchenpapier abtropfen lassen. Tomatendeckel und ausgehöhltes Fruchtfleisch würfeln, salzen.

3 Zitronensaft, Salz, Pfeffer und Olivenöl verrühren. Bulgur, Kräuter, Zwiebeln und Tomatenwürfel untermischen. Tomaten innen salzen, mit der Bulgurmasse füllen und 2 Std. kühl stellen.

Gefüllte Tomaten würzig-sahnig

ZUBEREITUNG: CA. 45 MIN. | BACKEN: CA. 20 MIN.
PRO PORTION: CA. 410 KCAL | FÜR 4 PERSONEN

8 Fleischtomaten (à 120–150 g)
100 g Schinkenspeck | 400 g Putenfleisch
1 EL Butterschmalz | 2 Scheiben Vollkorntoast
200 g Schmand | 1/2 Bund gehackte Petersilie
Salz | weißer Pfeffer aus der Mühle | Muskatnuss
Fett für die Form | 125–250 ml Brühe

1 Tomaten waschen, einen Deckel abschneiden und aushöhlen. Umgedreht auf Küchenpapier abtropfen lassen. Speck und Fleisch fein würfeln. Backofen auf 180° (Umluft 160°) vorheizen.

2 Speck in Butterschmalz anbraten. Fleisch unter Rühren 4–5 Min. mitbraten. Brot zerkrümeln und 1–2 Min. mitbraten. Schmand und Petersilie einrühren. Die Fleischmasse mit Salz, Pfeffer und Muskatnuss würzen und in die Tomaten füllen. Die Deckel auflegen.

3 Tomaten in eine gefettete Auflaufform setzen, die Brühe angießen. Zugedeckt im Ofen 15–20 Min. backen.

Gefüllte Tomaten mit Feta & Oliven

ZUBEREITUNG: CA. 45 MIN. | BACKEN: CA. 20 MIN.
PRO PORTION: CA. 570 KCAL | FÜR 4 PERSONEN

8 Fleischtomaten (à 120–150 g) | 2 Scheiben Vollkorntoast
80 g schwarze Oliven | 150 g Schafskäse (Feta)
1 Zwiebel | 2–3 Knoblauchzehen
3 EL Öl | 400 g Rinderhack
50 g grob gehackte blanchierte Mandeln
1 Bund gehackte glatte Petersilie | 1/2 Bund gehackter Thymian
Salz | Pfeffer aus der Mühle | Fett für die Form | 125–250 ml Brühe

1 Tomaten waschen, einen Deckel abschneiden und aushöhlen. Umgedreht auf Küchenpapier abtropfen lassen. Brot rösten. Brot, Oliven und Schafskäse klein würfeln. Backofen auf 180° (Umluft 160°) vorheizen.

2 Zwiebel und Knoblauch schälen und hacken. Zwiebel im Öl weich schmoren. Knoblauch 1 Min. mitschmoren. Rinderhack zugeben und krümelig braten. Brot, Oliven, Schafskäse, Mandeln und Kräuter unterrühren. Mit Salz und Pfeffer würzen und in die Tomaten füllen. Die Deckel auflegen. Tomaten in eine gefettete Auflaufform setzen, Brühe angießen. Zugedeckt im Ofen 15–20 Min. backen.

Gefüllte Tomaten mit Knoblauch

ZUBEREITUNG: CA. 45 MIN. | BACKEN: CA. 20 MIN.
PRO PORTION: CA. 685 KCAL | FÜR 4 PERSONEN

8 Fleischtomaten (à 120–150 g) | 4 Scheiben Vollkorntoast
3 Zwiebeln | 3 Knoblauchzehen
4 EL Öl | 400 g gewürfelte Zucchini
1–2 fein gehackte grüne Chilischoten
80 g geröstete Pinienkerne | 1 Bund gehackte Petersilie
Salz | Pfeffer aus der Mühle | Kreuzkümmel
Fett für die Form | 125–250 ml Brühe | 8 Scheiben Cheddar

1 Tomaten waschen, einen Deckel abschneiden und aushöhlen. Umgedreht abtropfen lassen, Deckel würfeln. Brot rösten und zerkrümeln. Backofen auf 180° (Umluft 160°) vorheizen.

2 Zwiebeln und Knoblauch schälen und hacken. Zwiebel im Öl weich schmoren. Knoblauch und Zucchini 2–3 Min. mitschmoren. Brotkrümel, Chilis, Pinienkerne, Petersilie und Tomatenwürfel unterrühren. Mit Salz, Pfeffer und Kreuzkümmel würzen. In die Tomaten füllen. Tomaten in eine gefettete Auflaufform setzen, Brühe angießen. Zugedeckt im Ofen 15–20 Min. backen. Kurz vor Ende der Garzeit je 1 Käsescheibe auflegen.

Ob vegetarisch oder mit Fleisch, ob überbacken oder gut gekühlt – mit ihrem zart-säuerlichen Aroma sind Tomaten offen für ganz verschiedene Füllungen.

Gefüllte Gemüseblätter und -knollen wecken Neugier: Was steckt wohl drin? Mit diesem Gericht überraschen Sie gleich doppelt: Die Kohlrabi bieten Raum für eine vegetarische Grünkern-Gemüse-Füllung mit feiner Estragonnote, die Blätter umhüllen einen majoranwürzigen Hackfleischteig.

Gefüllte Kohlrabi mit Blätterröllchen

Schöne Kohlrabiblätter wegwerfen? Nein, lieber füllen und mitgaren. Ein wahrer Genuss.

ZUBEREITUNG: CA. 50 MIN.
GAREN: CA. 45 MIN.
PRO PORTION: CA. 355 KCAL
FÜR 4 PERSONEN

4 große Kohlrabi mit schönen Blättern
Salz | 2 Zwiebeln
3 EL Pflanzenöl
100 g Grünkernschrot
200 ml Gemüsebrühe
2 kleine zarte Möhren
1 EL getrocknete Steinpilze
2 EL Ricotta
2 TL gehackter Estragon
schwarzer Pfeffer aus der Mühle
1/2 Brötchen vom Vortag
150 g gemischtes Hackfleisch
1 EL gehackter Majoran
300 g reife Tomaten
300 ml kräftiger Gemüsefond

1 Von den Kohlrabi 12 schöne große Blätter ablösen, dicke Blattrippen glatt schneiden. Die Knollen schälen, dabei das obere Ende mit den zarten Blättern glatt abschneiden, zurückbehalten. Die Knollen von der Wurzelseite her mit einem Kugelausstecher aushöhlen, in kochendem Salzwasser etwa 20 Min. vorgaren. Die Knollen herausheben und mit der Höhlung nach unten abtropfen lassen.

2 Die Kohlrabiblätter im kochenden Wasser etwa 10 Min. überbrühen. Herausheben, kalt abschrecken und ausgebreitet abtropfen lassen. Die Zwiebeln schälen und fein hacken. 1 EL Öl erhitzen und ein Drittel der Zwiebelwürfel darin glasig dünsten. Grünkernschrot einstreuen und 30 Sek. anrösten. Brühe zugießen und einmal aufkochen lassen. Bei schwacher Hitze leise köcheln lassen, bis die Flüssigkeit fast verkocht ist.

3 Möhren schälen und ganz klein würfeln. Pilze fein zerbröseln. Beides mit Ricotta und Estragon unter die Grünkernmasse rühren, mit Salz und Pfeffer abschmecken, beiseitestellen.

4 Das Brötchen in kaltem Wasser kurz einweichen. Fest ausdrücken, mit einem Drittel gehackter Zwiebel und dem Hackfleisch vermischen. Mit Majoran, Salz und Pfeffer kräftig würzen. Tomaten kurz überbrühen, häuten und entkernen, das Fruchtfleisch klein würfeln.

5 Auf jedes Kohlrabiblatt 1 EL Hackmasse geben und aufrollen, dabei die Ränder nach innen schlagen. Die Kohlrabiknollen mit der Grünkernmischung füllen. In einem breiten Schmortopf das restliche Öl erhitzen, übrige Zwiebelwürfel darin andünsten. Kohlrabi und Blätterröllchen (Nahtstelle nach unten) hineinsetzen, Tomatenwürfel dazwischen verteilen, Gemüsefond angießen. Mit Salz und Pfeffer abschmecken, zugedeckt bei schwacher Hitze etwa 45 Min. garen.

6 Kohlrabi und Röllchen auf Tellern anrichten. Mit der Schmorsauce umgießen, mit den Kohlrabienden garnieren. Dazu passt Reis.

MEDITERRANE VARIANTE
Für eine mediterrane Note Grünkernschrot mit gehackten Thymianblättchen, die Hackfleischmischung mit Oregano würzen. Noch 2 EL fein geschnittene Basilikumblätter in die Sauce rühren.

Pilze – vier Mal variiert

Steinpilze mit Petersilie

ZUBEREITUNG: CA. 30 MIN.
PRO PORTION: CA. 155 KCAL
FÜR 4 PERSONEN

750 g Steinpilze
1 Bund Petersilie | 3 Schalotten
50 g Butter | 2 EL Pflanzenöl
Salz | schwarzer Pfeffer aus der Mühle
einige Tropfen Zitronensaft

1 Die Pilze trocken säubern und längs halbieren. Madenbefallene Pilze wegwerfen, die anderen in Scheiben schneiden. Petersilie waschen, trocken schütteln und die Blättchen fein hacken. Schalotten schälen und klein würfeln.

2 In einer Pfanne Butter und Öl stark erhitzen. Die Pilzscheiben darin auf einer Seite anbräunen. Wenden und mit den Schalotten bestreuen. Alles leicht bräunen lassen. Die Petersilie untermischen, salzen, pfeffern und mit Zitronensaft beträufeln.

Pfifferlinge mit Thymian

ZUBEREITUNG: CA. 30 MIN.
PRO PORTION: CA. 195 KCAL
FÜR 4 PERSONEN

400 g Pfifferlinge | 500 g Tomaten
75 g durchwachsener Speck | 2 EL Pflanzenöl | 1 EL Thymianblättchen
Salz | schwarzer Pfeffer aus der Mühle

1 Die Pilze trocken säubern und längs halbieren. Tomaten überbrühen, häuten und entkernen. Das Fruchtfleisch in Würfel schneiden. Speck klein würfeln.

2 Das Öl in einer Pfanne erhitzen und den Speck darin auslassen. Pfifferlinge zugeben und bei starker Hitze kurz anbraten. Tomatenwürfel zugeben und unter Rühren dünsten, bis sie zerfallen.

3 Thymianblättchen untermischen und die Pfifferlinge mit Salz und Pfeffer würzen.

Austernpilze mit Zitronenverbene

ZUBEREITUNG: CA. 30 MIN.
PRO PORTION: CA. 165 KCAL
FÜR 4 PERSONEN

750 g Austernpilze
1 Handvoll Zitronenverbenenblätter | 2 Knoblauchzehen
50 g Butter | 2 EL Pflanzenöl
Salz | schwarzer Pfeffer aus der Mühle
3 EL Zitronensaft

1 Die Pilze trocken säubern, harte Wurzelansätze abschneiden. Kleine Pilze ganz lassen, größere längs halbieren. Zitronenverbene waschen und in Streifen schneiden. Knoblauch schälen und fein hacken.

2 In einer Pfanne Butter und Öl stark erhitzen. Die Pilze erst auf der glatten Seite anbräunen, dann wenden, Knoblauch und Zitronenverbene zugeben. Pilze auch auf der zweiten Seite leicht bräunen. Salzen, pfeffern und mit Zitronensaft beträufeln.

Champignons mit Minze

ZUBEREITUNG: CA. 30 MIN.
PRO PORTION: CA. 175 KCAL
FÜR 4 PERSONEN

500 g Champignons | 2 Sardellen in Lake (Glas)
3 Zweige Marokkanische Minze | 1/2 Bund glatte Petersilie
50 g Butter | 2 EL Pflanzenöl
Salz | schwarzer Pfeffer aus der Mühle
2–3 EL Weißwein

1 Die Pilze trocken säubern. Kleine Pilze ganz lassen, größere halbieren. Sardellen abspülen und fein hacken. Minze und Petersilie waschen, die Blättchen abzupfen und getrennt fein hacken.

2 In einer Pfanne Butter und Öl stark erhitzen. Die Pilze darin bei starker Hitze braten und leicht bräunen. Sardellen und Minze zugeben, salzen und pfeffern. Mit Wein beträufeln, kurz erhitzen und mit Petersilie bestreuen.

Kichererbsenbällchen (Falafel)

In Israel und benachbarten Ländern sind die frittierten Kichererbsenbällchen ein beliebter Snack, klassisches Streetfood. Zum Sattessen braucht's dann nicht mehr als einen bunten Salat und frisches Fladenbrot.

ZUBEREITUNG: CA. 45 MIN.
QUELLEN: CA. 16 STD.
PRO PORTION: CA. 570 KCAL
FÜR 4 PERSONEN

FÜR DIE FALAFEL

250 g getrocknete Kichererbsen
2 Frühlingszwiebeln
2 Knoblauchzehen
1 rote Chilischote
60 g Hartweizengrieß
3 EL geschnittenes Koriandergrün
2 EL gehackte Marokkanische Minze
80–100 g Kichererbsenmehl
1 TL gem. Kreuzkümmel
Salz | schwarzer Pfeffer aus der Mühle
Pflanzenöl zum Frittieren

FÜR DIE TAHINI-SAUCE

100 g Tahini (Sesampaste)
4 EL Zitronensaft
3 EL Vollmilchjoghurt (3,5 % Fett)
2 Knoblauchzehen
1–2 Prisen Zucker
1 EL fein geschnittenes Koriandergrün

ZUM GARNIEREN

1 Bund glatte Petersilie
Zitronenachtel

1 Die Kichererbsen in reichlich kaltem Wasser mindestens 15 Std., am besten über Nacht, einweichen. Dann in einem Sieb überbrausen und gut abtropfen lassen. Die Kichererbsen fest zwischen den Händen reiben, bis sich die harten Schalen lösen. Schalen entfernen.

2 Die Frühlingszwiebeln putzen, waschen und in Stücke schneiden. Knoblauch schälen und grob würfeln. Chilischote aufschlitzen, entkernen und waschen, die Schote klein würfeln. Die Kichererbsen mit Grieß, Frühlingszwiebeln, Knoblauch, Chiliwürfeln, Koriandergrün und Minze durch den Fleischwolf (feine Scheibe) drehen oder im Blitzhacker nicht zu fein pürieren. Die Masse mit 80 g Kichererbsenmehl vermischen, mit Kreuzkümmel, Salz und Pfeffer würzen. Gut verkneten und zugedeckt 1 Std. im Kühlschrank quellen lassen.

3 Für die Sauce das Tahini im Glas cremig rühren und die benötigten 100 g davon in eine Schüssel füllen. Mit Zitronensaft, Joghurt und 4–6 EL Wasser zu einer glatten Sauce verrühren. Den Knoblauch schälen und dazupressen, die Sauce mit Salz, Pfeffer und 1 guten Prise Zucker abschmecken. Mit Koriandergrün bestreuen.

4 Den Backofen auf 75° (Umluft 60°) vorheizen. Den Kichererbsenteig noch einmal gut durchkneten. Wenn er zu weich ist, noch etwas Kichererbsenmehl zugeben. Aus dem Teig etwa 40 gut walnussgroße Bällchen formen.

5 In einer hohen Pfanne oder in einer Fritteuse reichlich Öl auf 170° erhitzen (oder bis sich an einem eingetauchten Holzstäbchen Bläschen bilden). Die Falafel darin portionsweise in 5–7 Min. rundum goldbraun ausbacken. Fertige herausheben, auf Küchenpapier entfetten, im Backofen warm halten. Falafel anrichten, mit Petersilienzweigen und Zitronenachteln garnieren und mit der Tahini-Sauce servieren.

GRIECHISCHE VARIANTE

200 g mehligkochende Kartoffeln garen, pellen und zerstampfen. Eingeweichte Kichererbsen pürieren, mit dem Kartoffelpüree vermischen und mit je 1 TL getrockneter Minze, Thymian und Oregano würzen, mit Salz und Pfeffer abschmecken. Etwas größere Kugeln formen, leicht flach drücken und in einer Pfanne in Olivenöl beidseitig braten.

Frische orientalische Kräuter und wärmende Würzen in kleinen Knusperkugeln, dazu noch der nussige Tahini-Dip – und Sesam öffnet sich …

Rote Linsen mit Knoblauch und Ingwer

Dieses eher dickliche Püree passt zu gedünstetem Gemüse, z. B. zu Blumenkohl, und eignet sich als vegetarische Füllung für Gemüsezwiebeln oder Kohlrabi. Es schmeckt auch hervorragend zu Pasta. Dann den Joghurt durch Sahne ersetzen.

ZUBEREITUNG: CA. 1 STD.
PRO PORTION: CA. 255 KCAL
FÜR 4 PERSONEN

3 Zwiebeln (200 g)
1 Stück frischer Ingwer (40 g)
2 Knoblauchzehen
2 Stangen Staudensellerie
1 Bund glatte Petersilie
1 TL Koriandersamen
1/2 TL Senfkörner
1/2 TL Kreuzkümmel
1 TL Kurkuma
Cayennepfeffer
1 EL Öl
200 g rote Linsen
500 ml heiße Brühe oder etwas mehr
150 g Vollmilchjoghurt (3,5 % Fett)
Salz | schwarzer Pfeffer aus der Mühle
Orangenkoriander (Seite 56) aus der Mühle

1 Zwiebeln, Ingwer und Knoblauch schälen und fein würfeln. Stangensellerie entfädeln und klein würfeln. Petersilie waschen, trocken schütteln und fein streifig schneiden. Koriander-, Senf- und Kreuzkümmel trocken rösten, bis sie duften. Abkühlen lassen und mit Kurkuma und 1 Prise Cayennepfeffer mischen.

2 Zwiebeln im Öl in 4–5 Min. glasig dünsten, Ingwerwürfel dazugeben, 2–3 Min. weiterschmoren. Knoblauch zugeben, 1 Min. mitschmoren. Selleriewürfel zugeben, noch 2 Min. schmoren. Linsen zugeben, mit so viel heißer Brühe aufgießen, dass sie knapp bedeckt sind.

3 Gewürzmischung einrühren. Deckel auflegen, Hitze reduzieren. Linsen in 20 Min. weich garen. Joghurt unter die Linsen mischen, nicht mehr kochen. Mit Salz und Pfeffer abschmecken. Orangenkoriander darübermahlen. Mit Petersilie bestreuen.

TIPP Schneller geht es mit Karibischer Currymischung (Seite 60).

VARIANTEN
Die Gewürzmischung durch Garam Masala (fertig gekauft oder Rezept von Seite 57) ersetzen. Der Joghurt kann auch einmal durch Sahne oder Kokosmilch ersetzt werden und die Petersilie durch Korianderblättchen.

Die mit Kurkuma vermischten Gewürzsamen kommen im Ganzen in die Linsen.

Linsen und Brühe erst zugeben, nachdem der Sellerie kurz angeschmort wurde.

Topf von der Kochstelle nehmen, erst dann den Joghurt zugeben, sonst flockt er aus.

Weiße Bohnen mit Apfel-Speck-Stippe

Säuerliche Äpfel, süßliche Zwiebeln und würzig-salziger Speck zu sanft-weichen Bohnen: eins der liebsten Gerichte aus Kindertagen.

ZUBEREITUNG: CA. 1 STD. 15 MIN.
EINWEICHEN: 8 STD.
PRO PORTION: CA. 700 KCAL
FÜR 4 PERSONEN

500 g getrocknete weiße Bohnenkerne
3 säuerliche Äpfel (500 g)
Salz | schwarzer Pfeffer aus der Mühle
Piment aus der Mühle
2 kleine Zwiebeln (150 g)
200 g durchwachsener Speck in Scheiben

1 Bohnenkerne mindestens 8 Std. oder über Nacht in kaltem Wasser einweichen. Abspülen, mit 800 ml kaltem Wasser aufkochen und zugedeckt bei schwacher Hitze in 1–1 1/4 Std. weich köcheln lassen. Äpfel schälen, Kerngehäuse entfernen und in schmale Spalten schneiden. Etwa 30 Min. vor Ende der Garzeit zugeben. Bei Bedarf wenig Wasser nachgießen, es sollte am Ende der Garzeit fast aufgebraucht sein. Die Bohnen salzen, pfeffern und mit Piment abschmecken.

2 Für die Speck-Stippe Zwiebeln schälen und in Spalten schneiden. Speck in einer beschichteten Pfanne ohne Fett bei mittlerer Hitze auslassen. Zwiebeln zugeben und schmoren, bis sie goldbraun sind und der Speck knusprig ist. Brutzelnd heiß über die warmen Bohnen geben.

MEDITERRANE VARIANTE
Zum Kochwasser 2 EL Olivenöl, 2 zerdrückte Knoblauchzehen sowie 8–10 klein geschnittene frische Salbeiblätter geben. Das Gericht mit 1–2 EL Olivenöl beträufeln, salzen und pfeffern. Kleine Salbeiblätter und 1–2 gehackte Knoblauchzehen in Olivenöl knusprig braten, über die Bohnen geben. Fein zu Lammkoteletts und frischem Baguette.

Dieses Gericht aus orientalischen Zutaten und Gewürzen kann entweder als vegetarisches Hauptgericht oder als Beilage serviert werden, z. B. zu Lammkoteletts. Dazu passt ein typisch orientalischer Minztee.

Kichererbsen mit Blattspinat

Süße Kichererbsen und herber Spinat verbinden sich hier mit orientalischen Gewürzen zu einem köstlichen vegetarischen Gericht, das mit Crème fraîche und frischer Minze gekrönt und stilecht mit Fladenbrot serviert wird.

ZUBEREITUNG: CA. 45 MIN.
PRO PORTION: CA. 435 KCAL
FÜR 4 PERSONEN

2 Zwiebeln (150 g)
3 Knoblauchzehen
2 Dosen Kichererbsen (à 265 g Abtropfgewicht)
2 EL Olivenöl
2 TL Kreuzkümmel
500 g stückige Tomaten (Tetrapack)
2 TL Kurkuma
2 TL gem. Koriander
1 TL Delikatesspaprika
2 EL Tomatenmark
frische Minze
600 g TK-Blattspinat
Salz
150 g Crème fraîche

1 Zwiebeln und Knoblauch schälen. Kichererbsen gründlich abspülen und dabei etwas rubbeln. Die sich dabei lösenden Häutchen entfernen. Die Zwiebeln fein hacken und im Olivenöl in 4–5 Min. glasig schmoren. Kreuzkümmel 2 Min. mitschmoren, Knoblauch dazupressen und alles noch 1 Min. weiterschmoren.

2 Zwiebel-Knoblauch-Mischung mit den Tomaten ablöschen. Gewürze und das Tomatenmark unterrühren. Kichererbsen zu den Tomaten geben, 10 Min. leicht köcheln lassen. Inzwischen die Minze waschen, trocken schütteln, die Blättchen abzupfen und hacken, 2 EL abmessen.

3 Den Blattspinat in einem zweiten Topf nach Packungsangabe garen. Auf einem Sieb abtropfen lassen, gut ausdrücken, salzen und unter die Kichererbsen heben. Auf jede Portion 1 Löffel Crème fraîche geben. Mit der Minze bestreuen.

VARIANTEN

1. Mit Curry: Die Gewürze durch 2 EL Currypulver ersetzen und anstelle der Tomaten 200 g Schmand und zum Schluss nach Belieben 150 g Joghurt einrühren. Mit Koriandergrün bestreuen.
2. Mit Safran: Die Gewürze durch 1/2 TL zerriebene Safranfäden ersetzen.
3. Mit Harissa: Wenn man das Delikatesspaprika durch 1/2–1 TL Harissa (Seite 61) ersetzt, erhält das Gericht eine rasante Schärfe.
4. Mediterran: 100 g durchwachsenen Speck ohne Schwarte klein würfeln und im Öl anbraten, Zwiebel und Knoblauch dazugeben und wie beschrieben glasig dünsten. Kreuzkümmel und Gewürze weglassen, die Tomaten-Mischung mit dem Tomatenmark sowie mit Salz und Pfeffer würzen. Mit den Kichererbsen 50 g Rosinen und 1 Stück Bio-Zitronenschale zugeben. Zitronenschale vor dem Servieren entfernen.

Bohnen-Kartoffel-Pfanne

Bohnenkraut und grüne Bohnen – ein klassisches Duo. Mit Kartoffeln und Cocktailtomaten wird daraus ein stimmiges Quartett.

ZUBEREITUNG: CA. 35 MIN.
GAREN: CA. 30 MIN.
PRO PORTION: CA. 265 KCAL
FÜR 4 PERSONEN

500 g festkochende Kartoffeln
250 g grüne Bohnen (Keniabohnen)
1 kleines Bund Bergbohnenkraut
(oder 1/2 Bund Bohnenkraut mit ein paar Zweigen Thymian gemischt)
Salz | 150 g Schafskäse (Feta)
1–2 Knoblauchzehen
1/2 Bund Petersilie
100 g Cocktailtomaten
Pfeffer aus der Mühle
4 EL Olivenöl

1 Am besten am Vortag die Kartoffeln waschen und in der Schale in 25–30 Min. weich kochen. Abgießen und abkühlen lassen.

2 Die Bohnen waschen und abtropfen lassen. Die Enden abschneiden, Bohnen – falls nötig – in Stücke schneiden. Bohnenkraut waschen. Inzwischen reichlich Wasser aufkochen und salzen. Bohnen darin mit 3–4 Stängeln Bohnenkraut in 4–6 Min. bissfest blanchieren. Abgießen und eiskalt abschrecken. Bohnenkraut entfernen.

3 Kartoffeln pellen, halbieren. Hälften längs in 3–4 Spalten schneiden. Käse würfeln. Knoblauch schälen und hacken. Blättchen vom übrigen Bohnenkraut abstreifen, fein hacken. Petersilie waschen und hacken. Die Tomaten waschen, halbieren. Mit Salz, Pfeffer, Schafskäse, 2 EL Öl, 2 EL Petersilie und 1 guten Prise gehacktem Bohnenkraut vermischen.

4 Restliches Olivenöl in einer großen Pfanne erhitzen. Kartoffeln darin nebeneinander bei mittlerer bis starker Hitze in 2–3 Min. braun braten. Bohnen dazugeben und 2–3 Min. unter Rühren mitbraten. Mit Pfeffer, Salz und etwas gehacktem Bohnenkraut würzen, dann die Cocktailtomaten und den Schafskäse dazugeben. Alles noch 2–3 Min. weiterbraten, dabei einmal wenden. Mit der restlichen Petersilie und dem übrigen Bohnenkraut bestreuen. In der Pfanne servieren.

VARIANTE MIT ZWIEBELN & ROSMARIN

Statt der Bohnen 1 dicke Gemüsezwiebel schälen, halbieren und in sehr feine Streifen schneiden. 2 Zweige Rosmarin waschen, Nadeln abstreifen und fein hacken. Zwiebelstreifen mit Rosmarin in 2 EL Olivenöl weich dünsten, dann aus der Pfanne nehmen. Kartoffeln braun braten. Zwiebelstreifen, Schafskäsewürfel und 3 EL schwarze Oliven dazugeben. Alles mit Salz und Cayennepfeffer würzen.

Die Stielansätze der Bohnen mit einem kleinen Gemüsemesser abknipsen.

Vom Bohnenkraut die Blättchen abstreifen oder – besonders zarte – abzupfen.

Kartoffeln, Bohnen, dann Tomaten und Käse nacheinander zugeben und braten.

Kidneybohnen mit Epazote

Bei Tex-Mex-Bohnengerichten kann man sich leicht an das ganz eigene Aroma von Epazote gewöhnen.

ZUBEREITUNG: CA. 30 MIN.
PRO PORTION: CA. 430 KCAL
FÜR 4 PERSONEN

2 grüne Paprikaschoten
4 Zwiebeln
2 Knoblauchzehen
1 EL Pflanzenöl
500 g Rinderhackfleisch
4 Stängel Epazote
125 ml Fleischbrühe
2 Dosen Kidneybohnen (à 225 g)
1 große Dose geschälte Tomaten (800 ml)
1–3 EL Chili-Gewürzmischung (Fertigprodukt)
Tabasco | Salz

1 Die Paprikaschoten halbieren, putzen, waschen und klein würfeln. Zwiebeln und Knoblauch schälen, grob hacken. Pflanzenöl erhitzen, das Hackfleisch zugeben und bei starker Hitze kurz anbraten, dabei zerkrümeln. Die Hitze verringern, Zwiebeln, Knoblauch und Paprika zugeben und braten, bis die Zwiebeln goldgelb sind.

2 Epazote waschen, die Blätter abzupfen und beiseitelegen. Die Stängel mit der Brühe zur Hackmischung geben, 15 Min. zugedeckt schmoren lassen. Die Bohnen abgießen, abspülen und abtropfen lassen. Mit den Tomaten unter die Hackmischung rühren, die Epazotestängel entfernen. Bohnen mit Chili-Gewürzmischung und Tabasco scharf abschmecken. Noch 5 Min. erhitzen. Epazoteblätter grob hacken. Die Bohnen mit Salz abschmecken, mit Epazote bestreut servieren.

VARIANTE MIT ZITRONENTHYMIAN
Am ehesten lässt sich das bitterscharfe, herbfrische Aroma der Epazote mit 2 EL frischen Zitronenthymianblättchen und 2 Zweigen gehackten Gundermannblättchen nachempfinden. Dazu nach Belieben etwas geriebene Zitronenschale – oder Zitronenmelisse, die aber anders schmeckt.

Ob Rotbarsch, Kabeljau oder Lachs – zarter Fisch tummelt sich gern in würzigen Saucen. Oder das Fischfleisch verbirgt sich unter knusprigen Kräuterkrusten. Mal klassisch mit Dill, mal mediterran mit Lorbeer, mal orientalisch mit Minze – auf jeden Fall immer ein Geschmackserlebnis, das sich gekräutert hat!

FISCH & MEERESFRÜCHTE

Knusperfisch mit Dillremoulade

Warum eigentlich nur freitags? Knusprig umhüllt und würzig gedippt schmeckt saftiger Fisch an jedem Wochentag. Und auch allen, die sonst lieber Fleisch essen.

ZUBEREITUNGSZEIT: CA. 35 MIN.
PRO PORTION: CA. 475 KCAL
FÜR 4 PERSONEN

FÜR DEN KNUSPERFISCH

600 g dicke Fischfilets (z. B. Rotbarsch)
Meersalz | Pfeffer aus der Mühle
1 EL Zitronensaft
100 g Mehl
1 Ei (Größe M)
130 ml helles Bier
ca. 150 ml Pflanzenöl zum Ausbacken

FÜR DIE DILLREMOULADE

1 hart gekochtes Ei
300 g Joghurt
1 kleines Bund Dill
1/2 Bund Schnittlauch
4 Cornichons (Glas)
1 TL Kapern
2 Sardellenfilets (Glas)
Meersalz | Pfeffer aus der Mühle
1–2 TL Zitronensaft

1 Beim Fischfilet eventuelle Gräten mit einer Pinzette herausziehen. Fischfilet waschen, trocken tupfen und in Portionsstücke schneiden. Mit Zitronensaft beträufeln, salzen, pfeffern und ruhen lassen. Für den Ausbackteig das Mehl in eine Schüssel sieben. Das Ei trennen. Eiweiß kühl stellen. Eigelb mit dem Bier und 1 kräftigen Prise Salz zum Mehl geben. Alles zu einem glatten Teig verrühren. Schüssel abdecken und Teig etwa 20 Min. ruhen lassen.

2 Inzwischen für die Dillremoulade das Ei pellen und halbieren. Das Eigelb in einer Schüssel zerdrücken und mit dem Joghurt glatt rühren. Eiweiß sehr fein hacken. Dill und Schnittlauch waschen und trocken schütteln. Dillspitzen hacken, Schnittlauch in feine Röllchen schneiden. Cornichons und Kapern ebenfalls fein hacken. Sardellenfilets abwaschen und klein hacken. Alles mit dem Joghurt verrühren und mit Salz, Pfeffer und Zitronensaft abschmecken.

3 Das Eiweiß steif schlagen, unter den Teig heben. Das Öl in einer großen Pfanne oder in zwei Pfannen erhitzen. Die Fischstückchen mit einer Gabel durch den Teig ziehen und sofort ins heiße Öl geben. Je nach Dicke von jeder Seite in 4–6 Min. goldbraun braten. Den Knusperfisch mit der Dillremoulade servieren. Dazu passen knusprige Bratkartoffeln oder Kartoffelsalat.

VARIANTEN
1. Mit Gartenkräutern: Die Remoulade statt mit Dill mit einer Mischung aus Petersilie, Estragon und Kerbel verrühren.
2. Mit Korianderdip: Statt Remoulade einen Asia-Dip zum Knusperfisch servieren. Dazu 1 kleines Stück Ingwer (etwa 2 cm) sehr fein hacken oder durch die Knoblauchpresse drücken. Mit 4 EL Öl, 2 EL süßer Chilisauce, 4 EL Sojasauce und 2 EL frisch gehacktem Koriandergrün verrühren. Fischfilets vor dem Panieren mit etwas Sojasauce und Limettensaft marinieren.

Fischsauce mit Pinienkernen

ZUBEREITUNG: CA. 10 MIN.
PRO PORTION: CA. 295 KCAL
FÜR 4 PERSONEN

100 g Pinienkerne | 2 Scheiben Toastbrot
2 fein gehackte Knoblauchzehen
2 TL fein gehackte Schale von 1 Bio-Zitrone
2 EL Olivenöl | ca. 350 ml heiße Brühe
1–2 EL Zitronensaft | Salz | Pfeffer aus der Mühle
grüner Tabasco | 3 EL gehackte Petersilie

1 Die Pinienkerne in einer Pfanne ohne Fett leicht rösten. Dann fein mahlen. Toastbrot zerkrümeln und ebenfalls rösten.

2 Knoblauch und Zitronenschale im Olivenöl anschmoren. Brot und Pinienkerne 2 Min. mitrösten. So viel Brühe angießen, dass eine sämige Sauce entsteht.

3 Mit Zitronensaft, Salz, Pfeffer und grünem Tabasco würzen. Die Petersilie untermischen. Sauce zu gebratenem Rotbarsch oder anderem Fisch servieren.

Fischsauce mit Hummer & Krabben

ZUBEREITUNG: CA. 10 MIN.
PRO PORTION: CA. 75 KCAL
FÜR 4 PERSONEN

1 Würfel Hummersuppe (40 g) | ca. 65 ml Brühe
2 EL trockener Wermut (z. B. Noilly Prat, oder trockener Sherry)
2 EL Sahne | weißer Pfeffer aus der Mühle | Cayennepfeffer
1 Spritzer Zitronensaft | 100 g Krabbenfleisch
Dillspitzen

1 Die Hummersuppe nach Packungsangabe mit der Brühe zubereiten. Wermut und Sahne einrühren und nochmals vorsichtig erhitzen. Mit Pfeffer, Cayennepfeffer und Zitronensaft kräftig abschmecken.

2 Das Krabbenfleisch unter die Sauce heben und 2 Min. darin ziehen lassen. Die Sauce mit Dillspitzen bestreuen und sofort zu gebratenem Rotbarsch oder anderem Fisch servieren.

Fischsauce mit Weißwein & Kapern

ZUBEREITUNG: CA. 50 MIN.
PRO PORTION: CA. 270 KCAL
FÜR 4 PERSONEN

250 ml trockener Weißwein
125 ml trockener Wermut (z. B. Noilly Prat)
400 ml Fischfond | 200 g Sahne
weißer Pfeffer aus der Mühle | Salz
abgeriebene Schale von 1/2 Bio-Zitrone
2–3 EL Kapern (Glas) | Schnittlauchröllchen

1 Weißwein und Wermut in einem Topf mischen und auf etwa 50 ml einkochen lassen. Fischfond zugießen und erneut auf 150 ml reduzieren.

2 Sahne zugeben, aufkochen und köcheln lassen, bis die Sauce cremig ist. Mit Pfeffer, Salz und Zitronenschale abschmecken. Kapern fein hacken und untermischen. Die Sauce mit Schnittlauchröllchen bestreuen. Sauce zu gebratenem Rotbarsch oder anderem Fisch servieren.

Heiße Kräuterbutter zu Fisch

ZUBEREITUNG: CA. 20 MIN.
PRO PORTION: CA. 395 KCAL
FÜR 4 PERSONEN

2 Bio-Zitronen | 1 Bio-Orange
3 Knoblauchzehen | 200 g Butter
je 3 EL fein gehackte Petersilie und Estragon
3 EL Schnittlauchröllchen
je 2–3 TL grob zerstoßene grüne Pfefferkörner und rosa Pfefferbeeren (Schinus) | Salz

1 Zitronen und Orangen heiß abwaschen. Die Zitronenschale mit einem Zestenreißer abziehen und fein hacken. Die Orangenschale fein abreiben. Knoblauch schälen und fein hacken.

2 Knoblauch und Zitronenschale in der Butter kurz anschmoren. Petersilie, Estragon, Schnittlauch, Orangenschale, Pfefferkörner und Pfefferbeeren unterrühren. Die Kräuterbutter leicht salzen und wenige Sekunden anschmoren. Heiß zu gebratenem Rotbarsch oder anderem Fisch servieren.

Rotbarsch gehört mit seinem festen Fleisch zu den wohlschmeckendsten Seefischen. Servieren Sie ihn leicht mehliert und kurz gebraten zu einer der vier köstlichen Saucen. Die Saucen passen natürlich auch zu anderem gebratenen Fisch.

Geschnetzeltes von Salm und Zander

Franzosen lieben Sauerampfer, der mit seiner erfrischenden Säure besonders gut zu Fisch passt. Ein schönes Frühjahrsgericht, das richtig was hermacht – perfekt, um Gäste zu beeindrucken!

ZUBEREITUNG: CA. 1 STD.
PRO PORTION: CA. 570 KCAL
FÜR 4 PERSONEN

300 g Lachsfilet ohne Haut
300 g Zanderfilet ohne Haut
Salz | weißer Pfeffer aus der Mühle
1 EL Zitronensaft
2 Platten TK-Blätterteig (150 g)
300 g frische zarte Erbsen in der Schote
100 g kleine weiße Champignons
1 Bund Sauerampfer
2 Schalotten
35 g kalte Butter
2 TL Mehl
1 Lorbeerblatt
1 kleiner Zweig Thymian
1 Streifen Bio-Zitronenschale (3 cm)
200 g Fischfond (Glas)
150 ml Weißwein
100 g Sahne
1 Eigelb

1 Fischfilets waschen. Mit Küchenpapier trocken tupfen, in Streifen schneiden, dabei eventuelle Gräten entfernen. Fischstreifen leicht salzen und pfeffern, mit 1/2 EL Zitronensaft beträufeln und zugedeckt kühl stellen. Blätterteigplatten nebeneinander auftauen lassen.

2 Die Erbsen auspalen, waschen und abtropfen lassen. Champignons trocken säubern, putzen und in Scheiben schneiden, mit dem restlichen Zitronensaft beträufeln. Sauerampfer waschen, trocken schütteln und in schmale Streifen schneiden. Die Schalotten schälen und fein hacken. Den Backofen auf 220° (Umluft 200°) vorheizen. Ein Backblech mit Backpapier belegen.

3 In einem Topf 1/2 EL Butter aufschäumen lassen und darin die Schalottenwürfel bei mittlerer Hitze in etwa 3 Min. hell andünsten. Das Mehl darüberstäuben, Lorbeerblatt, Thymianzweig und Zitronenschale zugeben. Fischfond und Wein zugießen und offen bei mittlerer Hitze etwa 10 Min. leise köcheln lassen. Die Sahne zugießen und noch etwas einkochen, bis die Sauce leicht bindet.

4 Aus den Blätterteigplatten Halbmonde ausstechen und aufs Blech setzen. Eigelb mit ein paar Tropfen Wasser verquirlen, und die Oberfläche der Halbmonde damit bestreichen. Im heißen Ofen (Mitte) in etwa 12 Min. goldbraun backen.

5 Die Sahnesauce durch ein Sieb gießen und wieder aufkochen. Die Erbsen, die Champignons und den Sauerampfer zugeben, einmal aufkochen lassen. Die Fischstreifen in die Sauce geben und in 3–4 Min. gar dünsten. Die restliche Butter in kleinen Stücken unter die Sauce rühren, mit Salz und Pfeffer abschmecken. Mit den Blätterteig-Halbmonden garniert servieren.

VARIANTE MIT WEINBERGSKNOBLAUCH
Den wilden Knoblauch mit kleinen Knollen und langen, grünen Trieben findet man in Weinbergen. In Südfrankreich wird er »Rocambole« genannt und ist auch auf Märkten zu bekommen. Statt der Schalotten 2–3 Knollen schälen und fein hacken, andünsten. Die Sauce dann mit dem fein gehackten Grün würzen.

In diesem feinen Fischgericht kommt ein Würzkraut wieder zu Ehren, das beinahe schon in Vergessenheit geraten war: Sauerampfer. Da er schmeckt, wie er heißt, harmoniert er nicht nur mit Fisch, sondern auch mit dem süßlichen Aroma von Sahne und Butter.

Gebeizter Lachs

Schon lange, bevor Sushi bei uns bekannt wurden, bewies Graved Lachs, wie unvergleichlich gut roher Fisch schmecken kann, besonders in Verbindung mit der typischen süßscharfen Dillsauce.

ZUBEREITUNG: CA. 40 MIN.
MARINIEREN: CA. 24 STD.
PRO PORTION: CA. 520 KCAL
FÜR 6 PERSONEN

FÜR DEN LACHS

1 kg Lachsfilet mit Haut (ohne Gräten) | 1 EL schwarze Pfefferkörner
1 EL Fenchelsamen | 70 g grobes Salz | 50 g Zucker
2 Bund Dill | 2 EL Wodka

FÜR DIE SAUCE

1 Bund Dill | 2 EL Weißweinessig | 2 EL Zucker | 3 EL süßer Senf
1 EL scharfer Senf | 6 EL Öl | Salz | schwarzer Pfeffer aus der Mühle

1 Lachs waschen und trocken tupfen, die beiden Filetseiten voneinander trennen. Mit einer Pinzette alle Gräten herausziehen. Pfefferkörner und Fenchelsamen im Mörser grob zerstoßen, anschließend mit Salz und Zucker mischen. Dill waschen, trocken schütteln und von den groben Stielen befreien. Die Fleischseiten der Lachsfilets mit je 1 EL Wodka beträufeln, dann mit der Hälfte der Salzmischung einreiben.

2 Ein Filet mit der Hautseite nach unten in eine flache Form legen. Den Dill darauf verteilen. Mit dem zweiten Filet abdecken (Hautseite nach oben). Lachs mit Frischfolie bedecken, darauf ein Holzbrett legen, dieses mit 2 Konservendosen beschweren. Für mindestens 24 Std. kalt stellen, dabei öfter wenden und mit dem ausgetretenen Sud begießen.

3 Für die Sauce den Dill waschen und trocken schütteln, die Spitzen hacken. Essig mit Zucker verrühren, bis er sich gelöst hat. Den Senf untermischen. Das Öl tropfenweise unterschlagen. Die Sauce mit Salz und Pfeffer abschmecken, den Dill unterheben. Zum Lachs servieren.

ASIATISCHE VARIANTE

30 g Ingwer und 2 Knoblauchzehen schälen, fein hacken. 2 kleine rote Chilis längs halbieren, Samen entfernen, die Hälften waschen und fein hacken. 1 Bund Koriandergrün abbrausen und hacken. 4 Kaffirlimettenblätter in feine Streifen schneiden. 2 Limetten heiß waschen, die Schale mit dem Zestenreißer abziehen und hacken. Alles mischen. Limetten auspressen, die Fleischseiten des Lachses mit 3 EL Saft beträufeln. 60 g braunen Zucker mit 50 g Salz mischen, Fleischseiten damit einreiben. Würzmischung auf eine Lachsseite häufen, mit der anderen abdecken. Dazu passt ein Dip aus Wasabi und Sojasauce.

Mit einer Pinzette kann man auch feinste Gräten im Ganzen aus dem Filet ziehen.

Der Zucker in der Gewürzmischung intensiviert das Aroma von Fenchel und Dill.

Der würzig-zarte Lachs ist so köstlich, dass selten etwas übrig bleibt – was eigentlich schade ist, denn mit jungen Pellkartoffeln und dem Sahnedressing von Seite 92 wird daraus ein richtig guter Salat.

Kabeljau mit Dill & Meerrettich

ZUBEREITUNG: CA. 40 MIN.
PRO PORTION: CA. 270 KCAL
FÜR 4 PERSONEN

800 g Kabeljaufilet | 4 EL Zitronensaft
Salz | Pfeffer aus der Mühle | Öl für die Form
1 dickes Bund Dill | 1 Stück frischer Meerrettich (2–3 cm)
40 g weiche Butter | 1 Eiweiß | 3–4 EL Semmelbrösel

1 Backofen auf 200° (Umluft 180°) vorheizen. Fisch waschen, trocken tupfen, mit 2 EL Zitronensaft beträufeln, salzen und pfeffern. In Portionsstücke schneiden und in eine geölte Auflaufform setzen.

2 Dill waschen, trocken schütteln und die Spitzen fein hacken. Meerrettich schälen, fein raspeln. Sofort mit 2 EL Zitronensaft und dem Dill vermischen. Butter mit etwas Salz und Pfeffer schaumig rühren, das Eiweiß und die Meerrettichmischung einrühren. Semmelbrösel unterheben, sodass eine streichfähige Paste entsteht.

3 Den Fisch mit der Paste bestreichen und im Ofen (Mitte) je nach Dicke 15–20 Min. überbacken.

Kabeljau mit Minze & Mandeln

ZUBEREITUNG: CA. 35 MIN.
PRO PORTION: CA. 270 KCAL
FÜR 4 PERSONEN

800 g Kabeljaufilet | 2 EL Zitronensaft
Salz | Pfeffer aus der Mühle | 2 EL Olivenöl + Öl für die Form
1 dickes Bund Minze | abgeriebene Schale von 1 Bio-Limette
40 g blanchierte Mandeln | 1 Knoblauchzehe
1 Eiweiß | Cayennepfeffer

1 Backofen auf 200° (Umluft 180°) vorheizen. Fisch waschen, trocken tupfen, mit 2 EL Zitronensaft beträufeln, salzen und pfeffern. In Portionsstücke schneiden und in eine geölte Auflaufform setzen.

2 Minze waschen, trocken schütteln und die Blättchen fein hacken. Mandeln in der Küchenmaschine grob zerkleinern. In einer Schüssel mit Olivenöl verrühren. Knoblauch schälen und dazupressen. Eiweiß, Minze und Limettenschale einrühren. Paste kräftig mit Salz und Cayennepfeffer würzen.

3 Den Fisch mit der Paste bestreichen und im Ofen (Mitte) je nach Dicke 15–20 Min. überbacken.

Kabeljau mit Basilikum & Petersilie

ZUBEREITUNG: CA. 35 MIN.
PRO PORTION: CA. 325 KCAL
FÜR 4 PERSONEN

800 g Kabeljaufilet | 2 EL Zitronensaft
Salz | Pfeffer aus der Mühle | 4 EL Olivenöl + Öl für die Form
1 Bund Basilikum | 1/2 Bund Petersilie
2 Knoblauchzehen | 8–10 getrocknete Tomaten in Öl (Glas)
2 EL Pinienkerne | 1 EL frisch geriebener Parmesan

1 Backofen auf 200° (Umluft 180°) vorheizen. Fisch waschen, trocken tupfen, mit 2 EL Zitronensaft beträufeln, salzen und pfeffern. In Portionsstücke schneiden und in eine geölte Auflaufform setzen.

2 Basilikum und Petersilie waschen, trocken schütteln und die Blättchen fein schneiden. Knoblauch schälen und grob zerkleinern. Tomaten, Olivenöl, Knoblauch und Pinienkerne pürieren. Parmesan und Kräuter einrühren. Die Paste mit Salz und Pfeffer abschmecken.

3 Den Fisch mit der Paste bestreichen und im Ofen (Mitte) je nach Dicke 15–20 Min. überbacken.

Kabeljau mit Koriandergrün

ZUBEREITUNG: CA. 35 MIN.
PRO PORTION: CA. 250 KCAL
FÜR 4 PERSONEN

800 g Kabeljaufilet | 2 EL Zitronensaft
Salz | Pfeffer aus der Mühle | 1 EL Öl + Öl für die Form
1 dickes Bund Koriandergrün | 1 Stück frischer Ingwer (2 cm)
1 grüne Chilischote | 1 Stängel Zitronengras
40 g ungesalzene Erdnüsse | 1 EL Fischsauce | 1 Eiweiß

1 Backofen auf 200° (Umluft 180°) vorheizen. Fisch waschen, trocken tupfen, mit 2 EL Zitronensaft beträufeln, salzen und pfeffern. In Portionsstücke schneiden und in eine geölte Auflaufform setzen.

2 Koriandergrün waschen, trocken schütteln und die Blättchen fein hacken. Ingwer schälen, fein hacken. Chilischote putzen, waschen, fein würfeln. Zitronengras putzen, das untere dicke Ende fein hacken. Erdnüsse grob hacken, mit Öl und Fischsauce verrühren. Alle zerkleinerten Zutaten unterheben. Das Eiweiß untermischen. Den Fisch mit der Paste bestreichen und im Ofen (Mitte) je nach Dicke 15–20 Min. überbacken.

Kräuterpasten schützen saftiges Fischfilet, etwa Kabeljau, im Ofen vor dem Austrocknen. Und sie spenden knusprige Kräuterwürze – je nach Lust und Saison mit Dill, Minze, Basilikum oder Koriandergrün.

Frühlingszwiebelgrün hält die Forelle beim Garen in Form, ist sehr dekorativ und dabei noch essbar. Das Zubinden erfordert allerdings etwas Fingerspitzengefühl. Darum am besten einige blanchierte Frühlingszwiebelstreifen mehr bereithalten.

Gefüllte Forelle mit Kräutern und Frühlingszwiebeln

Man kennt sie blau oder nach Müllerin-Art – hier wird sie mit frischen Kräutern und knackigen Frühlingszwiebeln gefüllt. Durch das sanfte Garen in der Folie bleiben die Aromen perfekt erhalten.

ZUBEREITUNG: CA. 1 STD.
PRO PORTION: CA. 570 KCAL
FÜR 4 PERSONEN

4 küchenfertige Forellen à 300 g | Salz
1 Bund kleine zarte Frühlingszwiebeln
2 Bund glatte Petersilie
2 Bund Rucola
1 Bund Estragon
2 Bio-Zitronen
4 Knoblauchzehen
4 Schalotten
150 g Butter
schwarzer Pfeffer aus der Mühle
2 Zucchini
2–3 EL Öl

AUSSERDEM

4 große Bogen Alufolie

1 Ofen auf 200° (Umluft 180°) vorheizen. Die Forellen kalt abspülen, trocken tupfen und von innen leicht salzen. Frühlingszwiebeln putzen, die weißen Teile in 4–5 cm lange Stücke schneiden. In kochendem Salzwasser 2 Min. blanchieren, kalt abspülen und beiseitestellen. Die langen grünen Teile längs halbieren und 30 Sek. blanchieren. Kalt abspülen und ebenfalls beiseitestellen.

2 Petersilie, Rucola und Estragon waschen und trocken schütteln, die Blättchen abzupfen. Vom Rucola die harten Stiele entfernen. Kräuter grob hacken. Die Zitronen heiß waschen, die Schale mit dem Zestenreißer abziehen und hacken. Die Zitronen halbieren und beiseitestellen. Knoblauch und Schalotten schälen und fein hacken.

3 Butter in Stückchen schneiden und zusammen mit den Kräutern, der Zitronenschale, Knoblauch und Schalotten pürieren. Je 1 TL Salz und Pfeffer untermischen. Die Zucchini waschen und längs in sehr dünne Scheiben hobeln.

4 Die Alufolie mit Öl bepinseln. Die Forellen mit der Kräuterbutter füllen. Die Öffnung mit den weißen Frühlingszwiebelstücken »zustopfen«. Die Fische mit den blanchierten Streifen Zwiebelgrün zubinden. Auf jede Forelle 3–4 Zucchinistreifen schuppenförmig übereinanderlegen, mit etwas Öl einpinseln, leicht salzen und pfeffern.

5 Die Päckchen locker verschließen, beide Enden hochbiegen. Die Ofentemperatur auf 180° (Umluft 160°) zurückschalten und die Forellen darin etwa 20 Min. garen.

MEDITERRANE VARIANTE
Rucola durch Basilikum ersetzen. Zusätzlich je 4 EL geröstete Pinienkerne und fein gehackte getrocknete Tomaten in Öl untermischen. Die gefüllte Forelle mit Streifen von getrockneten Tomaten belegen.

Ein Gaumenschmaus für Fischfans: Ganz modern und unkompliziert im Wok zubereitet präsentiert Dorsch sein ganzes Aroma.

Gedünsteter Dorsch mit Senfsahne

Kochfisch war einmal. Heute wird Fisch behutsam gegart. Durch sanftes Ziehen im gut gewürzten klassischen Kräutersud wird aus dem Dorsch eine unvergleichliche Delikatesse.

ZUBEREITUNG: CA. 1 STD.
PRO PORTION: CA. 525 KCAL
FÜR 4 PERSONEN

FÜR DEN FISCH

1 Bund Suppengrün
2 Zwiebeln
4 Gewürznelken
250 ml trockener Weißwein
2 Lorbeerblätter
4 Wacholderbeeren
1 TL schwarze Pfefferkörner
1 TL Salz
4 Dorschkoteletts (à 300 g)

FÜR DIE SENFSAHNE

200 ml trockener Weißwein
400 ml Fischfond
200 g Schmand
1–2 TL Dijon-Senf
1–2 TL körniger Senf
1/2–1 TL Akazienhonig
Salz | weißer Pfeffer aus der Mühle

1 Suppengrün waschen, putzen und klein würfeln. Zwiebeln schälen, mit den Nelken spicken. Zusammen mit Wein, 250 ml Wasser und den Gewürzen im Wok aufkochen. Etwa 30 Min. köcheln lassen.

2 Die Dorschkoteletts kalt abspülen, eventuelle Gräten mit einer Pinzette entfernen. Den Fisch auf das Gemüse legen und zugedeckt bei schwacher Hitze in 10–15 Min. gar ziehen lassen. Mit einer Schaumkelle herausheben.

3 Inzwischen für die Senfsahne den Wein aufkochen, auf ein Drittel reduzieren. Fischfond zugießen, aufkochen und wieder auf ein Drittel reduzieren (insgesamt etwa 150 ml). Den Schmand einrühren und erhitzen, Senf und Honig einrühren, mit Salz und Pfeffer abschmecken. Die Sauce mit dem Dorsch anrichten. Dazu passen Pellkartoffeln.

VARIANTEN

1. Mit Safransauce: 200 ml Sherry auf ein Drittel einkochen, 400 ml Fischfond zugießen, aufkochen und auf insgesamt etwa 150 ml reduzieren. 1/2 TL Safranfäden mit etwas Salz im Mörser zerreiben, in 2 EL heißem Wasser ziehen lassen. In den Fond geben und etwa 5 Min. mitköcheln lassen. 200 g Schmand einrühren. Die Sauce mit Salz und Pfeffer würzen.

2. Im limettenfrischen Asia-Sud: 3 EL Schalottenwürfel, 2 EL fein gewürfelte rote Chilischote sowie je 1 EL fein gehackten Knoblauch und Ingwer in 2 EL Öl im Wok andünsten. 70 ml Wasser, 2 EL Sojasauce, 2 EL Limettensaft und 1 EL braunen Zucker mischen. Die Würzzutaten damit ablöschen, kurz aufkochen, Hitze reduzieren. Fischkoteletts in den Wok legen, mit etwas Brühe beträufeln. Zugedeckt bei schwacher Hitze in 10–15 Min. gar ziehen lassen. Dazu Reis servieren oder den Fisch kalt mit grünem Salat reichen.

Seehecht mit Kräutern und Muscheln

Fischfilet, feine Venusmuscheln und viel Koriandergrün – das ist typisch portugiesisch. Für alle, die den intensiven Geschmack des Krauts nicht mögen, gibt's eine Variante mit Petersilie. So oder so: Frisches Weißbrot darf nicht fehlen.

ZUBEREITUNG: CA. 45 MIN.
PRO PORTION: CA. 265 KCAL
FÜR 4 PERSONEN

4 Seehechtfilets (à 125 g, oder Hokifilets)
Salz | schwarzer Pfeffer aus der Mühle
300 g Venusmuscheln (oder Miesmuscheln)
250 g reife Tomaten
1 große Zwiebel
2 Knoblauchzehen
1 Möhre
1 Stange Staudensellerie
1 rote Paprikaschote
1 große rote Chilischote
4 EL Olivenöl
4 EL grob geschnittenes Koriandergrün
1 EL gehackte Minze
100 ml trockener Weißwein
2 EL weißer Portwein

1 Die Fischfilets kalt abspülen, trocken tupfen, salzen und pfeffern. Abgedeckt kühl stellen. Venusmuscheln in kaltem Wasser gründlich waschen und abtropfen lassen. Geöffnete Muscheln, die sich auch beim Antippen nicht schließen, sowie beschädigte wegwerfen.

2 Stielansätze der Tomaten entfernen. Tomaten kurz überbrühen, häuten, quer halbieren und entkernen. Das Fruchtfleisch würfeln. Die Zwiebel und den Knoblauch schälen, fein hacken. Das Gemüse waschen, putzen und klein würfeln. Die Chilischote längs aufschlitzen, entkernen, waschen und in große Stücke schneiden.

3 In einer großen Pfanne das Öl erhitzen. Darin Zwiebeln, Knoblauch, Möhren und Staudensellerie in etwa 10 Min. hell andünsten. Paprika, Chilis, Tomaten, die Hälfte vom Koriandergrün und die Minze zugeben. Weißwein und Portwein angießen, kurz einkochen lassen.

4 Die Seehechtfilets in die Sauce legen und 3 Min. offen garen. Wenden, die Muscheln zugeben. Alles leicht salzen und pfeffern, zugedeckt bei schwacher Hitze 5–7 Min. garen, bis sich die Muscheln geöffnet haben. Fischfilets mit Muscheln (nicht geöffnete aussortieren) auf Tellern anrichten, mit restlichem Koriandergrün bestreuen und servieren.

VARIANTE MIT PETERSILIE
Statt Koriandergrün 1 großes Bund Petersilie waschen, trocken schütteln und die Blättchen abzupfen. Zwei Drittel davon mit 2 Knoblauchzehen im Mörser zerstampfen oder im Blitzhacker pürieren. Das Petersilienpüree mit den Tomaten in die Pfanne geben, zum Servieren das Gericht mit den restlichen Petersilienblättchen bestreuen.

Die Muscheln in kaltem Wasser gründlich säubern, geöffnete unbedingt aussortieren.

Das Mischgemüse bei mittlerer Hitze nur hell andünsten, dann den Wein angießen.

Frisches Koriandergrün verleiht dem Gericht Farbe und sein typisches Aroma.

Thunfisch mit Kräuter-Dattel-Sauce

Dieses Gericht ist von der altrömischen Küche inspiriert – genauer gesagt von Apicius, der schon im 1. Jahrhundert nach Christus ein Buch über die Kochkunst schrieb.

ZUBEREITUNG: CA. 40 MIN.
PRO PORTION: CA. 495 KCAL
FÜR 4 PERSONEN

4 Thunfischsteaks (à 125 g)
Salz | Pfeffer aus der Mühle
2 Frühlingszwiebeln
je 2 Zweige Liebstöckel, Thymian, Dill und Selleriegrün
4 Blättchen Weinraute
6 Datteln ohne Stein | 3 EL Olivenöl
250 ml Weißwein
4 EL Dessertwein (Vino Santo)
2 EL Weißweinessig
2 TL Fischsauce
1 TL Senf | 2 TL Honig

1 Thunfischsteaks kalt abspülen, trocken tupfen, salzen und pfeffern. Frühlingszwiebeln waschen, putzen. Den hellen Teil fein hacken, den grünen in Ringe schneiden. Kräuter waschen, trocken schütteln, Blättchen abzupfen, hacken. Datteln enthäuten und im Mörser zerstampfen.

2 In einer Schmorpfanne das Öl erhitzen, die Fischsteaks darin pro Seite knapp 1 Min. anbraten, aus der Pfanne heben. Gehackte Frühlingszwiebeln andünsten, Dattelpüree und die Kräuter zugeben. Die Weine, Essig, Fischsauce, Senf und Honig unterrühren. Aufkochen, salzen und pfeffern. Thunfischsteaks in die Sauce legen und alles noch 5 Min. zugedeckt ziehen lassen. Mit den Frühlingszwiebelringen bestreut servieren.

VARIANTE MIT KORIANDERGRÜN
Statt Weinraute 2–3 EL grob geschnittenes Koriandergrün zugeben, die Sauce mit 1 Prise Asant (Asafötida, Asienladen) würzen. Anstelle von Essig nahmen die alten Römer auch gern Sumach – etwa 1 EL Pulver in heißem Wasser auflösen, zur Sauce geben.

Thunfisch in Sesamkruste mit Avocado-Chili-Dip

Sushifreunde wissen es längst: Thunfisch schmeckt roh am besten – oder wie hier, nur ganz kurz gebraten, umhüllt von einer nussigen Sesamkruste und mit einem scharfen Avocadodip gereicht.

ZUBEREITUNG: CA. 30 MIN.
PRO PORTION: CA. 510 KCAL
FÜR 4 PERSONEN

FÜR DEN AVOCADO-CHILI-DIP

2 Bio-Limetten
2 große grüne Chilischoten
2 große reife Avocados (250 g)
100 g saure Sahne
Salz | grüner Pfeffer aus der Mühle
3–4 TL Wasabipaste (Tube)

FÜR DEN THUNFISCH

4 Thunfischfiletstücke à 80–100 g
4–5 EL schwarzer Sesam
2–3 EL Erdnussöl

1 Für den Dip die Limetten heiß waschen. Die Schale mit dem Zestenreißer abziehen und fein hacken, 1/2 TL beiseitelegen. Den Saft auspressen, 4 EL abmessen. Die Chilischoten längs aufschlitzen, die Trennwände und Samen entfernen und waschen. Die Schoten fein hacken.

2 Avocados halbieren, Kerne entfernen. Das Fruchtfleisch aus der Schale heben, mit einer Gabel zerdrücken, sofort mit Limettensaft beträufeln. Avocadofleisch durch ein Sieb streichen. Mit der sauren Sahne und den Limettenzesten mischen. Salzen, pfeffern und mit Wasabi abschmecken. Drei Viertel der Chiliwürfel untermischen, den Rest mit den übrigen Zesten darüberstreuen.

3 Thunfischstücke kalt abspülen und trocken tupfen. Sesam auf einen flachen Teller streuen, die Thunfischstücke von beiden Seiten fest hineindrücken, sodass eine durchgehende Sesamkruste entsteht. Erdnussöl stark erhitzen. Thunfisch darin von jeder Seite 30–45 Sek. braten. Die Mitte sollte unbedingt roh bleiben. Sofort servieren.

TIPP Zum Sesam-Thunfisch passt auch Wasabipüree oder die Kräuterpüree-Variante mit Minze und grünem Chili (beide Seite 190/191).

VARIANTE MIT FRUCHTIG-SCHARFEM INGWER
Den schwarzen Sesam durch hellen, geschälten Sesam ersetzen. Etwa 30 g Ingwer schälen und sehr fein hacken. 2 EL abmessen und mit dem Sesam mischen.

Schnell und köstlich: Fangfrischer Thunfisch wird hier mit exotischen Zutaten kombiniert und ist im Handumdrehen zubereitet.

Mittelmeer-Aromen satt für italienische Momente: kräftiger Rosmarin, feinherber Lorbeer, leicht scharfer Knoblauch und aromatisches Olivenöl an saftig-würzigen Makrelen.

Gegrillte Makrele

Lorbeer und Rosmarin verleihen dem saftigen Makrelenfleisch Aroma, Kräuteröl würzt die knusprig gegrillte Haut. Und wenn Sie abends ein Grillfest geplant haben, füllen Sie die Fische schon nachmittags mit Kräutern und Limette. Abends dann nur noch auf den Grill legen und genießen.

ZUBEREITUNG: CA. 30 MIN.
PRO PORTION: CA. 375 KCAL
FÜR 4 PERSONEN

2 küchenfertige Makrelen (à ca. 500 g)
Meersalz | Pfeffer aus der Mühle
4–6 kleine Zweige Rosmarin
1 Bio-Limette
3 Knoblauchzehen
4 EL Olivenöl + Öl für den Rost
4–6 Lorbeerblätter (am besten frische)

1 Die Makrelen gründlich waschen und trocken tupfen. Je 1 EL Meersalz und grob gemahlenen Pfeffer vermischen. Die Fische innen und außen mit der Mischung würzen. Den Rosmarin waschen und trocken tupfen. Von 1 Zweig die Nadeln abstreifen und sehr fein hacken. Die Limette waschen, eine Hälfte auspressen, die andere in Scheiben schneiden. Den Knoblauch schälen.

2 Gehackten Rosmarin mit etwas Salz und Pfeffer, 2 EL Limettensaft und 4 EL Öl verrühren, 1 Knoblauchzehe dazupressen.

3 Die restlichen Knoblauchzehen halbieren und mit den Limettenscheiben, Lorbeerblättern und Rosmarinzweigen in die Bauchhöhlen der Fische geben. Den Holzkohle- oder Backofengrill vorheizen.

4 Für das Grillen im Backofen eine Auflaufform mit dem Kräuteröl bestreichen. Fische hineinlegen, mit etwas Kräuteröl beträufeln und unter dem heißen Grill (mit etwa 15 cm Abstand) je nach Größe 10–12 Min. grillen, dann wenden. Fische erneut mit Kräuteröl bestreichen und weitere 10–12 Min. grillen. Beim Grillen den Fisch im Auge behalten. Seine Haut soll knusprig braun, aber nicht zu dunkel werden.

5 Beim Holzkohlegrill den Rost gut einölen. Die Fische auf dem heißen Grill – je nach Glut – 20–25 Min. grillen. Dabei einmal wenden und vorsichtig mit Kräuteröl bestreichen.

6 Fertig gegrillte Fische sofort mitsamt Haut teilen: Dafür die Haut entlang des Rückens durchtrennen, oberes Filet hinter dem Kopf lösen. Das Filet mit knuspriger Haut vorsichtig von der Mittelgräte abheben. Das untere Filet vom Schwanz trennen, dann die Gräten im Ganzen abheben und mit Kopf entfernen. Die Filets auf vorgewärmten Tellern anrichten, mit übrigem Öl beträufeln.

VARIANTE MIT KRESSE & PETERSILIE
Für das Kräuteröl 1/2 Beet Kresse abschneiden und mit einigen Petersilienblättchen sehr fein hacken. Mit 2 EL trockenem Wermut (z. B. Noilly Prat), etwas abgeriebener Bio-Zitronenschale, Salz, Pfeffer, Muskat und 4 EL Öl verrühren. Das übrige Kressebeet abschneiden. Kresse mit 2–3 Petersilienstängeln und 2–3 Zitronenscheiben in die Fische füllen.

Fischsuppe mit Fenchel und Safran

Zugegeben, die Zubereitung ist etwas langwierig. Aber der Aufwand lohnt sich garantiert, denn diese Suppe ist wirklich vom Feinsten. Ein ebenso feiner Weißwein gehört aber unbedingt dazu, etwa ein Pouilly-Fuissé aus Frankreich.

ZUBEREITUNG: CA. 1 STD.
PRO PORTION: CA. 535 KCAL
FÜR 6 PERSONEN

1 Suppengrün
3 kleine Zwiebeln
6 Gewürznelken
700 ml trockener Weißwein
1 l Fischfond (Glas)
2 Lorbeerblätter
6 Wacholderbeeren
1 TL schwarze Pfefferkörner
1–2 Fenchelknollen (300 g)
2 Schalotten
1 mehligkochende Kartoffel (150 g)
30 g Butter
250 ml Brühe
1/2 TL Safranfäden | Salz
5–6 Stängel Estragon
400 g Fischfilet (Lachs, Lengfischfilet, Seelachs)
8 ausgelöste rohe Garnelenschwänze
200 g Sahne
weißer Pfeffer aus der Mühle
3–4 EL Anisschnaps (z. B. Pernod)

1 Suppengrün waschen, putzen und klein würfeln. Zwiebeln schälen und mit den Gewürznelken spicken. Suppengrün und Zwiebeln mit Wein und Fond mischen, mit Lorbeerblättern, Wacholder und Pfefferkörnern auf die Hälfte einkochen. Inzwischen Fenchel waschen, putzen und klein würfeln, das Fenchelgrün fein hacken und beiseitestellen. Schalotten schälen und fein würfeln. Kartoffel schälen und würfeln.

2 Schalotten in der Butter anschwitzen. Fenchel dazugeben, 3 Min. unter Rühren schmoren, mit der Brühe ablöschen. Die Kartoffelwürfel zugeben und in etwa 15 Min. weich dünsten.

3 Safranfäden mit etwas Salz im Mörser zerreiben, in 2 EL heißem Wasser ziehen lassen. Estragon kalt abbrausen, trocken schütteln, die Blättchen abzupfen und fein hacken. Fischfilets und Garnelen kalt abspülen, trocken tupfen, die Fischfilets in Stücke schneiden.

4 Weinsud abseihen. Fenchel-Kartoffel-Mischung fein pürieren und durch ein Sieb streichen. Mit der Safranmischung und der Sahne in den Weinsud rühren. Mit Pfeffer und Anisschnaps abschmecken.

5 Fischstücke und Garnelen etwa 3 Min. in der sanft köchelnden Suppe ziehen lassen. Estragon unterheben. Die Suppe portionsweise anrichten und mit Fenchelgrün bestreuen.

TIPP Jede Portion zusätzlich mit 1 EL geschlagener Sahne garnieren. Dazu getoastete Baguettescheiben servieren.

Fenchel und Anisschnaps verleihen dem edlen Fischsüppchen eine feine Anisnote, deren dezente Süße durch die Sahne noch unterstrichen wird. Für die Geschmacksbalance sorgen Safran und Estragon.

Muscheln – vier Mal variiert

Muscheln klassisch

ZUBEREITUNG: CA. 50 MIN.
PRO PORTION: CA. 345 KCAL | FÜR 4 PERSONEN

4 kg Miesmuscheln | 4 Knoblauchzehen | 4 Zwiebeln | 1 Möhre
1 Stange Lauch | 3 EL Olivenöl | 1 TL schwarze Pfefferkörner
2 Lorbeerblätter | 700 ml Weißwein | 250 ml Brühe oder Fischfond
Salz | schwarzer Pfeffer | 6–8 EL gehackte Petersilie

1 Muscheln 10 Min. in kaltes Wasser legen. Oben schwimmende, beschädigte und offene wegwerfen. Die übrigen gründlich bürsten, den Bart entfernen und kalt spülen. Knoblauch und Zwiebeln schälen, in Scheiben schneiden. Möhre schälen, klein würfeln. Lauch putzen, in feine Scheiben schneiden.

2 Die Zwiebeln im Öl glasig dünsten. Knoblauch 1 Min., Gemüse und Gewürze 3 Min. unter Rühren mitdünsten. Wein und Brühe zugießen, 5 Min. köcheln lassen. Salzen, pfeffern und aufkochen. Muscheln im Sud zugedeckt 4–5 Min. kochen, bis sie sich öffnen. Mit Sud in tiefe Teller geben, mit Petersilie bestreuen.

Muscheln mit Zitronengras

ZUBEREITUNG: CA. 50 MIN.
PRO PORTION: CA. 275 KCAL | FÜR 4 PERSONEN

1 Rezept Muscheln klassisch
4 Stängel Zitronengras | 2 große rote Chilischoten
700 ml Brühe oder Fischfond | 250 ml Reiswein | 2 EL Fischsauce
1/2 Bund gehacktes Thai-Basilikum

1 Die Muscheln wie links beschrieben putzen und waschen. Zitronengras putzen, das Weiße in Scheiben schneiden. Chilischoten putzen, entkernen, waschen und fein hacken.

2 Den Sud wie beschrieben mit Zitronengras und Chili, jedoch nur mit 1 Zwiebel zubereiten. Statt mit Wein mit Brühe, Reiswein und Fischsauce ablöschen. Die Muscheln wie beschrieben im Sud garen. Die fertigen Muscheln mit Thai-Basilikum bestreuen und mit Reis servieren.

Muscheln mit Anisée & Sahne

ZUBEREITUNG: CA. 50 MIN.
PRO PORTION: CA. 510 KCAL | FÜR 4 PERSONEN

1 Rezept Muscheln klassisch
200 g Sahne
Salz | schwarzer Pfeffer aus der Mühle
1 Prise Zucker | 2–3 EL Anisschnaps (z. B. Pernod)
gehackte Petersilie

1 Die Muscheln wie links beschrieben zubereiten. Die fertigen Muscheln aus dem Sud heben und abgedeckt warm halten. Den Sud durch ein feines Sieb gießen und bei starker Hitze einkochen lassen.

2 Die Sahne einrühren, aber nicht mehr kochen lassen. Die Sauce mit Salz, Pfeffer, Zucker und Anisschnaps abschmecken. Die Muscheln portionsweise anrichten, mit Sauce übergießen und mit Petersilie bestreuen.

Muscheln mit Kräutern & Parmesan

ZUBEREITUNG: CA. 1 STD. 15 MIN.
PRO PORTION: CA. 700 KCAL | FÜR 4 PERSONEN

1 Rezept Muscheln klassisch
4 Scheiben Toastbrot
80 g Butter in Stückchen | 80 g frisch geriebener Parmesan
1 Bund gehackte glatte Petersilie | 2 Knoblauchzehen
Salz | schwarzer Pfeffer aus der Mühle

1 Die Muscheln wie links beschrieben zubereiten. Backofen auf 220° (Umluft 200°) vorheizen, ein Backblech fetten. Toastbrot fein zerkrümeln. Butter, Brösel, Parmesan und Petersilie verrühren. Den Knoblauch schälen und dazupressen. Mit Salz und Pfeffer würzen.

2 Die Muscheln aus dem Sud heben und die oberen Schalen entfernen. Jeweils etwas Kräuterbutter auf das Muschelfleisch streichen. Die Muscheln im Ofen (Mitte) in etwa 3 Min. goldbraun überbacken.

Rotes Garnelencurry

Die thailändischen Currypasten, insbesondere die roten, sind höllisch scharf. Lieber sehr vorsichtig dosieren und beim Würzen mit Teelöffelmengen beginnen.

ZUBEREITUNG: CA. 40 MIN.
PRO PORTION: CA. 200 KCAL
FÜR 4 PERSONEN

4–5 Frühlingszwiebeln
2 Knoblauchzehen
1 Stück frischer Ingwer (20 g)
2 kleine rote Chilischoten
1 große Fleischtomate
1/2 Bund Koriandergrün
400 g ausgelöste rohe Garnelenschwänze
2 EL Öl
1 Dose Kokosmilch (400 ml)
2–3 TL rote Thai-Currypaste
2 TL Fischsauce
2 TL brauner Zucker
1 EL Austernsauce
Limettensaft

1 Frühlingszwiebeln waschen und putzen. Das Weiße fein hacken, das Grüne in Ringe schneiden. Knoblauch und Ingwer schälen, fein hacken. Chilischoten längs halbieren, Trennwände und Samen entfernen. Die Hälften waschen und fein hacken.

2 Die Tomate überbrühen, häuten und entkernen, das Fruchtfleisch würfeln. Das Koriandergrün abbrausen, trocken schütteln und ohne die groben Stiele hacken. Garnelen waschen und trocken tupfen.

3 Das Öl im Wok erhitzen, darin die gehackten Frühlingszwiebeln anschmoren. Nach 30 Sek. den Ingwer zugeben, nach weiteren 30 Sek. den Knoblauch und unter Rühren anbraten. Mit Kokosmilch ablöschen. Currypaste, Fischsauce und Zucker einrühren. Alles aufkochen, mit etwas Austernsauce und ein paar Spritzern Limettensaft abschmecken. Tomatenwürfel und Frühlingszwiebelringe zugeben.

4 Sobald die Sauce wieder köchelt, die Garnelen einlegen und etwa 3 Min. darin ziehen lassen. Mit Koriandergrün und Chiliwürfeln bestreuen und mit Basmatireis servieren.

Wenn Sie gerne scharf essen, kommen Sie bei diesem Curry voll auf Ihre Kosten. Mit der Currypaste können Sie die Schärfe spielend Ihrem persönlichen Geschmack anpassen.

Damit das Zitronengras sein unverwechselbar frisches Aroma in der Kokosmilch so richtig entfalten kann, werden die harten Stängel flach geklopft. Sie können sie aber auch zwischen zwei Holzbrettern anquetschen – das hat den gleichen Effekt.

Seafood-Curry mit Zitronengras und Koriander

Abgesehen von der Schnippelarbeit ist das zitronig-frische Wokgericht schnell zubereitet – und flexibel obendrein: Sie können dafür auch nur Fischfilet verwenden oder eine fertige Meeresfrüchtemischung.

ZUBEREITUNG: CA. 45 MIN.
PRO PORTION: CA. 410 KCAL
FÜR 4 PERSONEN

400 g festfleischiges Fischfilet
(z. B. Rotbarsch, Kabeljau)
100 g küchenfertige Tintenfischtuben
100 g geschälte und gegarte Garnelen
Saft von 1 Limette
Salz | Pfeffer aus der Mühle
1 Stück frischer Ingwer (ca. 2 cm)
1 dickes Bund Frühlingszwiebeln
1 Bund Koriandergrün
3 Stängel Zitronengras
2 EL Erdnussöl
1–2 EL grüne Currypaste
1 Dose Kokosmilch (400 ml)
2–3 EL Fischsauce

1 Beim Fischfilet eventuelle Gräten mit einer Pinzette entfernen. Fisch, Tintenfischtuben und Garnelen waschen und trocken tupfen. Filet in mundgerechte Stücke schneiden. Tintenfischtuben in 1/2 cm dünne Ringe schneiden. Alles mit Limettensaft beträufeln, salzen und leicht mit Pfeffer würzen.

2 Den Ingwer schälen und hacken. Die Frühlingszwiebeln putzen, waschen und in Ringe schneiden. Den Koriander waschen und trocken schütteln. Korianderblättchen abzupfen. Von den Zitronengrasstängeln äußere lose Blätter entfernen. Wurzelansatz abschneiden. Den unteren Teil von 2 Stängeln mit einem Hammer flach klopfen, den des dritten Stängels ganz fein hacken.

3 Das Öl in einem Wok oder einer hohen Pfanne erhitzen. Ingwer und Frühlingszwiebeln darin ganz kurz unter Rühren anbraten. Die Currypaste dazugeben. Die Kokosmilch angießen und aufkochen. Zitronengrasstängel, gehacktes Zitronengras und 2 EL Fischsauce dazugeben. Alles offen etwa 5 Min. kochen und dabei etwas einkochen lassen, dann die Hitze reduzieren.

4 Die Zitronengrasstängel entfernen, Tintenfischringe und Fischfilets dazugeben und in etwa 3 Min. zugedeckt gar ziehen lassen. Die Garnelen dazugeben und 1–2 Min. erhitzen. Die fertige Sauce mit Fischsauce abschmecken. Das Seafood-Curry mit Korianderblättchen bestreut sofort servieren.

VARIANTE MIT LIMETTENBLÄTTERN, THAI-BASILIKUM & MINZE
Sie können statt Zitronengras auch 3–4 Kaffirlimettenblätter mitgaren. Wer Koriander nicht so gern mag, streut Thai-Basilikum oder eine Mischung aus Basilikum und Minze über das fertige Gericht.

Garnelen mit Fenchelgrün & Petersilie

ZUBEREITUNG: CA. 30 MIN.
PRO PORTION: CA. 290 KCAL | FÜR 2 PERSONEN

400 g Riesengarnelen in der Schale | 2 TL Zitronensaft
50 g zarte Fencheltriebe (vom Gewürzfenchel) | Salz
150 g kleine Kirschtomaten | 4–5 Stängel glatte Petersilie
1 Knoblauchzehe | 2 EL Olivenöl
50 ml Weißwein | 1 EL Cognac | Pfeffer aus der Mühle

1 Garnelen schälen (siehe rechts), kalt abspülen und trocken tupfen. Mit Zitronensaft beträufeln.

2 Fencheltriebe waschen, die Spitzen abzupfen. Die Stängel in kochendem Salzwasser 2–3 Min. überbrühen, abtropfen lassen und in 1 cm lange Stücke schneiden. Tomaten waschen und halbieren. Petersilie waschen und trocken schütteln, Knoblauch schälen. Beides grob hacken.

3 Das Öl in einer Pfanne erhitzen, den Knoblauch darin goldgelb dünsten. Fenchelstängel und Petersilie zugeben. Tomaten und Garnelen 2 Min. im Öl schwenken. Wein und Cognac zugießen, einmal aufkochen lassen. Mit Salz und Pfeffer würzen, mit den Fenchelspitzen garnieren.

Garnelen mit Rosmarin

ZUBEREITUNG: CA. 30 MIN.
PRO PORTION: CA. 390 KCAL | FÜR 2 PERSONEN

400 g Riesengarnelen in der Schale | 2 TL Zitronensaft
1 Frühlingszwiebel | 150 g kleine Kirschtomaten
1 Knoblauchzehe | 2 EL Olivenöl
1 TL frisch gehackter Rosmarin | 1 Msp. gem. Peperoncini
50 ml Weißwein | 1 EL Cognac
Salz | Pfeffer aus der Mühle | 1 TL fein geschnittene Zitronenverbene

1 Garnelen schälen (siehe rechts), kalt abspülen und trocken tupfen. Mit Zitronensaft beträufeln. Frühlingszwiebel putzen und waschen. Das Weiße in feine Scheiben, das Grüne in feine Ringe schneiden. Tomaten waschen und halbieren. Knoblauch schälen und grob hacken.

2 Das Öl in einer Pfanne erhitzen. Knoblauch und Frühlingszwiebelscheiben darin goldgelb dünsten. Tomaten, Rosmarin, Peperoncini und Garnelen 2 Min. im heißen Öl schwenken. Wein und Cognac zugießen, einmal aufkochen lassen. Mit Salz, Pfeffer, Zitronenverbene und Frühlingszwiebelringen würzen.

Garnelen mit Minze & Kokosmilch

ZUBEREITUNG: CA. 30 MIN.
PRO PORTION: CA. 570 KCAL | FÜR 2 PERSONEN

400 g Riesengarnelen in der Schale | 2 TL Zitronensaft
2 Schalotten | 2 Knoblauchzehen
2 EL Olivenöl | 250 ml Kokosmilch | 1 EL grüne Currypaste
1 fein geschnittenes Kaffirlimettenblatt
1 TL Palmzucker | Fischsauce
2 EL fein geschnittene Japanische Minze

1 Garnelen schälen (siehe rechts), kalt abspülen und trocken tupfen. Mit Zitronensaft beträufeln. Schalotten und Knoblauch schälen und hacken.

2 Das Öl in einer Pfanne erhitzen. Schalotten und Knoblauch darin goldgelb dünsten. Kokosmilch angießen und aufkochen. Currypaste und Kaffirlimettenblatt zugeben.

3 Die Garnelen kurz in der Sauce erhitzen. Mit Palmzucker und etwas Fischsauce abschmecken. Mit Minze bestreuen und sofort servieren.

Garnelen mit Koriandergrün

ZUBEREITUNG: CA. 30 MIN.
PRO PORTION: CA. 290 KCAL | FÜR 2 PERSONEN

400 g Riesengarnelen in der Schale | 1 Bio-Limette
1 Knoblauchzehe | 1 rote Chilischote
150 g kleine Kirschtomaten | 2 EL Olivenöl
1/2 TL getrockneter Thymian | 1 Lorbeerblatt
50 ml Weißwein | 1 EL Cognac
Salz | Pfeffer aus der Mühle | Tabasco (nach Belieben)
2–3 EL grob geschnittenes Koriandergrün

1 Garnelen schälen (siehe rechts), kalt abspülen und trocken tupfen. Limette heiß waschen, Schale dünn abreiben, 2 TL Saft auspressen. Die Garnelen damit beträufeln. Knoblauch schälen und grob hacken. Chilischote entkernen, waschen und fein hacken. Tomaten waschen und halbieren.

2 Das Öl in einer Pfanne erhitzen. Knoblauch und Chili darin andünsten. Thymian, Lorbeer und etwas Limettenschale zugeben. Tomaten und Garnelen 2 Min. im Öl schwenken. Wein und Cognac zugießen, aufkochen lassen. Mit Salz und Pfeffer würzen. Die Garnelen nach Belieben mit Tabasco abschmecken und mit Koriandergrün bestreuen.

Geschälte Garnelen sind in der Pfanne im Nu gar und machen viel her. Zum Schälen die Garnelenpanzer am Rücken mit einer Schere aufschneiden und mit Kopf und Schwanzflossen ablösen. Den dunklen Darm mit einem spitzen Messer anheben und langsam herausziehen.

Gefüllte Tintenfische

Calamari müssen keineswegs nur in dick panierten Ringen serviert werden: hier eine Variante mit kräftig-aromatischer Knoblauch-Petersilien-Füllung.

ZUBEREITUNG: CA. 1 STD.
PRO PORTION: CA. 465 KCAL
FÜR 4 PERSONEN

600 g küchenfertige kleine Calamari (oder 800 g Rohware, gesäubert wie in den Steps beschrieben)
4 Scheiben trockenes Vollkorn-Toastbrot
2 Bund glatte Petersilie
2 Bio-Zitronen
4 Knoblauchzehen
60 g blanchierte Mandeln
4–5 EL Olivenöl
2 Eier
Salz | schwarzer Pfeffer aus der Mühle
Tabasco
150 ml Brühe
150 ml trockener Wermut (z. B. Noilly Prat)

AUSSERDEM

Zahnstocher

1 Von den Tintenfischen den Kranz mit den Fangarmen abschneiden und hacken. Beutel gründlich spülen und trocken tupfen. Brot im Blitzhacker zu Bröseln zerkleinern. Petersilie waschen, trocken schütteln und hacken. 2 EL für die Garnitur beiseitestellen. Zitronen heiß waschen, die Schale mit dem Zestenreißer abziehen und hacken. 2–3 EL Saft auspressen. Knoblauch schälen und fein würfeln. Mandeln hacken.

2 3 EL Olivenöl erhitzen, Knoblauch und Zitronenzesten darin 1 Min. schmoren. Gehackte Tintenfischarme zugeben und 1–2 Min. mitbraten. Brotkrümel zugeben und unter Rühren hellbraun braten. Vom Herd nehmen. Petersilie und Mandeln untermischen. Eier leicht verschlagen, zugeben und alles zu einer feuchten, aber festen Masse verkneten. Salzen und pfeffern. Mit Zitronensaft und Tabasco abschmecken.

3 Tintenfischbeutel mit der Masse füllen, mit Zahnstochern zustecken. Im restlichen Olivenöl 2–3 Min. rundum anbraten. Mit Brühe und Wermut ablöschen. Zugedeckt bei schwacher Hitze etwa 20 Min. garen, bis sich die Tintenfische leicht schneiden lassen. Aus der Pfanne nehmen und warm halten. Die Sauce etwas einkochen, nochmals abschmecken und über die Tintenfische träufeln. Mit Petersilie garnieren.

VARIANTE MIT ROTWEIN, KORINTHEN & PIMENT
100 g Reis kochen, 4 EL Pinienkerne rösten. 200 g Zwiebelwürfel in Olivenöl glasig schmoren, 1 EL Zitronenzesten und die gehackten Fangarme mitbraten. Die Zwiebelmischung mit Reis, Pinienkernen, 3 EL Korinthen und 4 EL gehackter Petersilie vermengen, mit Salz, Pfeffer, Piment, Zitronensaft abschmecken. Nach dem Anbraten 150 ml kräftigen Rotwein, 150 ml Brühe und 2 TL Honig zugeben (Tintenfische färben sich rotbraun!), einkochen.

Von ungesäuberten Tintenfischen die Haut um die Beutel mit den Fingern abziehen.

Kopf, den Tintenbeutel, die Innereien und das Fischbein aus dem Beutel ziehen.

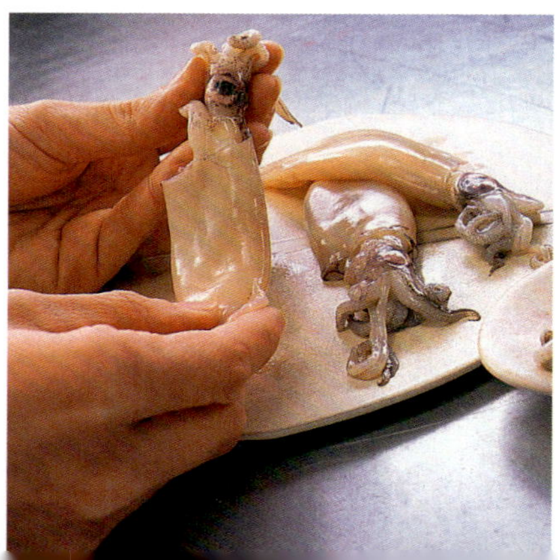

Die Tintenfischbeutel mit der Masse füllen und die Öffnung zustecken.

Auch wenn sich das Füllen anfangs als etwas kniffelig erweist, die ganz kleinen Tintenfische sind einfach am besten und ungleich zarter als größere Exemplare.

Vietnamesischer Tintenfisch mit fünf Kräutern

In Vietnam wird neben reichlich Koriandergrün und Basilikum das zitrusduftige Kraut »vap ca«verwendet. Weil es hierzulande leider nicht zu bekommen ist, haben wir Zitronenverbene zum fünften Kraut gemacht – ein perfekter Ersatz!

ZUBEREITUNG: CA. 50 MIN.
PRO PORTION: CA. 295 KCAL
FÜR 4 PERSONEN

750 g küchenfertige dicke Tintenfischtuben (Sepien)
Salz | 1 Bund Frühlingszwiebeln
4 Knoblauchzehen
3 kleine grüne Thai-Chilischoten
4 Krachai-Wurzeln (Fingerwurz; ersatzweise frischer Ingwer)
1 Bund Koriandergrün
1 kleines Bund glatte Petersilie
je 3 Zweige Thai-Basilikum (»bai horapha«) und Heiliges Basilikum («bai grapau«)
2 Zweige Zitronenverbene
5 EL Erdnussöl
200 ml Gemüsefond
4 EL vietnamesische Fischsauce (»nuoc mam«)
schwarzer Pfeffer aus der Mühle

1 Die Tintenfischtuben kalt abspülen und längs halbieren. In kochendem Salzwasser 1 Min. überbrühen, kalt abschrecken und abtropfen lassen. Die Tuben mit der Innenseite nach oben auf ein Brett legen und mit einem scharfen Messer im Abstand von 1 mm rautenförmig einkerben, dabei das Fleisch nicht durchtrennen. Die Tuben in 2 x 3 cm große Stücke schneiden.

2 Die Frühlingszwiebeln putzen, waschen und die weißen und die grünen Teile getrennt in kurze Stücke schneiden. Knoblauch schälen. Chilis putzen, entkernen und waschen. Beides in feine Streifen schneiden. Krachai-Wurzeln schälen (von vier Seiten die dünne Schale senkrecht abschneiden), die Wurzeln schräg in feine Scheibchen schneiden. Die Kräuter waschen und die Blättchen abzupfen, zarte Zweigspitzen ganz lassen. Die Zitronenverbene-Blätter in feine Streifen schneiden.

3 In einer hohen Pfanne oder im Wok das Öl erhitzen. Die Tintenfischstücke darin kurz unter Rühren anbraten. Alle Lauchzwiebelstücke, Knoblauch, Chilis und Krachai zugeben, unter Rühren glasig braten. Den Fond zugießen und aufkochen lassen. Mit Fischsauce, Salz und Pfeffer abschmecken, die Kräuter untermischen und das Gericht sofort mit Reis servieren.

VARIANTEN

1. Mit Kaffirlimettenblättern: Anstelle der Kräuter 5–6 Kaffirlimettenblätter waschen, längs knicken und die harte Mittelrippe wegschneiden. Die Blätter fest aufrollen und in hauchfeine Streifen schneiden. Zu den Tintenfischen geben, statt Gemüsefond Kokosmilch angießen. Nach Belieben mit Limettensaft abschmecken.

2. Mit Chinesischem Schnittlauch: 1 Bund Chinesischen Schnittlauch waschen, sehr schräg in feine Streifen schneiden. Mit den Lauchzwiebeln braten. Statt Fond kräftige Hühnerbrühe aufgießen, mit heller Sojasauce abschmecken.

Das feine Meeresaroma der Sepien verträgt sich wunderbar mit den fünf Kräuterexoten. Fix im Wok gerührt, geht keine der Geschmacksnuancen von anisartig bis frisch-pfeffrig verloren.

Krake mit Fenchelgrün

Durch das ganz, ganz langsame Garziehen in leicht gesalzenem Weißweinsud wird der Oktopus so zart, dass er auf der Zunge zergeht. Unbedingt ausprobieren!

ZUBEREITUNG: CA. 30 MIN.
VORBEREITEN: CA. 4 STD.
GAREN: CA. 1 STD. 30 MIN.
PRO PORTION: CA. 325 KCAL
FÜR 4 PERSONEN

750 g Krake (Oktopus, vorzugsweise die dicken Fangarme)
300 ml Weißwein | Salz
150 g wilder Fenchel (zarte Sprossen vom Gewürzfenchel, am besten die weichen Triebe, an denen sich später die Blüten entwickeln)
500 g reife Tomaten
4 Zwiebeln
6 Knoblauchzehen
6 EL Olivenöl
250 ml Rotwein
1 TL Fenchelsamen
1 Lorbeerblatt
schwarzer Pfeffer aus der Mühle

1 Den Oktopus waschen, in einen Topf geben. Weißwein und so viel Wasser angießen, dass der Oktopus bedeckt ist. Salzen und bei starker Hitze aufkochen. Sobald sich Schaum bildet, die Hitze verringern und den Oktopus zugedeckt etwa 10 Min. leise köcheln lassen. Den Herd abschalten und den Oktopus im Sud etwa 4 Std. erkalten lassen. Den Oktopus aus dem Sud nehmen, abspülen und die dunkle Haut abrubbeln. Den Oktopus mit Küchenpapier trocken tupfen und in etwa 2 cm breite Stücke schneiden.

2 Die Fenchelstängel waschen, die zarten Fenchelzweige beiseitelegen. Die Stängel in kochendem Salzwasser 1 Min. überbrühen, abtropfen lassen und in 1 cm lange Stücke schneiden. Die Tomaten überbrühen, häuten und entkernen. Die Stielansätze entfernen und das Fruchtfleisch grob würfeln. Zwiebeln und Knoblauch schälen, klein hacken.

3 In einem Schmortopf das Olivenöl erhitzen. Zwiebeln und Knoblauch darin bei schwacher Hitze in etwa 15 Min. goldgelb dünsten. Die Krakenstücke, Tomaten und das Fenchelgrün zugeben. Den Rotwein angießen und alles mit Fenchelsamen, Lorbeer, Salz und Pfeffer würzen. Fest zugedeckt bei ganz schwacher Hitze 1–1 1/2 Std. schmoren, bei Bedarf ein wenig Wasser nachgießen.

4 Den geschmorten Oktopus anrichten und mit den restlichen Fenchelzweigen garnieren. Mit kleinen gekochten und in Butter geschwenkten Kartoffeln servieren.

VARIANTEN
1. Mit Oregano & Minze: Statt normaler Zwiebeln 15 ganz kleine Zwiebelchen (eventuell Grillzwiebeln) schälen und ganz mit dem Knoblauch langsam dünsten. Kurz vor Ende der Garzeit 2 EL fein geschnittenen Oregano, 1 EL gehackte Minze und 1 TL frische Thymianblättchen zugeben.
2. Mit Sellerie & Petersilie: 2 Stangen Staudensellerie in kleine Stücke schneiden, kurz mit den Zwiebeln andünsten. 2 EL fein geschnittene grüne Sellerieblättchen mit dem Oktopus schmoren, zum Schluss 2 EL fein geschnittene Petersilie untermischen.

Die würzige Schmorsauce mit Fenchel, Knoblauch und Tomaten ist eine wunderbare Ergänzung zum intensiven Aroma der Krake. Mit knusprigem Fladen- oder Weißbrot serviert, ergibt dieses griechisch inspirierte Gericht ein sommerliches Abendessen.

Fleisch hat von sich aus ein reiches Aroma. Durch die Art der Zubereitung wie Dünsten, Braten oder Schmoren und durch die Wahl der Gewürze sowie der würzenden Zutaten bekommt es zusätzlich Geschmack und gibt gleichzeitig sein eigenes Fleischaroma an die Zutaten ab, sodass sich das Ganze zu einem wundervollen, üppigen Geschmackserlebnis verbindet.

FLEISCH & GEFLÜGEL

Kalbsmedaillons mit Zitronen-Kräuter-Butter

Die scharf-säuerliche Kräuterbutter zerläuft nicht nur gern auf kurz gebratenen Kalbsmedaillons, auch Gegrilltem gibt sie würzigen Schmelz – sei es Fleisch, Fisch oder Gemüse. Sie schmeckt außerdem auf knusperfrischem Baguette.

ZUBEREITUNGSZEIT: CA. 25 MIN.
PRO PORTION: CA. 405 KCAL
FÜR 4 PERSONEN

FÜR DIE ZITRONEN-KRÄUTER-BUTTER

100 g weiche Butter | Salz
1/2–1 EL grob zerstoßene Chilischote
1 TL abgeriebene Schale von
1 Bio-Zitrone
1 kleines Bund Zitronenbasilikum
Pfeffer aus der Mühle

FÜR DIE KALBSMEDAILLONS

2 EL Pflanzenöl | 1 EL Butter
8 Kalbsmedaillons (à 70–80 g)
Salz | Pfeffer aus der Mühle

1 Für die Zitronen-Kräuter-Butter die weiche Butter glatt rühren, Salz, grob zerstoßene Chili und Zitronenschale unterrühren. Zitronenbasilikum waschen, Blättchen fein hacken und unter die Butter rühren. Butter abschmecken und, falls nötig, nochmals salzen. Butter nach Belieben mit Backpapier zu einer Rolle formen und im Kühlschrank fest werden lassen.

2 Für die Medaillons das Öl mit der Butter in einer Pfanne erhitzen. Die Kalbsmedaillons salzen und pfeffern und im heißen Fett ganz kurz von beiden Seiten scharf anbraten, dann die Hitze reduzieren. Medaillons weitere 3–4 Min. pro Seite braten. Kräuterbutter in Scheibchen schneiden. Medaillons mit Bratflüssigkeit beträufelt und mit Kräuterbutter belegt servieren.

KRÄUTERBUTTER-VARIANTEN

1. Mit Petersilie & Thymian: Für die klassische Variante 100 g Butter mit 1 gepressten Knoblauchzehe, 2 EL fein geschnittener Petersilie, 1 EL Thymianblättchen, Salz und Pfeffer würzen.

2. Mit Estragon: 1 EL Kapern hacken und mit 2 EL fein geschnittenem Estragon, Salz und Pfeffer mit einer Gabel unter 100 g weiche Butter mengen.

3. Mit Kaffirlimette: 1 kleines Stück zarten frischen Ingwer (etwa 1 cm) schälen und durch die Knoblauchpresse drücken. Den unteren Teil von 1 Stängel Zitronengras putzen und sehr fein hacken. 1 Kaffirlimettenblatt ohne Mittelrippe, einige Blättchen Thai-Basilikum und 1 Stückchen grüne Chilischote waschen und fein hacken. Alles mit 100 g weicher Butter verrühren.

4. Mit Schnittlauch: 1 kleines Bund Schnittlauch waschen und in feine Röllchen schneiden. Mit 1 Msp. Dijon-Senf und 1 Spritzer Zitronensaft unter 100 g weiche Butter mischen.

Was gibt es Besseres als saftig geschmortes Gulasch mit einem dezenten Hauch von Paprika? Da greifen auch Gäste gerne zu.

Rindergulasch klassisch

Abhängig von der Art des Fleisches braucht Gulasch unterschiedlich lange, bis es zart ist. Deshalb lieber etwas länger schmoren oder im Voraus zubereiten und nochmals kurz aufwärmen.

ZUBEREITUNG: CA. 30 MIN.
GAREN: CA. 2 STD.
PRO PORTION: CA. 415 KCAL
FÜR 4 PERSONEN

1,2 kg Rindfleisch
500 g Zwiebeln
3–4 Knoblauchzehen
3 EL Butterschmalz
Salz | schwarzer Pfeffer aus der Mühle
1 EL Delikatess-Paprikapulver
Fleischbrühe
2–3 EL Tomatenmark
Cayennepfeffer

1 Das Fleisch in Würfel (etwa 1,5 x 3 cm) schneiden. Zwiebeln schälen, halbieren und in Scheiben schneiden. Knoblauch schälen und in dünne Scheiben schneiden.

2 Das Butterschmalz erhitzen und die Zwiebeln darin in 6–7 Min. goldgelb anschmoren. Den Knoblauch zugeben und 1 Min. mitschmoren. Das Fleisch zugeben und 4–5 Min. anbraten, dabei regelmäßig umrühren. Salzen, pfeffern und mit Paprikapulver bestäuben. Sofort mit Brühe ablöschen, bis das Fleisch knapp bedeckt ist.

3 Das Fleisch zugedeckt bei schwacher Hitze in etwa 2 Std. (bei Bedarf auch etwas länger) weich schmoren. Eventuell während des Garens noch etwas Brühe nachgießen. Tomatenmark einrühren und das Gulasch mit Salz, Pfeffer und Cayennepfeffer abschmecken. Dazu passen Salzkartoffeln oder Knödel.

VARIANTEN

1. Aromatisch-fruchtig mit Rotwein & Koriander: Im Schmalz 2 EL Koriandersamen anrösten, bevor Zwiebeln und Fleisch zugegeben werden. Das angebratene Fleisch mit je 2 TL getr. Orangenschalen und Paprikapulver sowie etwas Cayennepfeffer würzen. Mit Rotwein und Brühe (1:1) ablöschen. 15 Min. vor Ende der Garzeit 2 gestiftelte Möhren zugeben. Orangenkoriander (Seite 56) darübermahlen. Dazu passen Spätzle.

2. Orientalisch mit Orangensaft & Aprikosen: 200 g getr. Aprikosen würfeln, 1 Std. einweichen. Das angebratene Fleisch mit je 2 TL Paprikapulver und frisch gem. Kreuzkümmel sowie je 1/2 TL gem. Kardamom und Zimtpulver oder mit Baharat (Seite 57) würzen. Mit Orangensaft und Brühe (1:1) ablöschen. Die Aprikosen zugeben und mitschmoren. Dazu schmeckt Basmatireis.

Meerrettichsauce zu Medaillons

ZUBEREITUNG: CA. 20 MIN.
PRO PORTION: CA. 395 KCAL
FÜR 4 PERSONEN

4 Schweinemedaillons (à 120 g)
Salz | schwarzer Pfeffer aus der Mühle | 30 g Butterschmalz
125 ml Brühe | 200 g Crème fraîche
2–3 EL geriebener Meerrettich (Glas)
2 EL Kapern (oder Schnittlauchröllchen)

1 Den Backofen auf 100° (Umluft 90°) vorheizen. Medaillons trocken tupfen, leicht salzen und pfeffern. Im Butterschmalz von jeder Seite 2 Min. kross braten. In Alufolie wickeln und im Ofen warm halten.

2 Den Bratfond mit Brühe ablöschen. Crème fraîche einrühren und etwas einkochen lassen. Mit Meerrettich, Salz und Pfeffer pikant abschmecken.

3 Medaillons auswickeln, den ausgetretenen Fleischsaft in die Sauce rühren. Die Sauce mit Kapern bestreuen und mit den Medaillons anrichten. Dazu passen Pellkartoffeln.

Aprikosensauce zu Medaillons

ZUBEREITUNG: CA. 20 MIN.
PRO PORTION: CA. 255 KCAL
FÜR 4 PERSONEN

4 Schweinemedaillons (à 120 g)
Salz | schwarzer Pfeffer aus der Mühle
30 g Butterschmalz | 250 ml Brühe
150 g Aprikosenpaste (oder Aprikosenmarmelade)
2–3 EL Harissa

1 Den Backofen auf 100° (Umluft 90°) vorheizen. Medaillons trocken tupfen, leicht salzen und pfeffern. Im Butterschmalz von jeder Seite in 2 Min. kross braten. In Alufolie wickeln und im Ofen warm halten.

2 Den Bratfond mit Brühe ablöschen. Aprikosenpaste in Stücke schneiden und in der heißen Brühe auflösen. Etwas einkochen lassen. Mit Harissa, Salz und Pfeffer scharf abschmecken.

3 Medaillons auswickeln, den ausgetretenen Fleischsaft in die Sauce rühren. Mit den Medaillons anrichten. Dazu schmeckt Reis oder Couscous.

Kokossauce zu Medaillons

ZUBEREITUNG: CA. 30 MIN.
PRO PORTION: CA. 525 KCAL
FÜR 4 PERSONEN

4 Schweinemedaillons (à 120 g)
Salz | schwarzer Pfeffer aus der Mühle | 30 g Butterschmalz
1 Bio-Limette | 1 kleine rote Chilischote
400 ml Kokosmilch (Dose) | 2–3 EL Sambal Manis

1 Den Backofen auf 100° (Umluft 90°) vorheizen. Medaillons trocken tupfen, leicht salzen und pfeffern. Im Butterschmalz von jeder Seite in 2 Min. kross braten. In Alufolie wickeln und im Ofen warm halten.

2 Limette heiß waschen. Schale mit dem Zestenreißer in feinen Streifen abziehen, Saft auspressen. Chilischote putzen, entkernen, waschen und fein würfeln.

3 Den Bratfond mit Kokosmilch ablöschen und cremig einkochen lassen. Mit Sambal Manis und Limettensaft abschmecken. Medaillons auswickeln, den Fleischsaft in die Sauce rühren. Die Sauce mit Limettenzesten und Chiliwürfeln bestreuen. Mit den Medaillons anrichten.

Senfsauce zu Medaillons

ZUBEREITUNG: CA. 20 MIN.
PRO PORTION: CA. 405 KCAL
FÜR 4 PERSONEN

4 Schweinemedaillons (à 120 g)
Salz | schwarzer Pfeffer aus der Mühle | 30 g Butterschmalz
125 ml Brühe | 200 g Crème fraîche
je 2–3 TL scharfer und körniger Senf
2 TL heller, klarer Honig

1 Den Backofen auf 100° (Umluft 90°) vorheizen. Medaillons trocken tupfen, leicht salzen und pfeffern. Im Butterschmalz von jeder Seite 2 Min. kross braten. In Alufolie wickeln und im Ofen warm halten.

2 Den Bratfond mit Brühe ablöschen. Crème fraîche einrühren und etwas einkochen lassen. Beide Senfsorten und Honig einrühren. Mit Salz und Pfeffer abschmecken.

3 Medaillons auswickeln, den ausgetretenen Fleischsaft in die Sauce rühren. Mit den Medaillons anrichten. Dazu passen Bratkartoffeln.

Mal feurig, mal fruchtig, mal würzig, mal frisch – scharf ist nicht gleich scharf. Vier pikante Saucen würzen saftige Medaillons vom Schwein immer anders »hot«.

Tafelspitz in Zitronengrasbrühe mit Apfel-Wasabi-Dressing

Das zarte, fettarme Fleisch verträgt sich hervorragend mit asiatischen Aromen. Fleisch und Dressing schmecken übrigens kalt und warm.

ZUBEREITUNG: CA. 45 MIN.
GAREN: 2 STD.
PRO PORTION: CA. 385 KCAL
FÜR 4 PERSONEN

FÜR DEN TAFELSPITZ

3 Zitronengrasstängel
1 Stück frischer Ingwer (60 g)
2 rote Chilischoten
1 Bund Koriander mit Würzelchen
4 Kaffirlimettenblätter
1,5 l Fleischbrühe
1 kg Tafelspitz
Salz | Fisch- oder Sojasauce

FÜR DAS APFEL-WASABI-DRESSING

1 Bio-Limette
500 ml Apfelsaft
1 EL brauner Zucker
1–2 EL Wasabipaste

1 Vom Zitronengras nur die unteren kolbenförmigen 10 cm verwenden. Harte Außenblätter entfernen, die Stängel längs halbieren und faserig klopfen. Ingwer schälen und in 2 mm dicke Scheiben schneiden. Chilischoten halbieren, Trennwände und Samen entfernen, die Schoten waschen. Koriander waschen und trocken schütteln. Die Blättchen abzupfen und beiseitestellen, die Wurzeln putzen.

2 Fleischbrühe mit Zitronengras, Ingwer, Chili, Limettenblättern, Korianderwurzeln und -stängeln aufkochen. Das Fleisch kalt abspülen und in die kochende Brühe legen. Zugedeckt bei schwacher Hitze etwa 2 Std. ziehen lassen. Dabei entstehenden Schaum regelmäßig abschöpfen.

3 Inzwischen für das Dressing die Limette heiß waschen. Die Schale mit dem Zestenreißer abziehen und fein hacken, den Saft auspressen. Apfelsaft, Zucker und Limettensaft aufkochen und sirupartig auf 125 ml einkochen lassen, abkühlen. Limettenschale und Wasabi einrühren. Backofen auf 75° (Umluft 60°) vorheizen.

4 Das Fleisch aus der Brühe heben, in Alufolie wickeln und im Ofen warm halten. Die Brühe durch ein Sieb gießen. Nach Belieben salzen und mit etwas Fisch- oder Sojasauce abschmecken. Mit Korianderblättchen garniert als ersten Gang servieren.

5 Das Fleisch quer zur Faser in Scheiben schneiden, mit etwas Apfel-Wasabi-Dressing beträufeln und mit Korianderblättchen bestreuen.

TIPP Wer mag, ergänzt die Brühe mit einigen Glasnudeln bzw. japanischen Soba- oder Udonnudeln und fein streifig geschnittenen Möhren.

VARIANTE MIT APFEL-MEERRETTICH

Für den klassischen Tafelspitz 1 Bund geputztes und grob zerteiltes Suppengrün, 2 Lorbeerblätter, 4 Wacholderbeeren, 2 Gewürznelken und 10 schwarze Pfefferkörner in die Brühe geben. Die Tafelspitzscheiben mit etwas Brühe begießen und mit Schnittlauchröllchen bestreuen. Dazu schmecken Kartoffeln und Apfel-Meerrettich. Für 4 Portionen 2 große Äpfel reiben. Sofort mit 1 EL Apfelessig, 1 EL Zucker und etwas Salz mischen. 1/2 Stange frischen Meerrettich schälen, fein reiben und sofort mit dem Apfel mischen.

Die Zitronengrasbrühe gibt während des langen Garens ihr Aroma an das Fleisch und nimmt gleichzeitig den würzigen Fleischgeschmack an. Sie wird als erster Gang vor dem Fleisch serviert.

Rosa gebratenes Roastbeef

Ein besonders zartes Fleisch, das warm und kalt gleichermaßen gut schmeckt. Toll auch für jedes Büfett.

ZUBEREITUNG: CA. 30 MIN.
GAREN: CA. 35 MIN.
PRO PORTION (BEI 10 PERSONEN): CA. 300 KCAL
FÜR 8–10 PERSONEN

2 kg Roastbeef am Stück (vom Jungbullen)
schwarzer Pfeffer aus der Mühle
Salz
50 g Butter
Öl für den Bratrost

1 Den Backofen auf 250° (Ober- und Unterhitze) vorheizen. Den Bratrost einölen. Das Fleisch von Fett und Sehnen befreien. Kräftig pfeffern und die Oberseite dick mit Butter bestreichen. Auf den Rost legen und salzen. Die Fettpfanne unterschieben und das Fleisch im Ofen (Mitte) 30 Min. braten.

2 Zur Garprobe mit einem spitzen Messer ins Fleisch stechen. Tritt Blut aus, noch etwa 5 Min. weiterbraten und nochmals testen. Tritt klarer Fleischsaft aus, das Fleisch aus dem Ofen nehmen, in Alufolie wickeln und 10 Min. ruhen lassen, dabei einmal wenden. Auswickeln, den ausgetretenen Fleischsaft auffangen und als Basis für die Sauce verwenden. Alternativ einfrieren, wenn das Roastbeef kalt gegessen wird.

TIPP Dazu passen kleine, im Ganzen gebratene Kartoffeln, die Honig-Senf-Creme (Seite 136) und diese **Kräutersauce:** Für 8–10 Portionen 150–200 g gemischte frische Kräuter (z. B. Petersilie, Kresse, Kerbel, Dill, Sauerampfer, Schnittlauch, Borretsch, Pimpinelle) fein hacken oder TK-Kräuter verwenden. 4 große hart gekochte Eier pellen. Eigelbe und Eiweiße trennen. Eiweiße fein hacken. 500 g griechischen Joghurt (10 % Fett) und 200 g Vollmilchjoghurt (3,5 % Fett) cremig verrühren, 1 EL Kräutersalz, 2 EL extrascharfen Senf, 2 EL Ahornsirup und etwas Pfeffer unterziehen. Nach Belieben noch 1–2 Spritzer Süßstoff hinzufügen (je nach Säure des Joghurts). Die Eigelbe durch ein Sieb streichen und untermischen. Gehackte Kräuter und Eiweiße zugeben. Alles gut mischen. Mit Pfeffer, Salz und Ahornsirup abschmecken und mit Kräuterzweigen dekorieren.

Mit einem sehr scharfen Messer die Fettschicht und zähes Gewebe abschneiden.

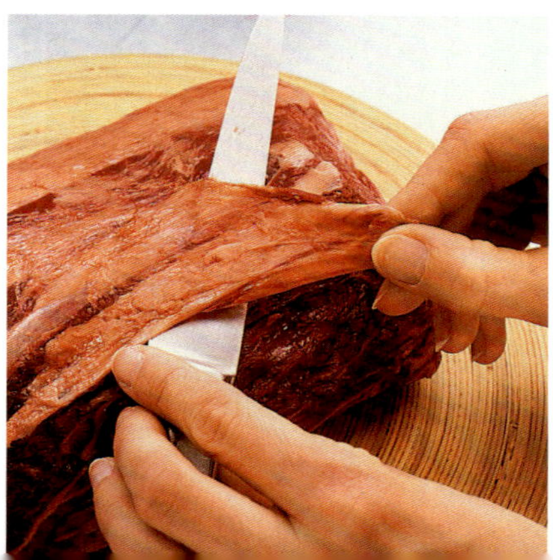

Das mit Butter bestrichene Fleisch evtl. nochmals mit grobem Pfeffer bestreuen.

Das fertig gebratene Roastbeef ist oben gut gebräunt und kross, innen zart und saftig.

Ingwer-Beef aus dem Wok

Ingwer und Chili geben Schärfe, von Ketchup Manis kommt die Süße. Sobald nach dem Marinieren alle Zutaten klein geschnitten sind, ist dieses köstliche Gericht in Minutenschnelle auf dem Tisch.

ZUBEREITUNG: CA. 45 MIN.
MARINIEREN: CA. 1 STD.
PRO PORTION: CA. 390 KCAL
FÜR 4 PERSONEN

4 EL Ketchup Manis | 4–5 EL Sakewein
2 EL Sesamöl | 350 g Rinderfilet (oder Hüftsteak)
300 g Möhren | 120 g Glasnudeln
1 großes Stück frischer Ingwer
2–3 Knoblauchzehen | 1–2 rote Chilischoten
1/2 Bund Koriandergrün | 2 EL Erdnussöl
2 EL Ingwermarmelade (oder Mangochutney)
Salz

1 Je 1 EL Ketchup Manis, Sake und Sesamöl mischen. Das Fleisch in sehr dünne Scheiben schneiden, in der Mischung 1 Std. im Kühlschrank marinieren. Möhren schälen, in 4 cm lange Julienne schneiden. Nudeln mit kochendem Wasser begießen, 3 Min. ziehen lassen, kalt abschrecken und mit der Schere klein schneiden. Ingwer schälen, sehr fein hacken, 2 EL abmessen. Knoblauch schälen. Chili waschen, vom unteren Viertel feine Ringe abschneiden, beiseitestellen. Übrige Schote längs halbieren, Trennwände und Samen entfernen, die Hälften fein würfeln. Koriander abbrausen und trocken schütteln, die Blättchen abzupfen.

2 Je 1 EL Sesam- und Erdnussöl im Wok erhitzen. Ingwer und Chiliwürfel 1 Min. anbraten, Knoblauch dazupressen. Möhren zugeben und 1–2 Min. unter Rühren braten. Mit restlichem Sake ablöschen. Restliches Ketchup Manis und Ingwermarmelade einrühren, etwas salzen. Die Glasnudeln untermischen. In einer Pfanne 1 EL Erdnussöl stark erhitzen. Die Fleischscheiben trocken tupfen, die Marinade zu den Nudeln gießen. Das Fleisch 1/2–1 Min. bei starker Hitze braten. Sofort auf die Nudeln geben. Mit den Chiliringen und Korianderblättchen bestreuen. Dazu passt Basmatireis.

Lammkeule mit grüner Sauce

Lamm und Rosmarin gehören einfach zusammen. Darum bekommt das Fleisch hier richtig viel Zeit, das kräftige Aroma des Krauts aufzunehmen, um später mit grüner Sahnesauce genüsslich verzehrt zu werden.

ZUBEREITUNG: CA. 45 MIN.
GAREN: CA. 2 STD. 15 MIN.
PRO PORTION: CA. 655 KCAL
FÜR 6 PERSONEN

1 Lammkeule ohne Knochen (ca. 1 kg)
Salz | schwarzer Pfeffer aus der Mühle
3 Stangen Staudensellerie
1 große Zwiebel
5 Gewürznelken
2 Lorbeerblätter
1 Knolle Knoblauch
3 frische Rosmarinzweige
500 g junge Möhren

FÜR DIE GRÜNE SAUCE

1 kleines Bund glatte Petersilie
3 Dillzweige
1 Zweig Estragon
1 Zweig Zitronenmelisse
1 Handvoll Kerbelblättchen
2 Sauerampferblätter
400 g saure Sahne
125 g Mayonnaise
Salz | Pfeffer aus der Mühle
1 EL Senf | Zucker

AUSSERDEM

Küchengarn

1 Die Lammkeule mit Küchenpapier trocken tupfen. Innen mit Salz und Pfeffer würzen, mit Küchengarn wie einen Rollbraten binden. Staudensellerie im Ganzen waschen, vom oberen Teil etwa 10 cm abschneiden, die verbliebenen Stauden längs durch den Wurzelansatz halbieren und beiseitelegen. Die Zwiebel schälen, mit Gewürznelken und Lorbeerblättern spicken. Vom Knoblauch nur die äußeren Hüllblätter und Wurzelreste entfernen. Rosmarinzweige waschen.

2 Die Zwiebel, die Knoblauchknolle, die Selleriespitzen und den Rosmarin in einen großen Topf geben. Etwa 2 l Wasser angießen und aufkochen. Salzen und die Lammkeule in den Sud geben, einmal aufwallen lassen und den Schaum an der Oberfläche abschöpfen. Die Lammkeule zugedeckt bei schwacher Hitze etwa 1 Std. 30 Min. ganz leise köcheln lassen.

3 Die Möhren schälen, mit den Staudenselleriehälften in den Sud geben und noch 30–45 Min. garen, bis das Gemüse gar ist. Inzwischen für die Sauce die Kräuter waschen, trocken schütteln und die Blättchen fein hacken. Saure Sahne und Mayonnaise verrühren, die Kräuter untermischen. Die Sauce mit Salz, Pfeffer, dem Senf und 1 guten Prise Zucker würzen. Kühl stellen.

4 Die Lammkeule aus dem Sud heben und das Garn entfernen. Das Fleisch in dünne Scheiben schneiden und mit Staudenselleriehälften und Möhren anrichten. Die grüne Sauce dazu servieren.

VARIANTEN

1. Mit Bärlauch: Die unteren Blattabschnitte von 3 Bund Bärlauch statt Rosmarin in den Sud geben und mitgaren. Für die grüne Sauce die (zarteren) oberen Blattabschnitte ganz fein schneiden, mit Sahne und Mayonnaise mischen.

2. Mit Wildkräutern: Den Sud aus halb Weißwein, halb Wasser mit 4 Stängeln Wiesensalbei zubereiten. Für die grüne Sauce wilden Majoran (Dost), Feldthymian (Quendel), ein paar Blättchen Schafgarbe und Gundermann fein gehackt unter die Sahnemischung rühren, mit Wiesensalbeiblüten garnieren.

Original oder Fälschung? Darüber, welche Kräuter in die traditionelle Frankfurter Grüne Sauce gehören, lässt sich trefflich streiten. Wir finden: Erlaubt ist, was schmeckt!

Lamm-Tajine mit Datteln

Die chilischarfe Zwiebel-Knoblauch-Kräuter-Mischung würzt in Marokko viele Tajines, auch solche mit Fisch. Hier gibt sie saftig-zartem Lammfleisch den pikanten Aromakick.

ZUBEREITUNG: CA. 45 MIN.
GAREN: CA. 1 STD. 30 MIN.
PRO PORTION: CA. 670 KCAL
FÜR 4 PERSONEN

750 g Lammfleisch ohne Knochen (Keule, Schulter)
1 dicke Gemüsezwiebel
3 Knoblauchzehen
1 Bund Petersilie
1 Bund Koriandergrün
1 TL edelsüßes Paprikapulver
1 TL grob geschrotete Chilischoten
1 TL Kurkuma
1/2 TL gemahlener Kreuzkümmel
1/2 TL getrockneter Thymian
6 EL Olivenöl
750 g reife Tomaten
Saft und grob geraspelte Schale von 1 Bio-Orange
Salz | schwarzer Pfeffer aus der Mühle
100 g getrocknete Datteln ohne Stein

1 Das Lammfleisch mit Küchenpapier trocken tupfen und in große Würfel schneiden. Zwiebel und Knoblauch schälen, sehr fein hacken. Petersilie und Koriandergrün waschen, trocken schütteln. Die Stiele fein hacken, die Blättchen grob zerschneiden und beiseitelegen. Die Fleischwürfel mit Zwiebel, Knoblauch, gehackten Kräuterstielen, Paprikapulver, Chili, Kurkuma, Kreuzkümmel und Thymian vermischen.

2 In einem Schmortopf mit dicht schließendem Deckel das Olivenöl erhitzen. Das Fleisch samt Würzmischung zugeben und bei mittlerer Hitze etwa 10 Min. anschmoren, ohne dass die Mischung bräunt. Inzwischen die Tomaten mit kochendem Wasser überbrühen, häuten und entkernen, in Stücke schneiden. Zur Fleischmischung geben. Orangensaft und -schale und etwa 100 ml Wasser zugeben, mit Salz und Pfeffer würzen. Fest zugedeckt bei schwacher Hitze etwa 1 Std. garen.

3 Datteln zugeben und die Tajine weitere 30 Min. garen. Abschmecken, mit den Petersilien- und Korianderblättchen bestreuen. Mit frischem Weißbrot, Couscous oder Bulgur servieren.

VARIANTE MIT DILL
Ebenfalls beliebt ist Dill statt Koriandergrün. Von diesem ebenso die Stiele fein schneiden und mit dem Fleisch vermischen. Das fein geschnittene Dillgrün darüberstreuen.

Die aromatische Mischung aus Zwiebel, Knoblauch, gemahlenen Gewürzen und Kräutern unter das Fleisch mengen.

Die Fleischwürfel bei nicht zu starker Hitze anschmoren – sie sollen nicht bräunen, sonst würden die Würzzutaten verbrennen.

Nach der Garzeit ist das Fleisch schön zart und liegt in einem Schmorfond mit vielfältigen Aromakomponenten.

Rindfleisch im Pfefferblatt

Eine Snack-Idee aus der Thaiküche: Aromatische Pfefferblätter umhüllen zartes Rindfleisch und schenken ihm scharfe Würze mit einem Hauch von Anis. Im Sommer tummeln sich die Röllchen übrigens auch gern auf dem Grill.

ZUBEREITUNG: CA. 50 MIN.
MARINIEREN: CA. 1 STD.
PRO PORTION: CA. 190 KCAL
FÜR 4 PERSONEN/24 RÖLLCHEN

2 Knoblauchzehen | 1 Schalotte
100 g Thai-Pfefferblätter (»cha plu« bzw. »la lot«)
3 EL Fischsauce | Pfeffer aus der Mühle
1 EL brauner Zucker
300 g mageres Rinderhackfleisch (Tatar)
3 EL Pflanzenöl

AUSSERDEM

Holzspieße

1 Knoblauch schälen, sehr fein hacken oder durch die Presse drücken. Schalotte schälen und sehr fein hacken. Die Pfefferblätter waschen und trocken schütteln. Kleinere Blättchen in feine Streifen schneiden und mit Knoblauch, Schalotte, Fischsauce, grob gemahlenem Pfeffer und Zucker verrühren. Rinderhack untermischen und mindestens 1 Std. im Kühlschrank ziehen lassen. Restliche Pfefferblätter abzupfen, in kaltes Wasser legen und etwa 30 Min. ruhen lassen.

2 Pfefferblätter auf Küchenpapier trocknen. Jeweils etwas Fleisch auf ein größeres Pfefferblatt geben und aufrollen. Jeweils 3 Röllchen auf 1 Holzspieß stecken. Das Öl in einem Wok oder einer breiten Pfanne stark erhitzen. Die Spießchen darin in Portionen scharf anbraten. Die Hitze reduzieren und die Spießchen in 12–14 Min. fertig garen. Mit Reis servieren.

Geschmortes Lamm mit Safran und Aprikosen

Lamm verträgt sich gut mit süßen wie mit pikanten Zutaten. Diese Kombination mit getrockneten Aprikosen, Mandeln, Safran und anderen aromatischen Gewürzen ist absolut unwiderstehlich!

ZUBEREITUNG: CA. 1 STD. 10 MIN.
QUELLEN: 2 STD.
GAREN: CA. 1 STD. 30 MIN.
PRO PORTION: CA. 765 KCAL
FÜR 4 PERSONEN

300 g getrocknete Aprikosen
1 l Lammfond (Glas)
1 kg Lammfleisch (aus der Keule)
400 g Zwiebeln
3 große Knoblauchzehen
1 TL Safranfäden
Salz | schwarzer Pfeffer aus der Mühle
30–40 g Butterschmalz
2 TL gem. Kreuzkümmel
1 TL gem. Kardamom
500 g Möhren
Cayennepfeffer
150 g blanchierte Mandeln
1 Bund Petersilie

1 Die Aprikosen würfeln und in lauwarmem Wasser 2–3 Std. quellen lassen. Lammfond auf 250 ml einkochen. Das Lammfleisch in 3 cm große Würfel schneiden. Zwiebeln und Knoblauch schälen und grob würfeln. Safranfäden im Mörser mit etwas Salz verreiben und in 1 EL warmem Wasser ziehen lassen.

2 Die Fleischwürfel salzen und pfeffern. Das Butterschmalz in einem Topf erhitzen und das Fleisch darin rundum 5 Min. anbraten. Die Zwiebeln zugeben und 3–4 Min. unter Rühren mitbraten. Den Knoblauch 1 Min. mitschmoren. Aufgelösten Safran, Kreuzkümmel und Kardamom gut unterheben. Mit Lammfond ablöschen und mit dem Einweichwasser der Aprikosen auffüllen, bis das Fleisch knapp bedeckt ist. Zugedeckt bei schwacher Hitze etwa 1 Std. 30 Min. schmoren lassen.

3 Inzwischen die Möhren schälen, längs halbieren und schräg in knapp 1 cm dicke Stücke schneiden. Mit den Aprikosen zum Fleisch geben. Eventuell etwas Flüssigkeit nachgießen und 15–20 Min. weitergaren, bis Fleisch und Möhren weich sind. Mit Salz, Pfeffer und Cayennepfeffer abschmecken. Mandeln nach Belieben längs halbieren und in einer Pfanne ohne Fett goldgelb rösten. Petersilie waschen, trocken schütteln und die Blättchen abzupfen. Den fertigen Lammtopf mit Mandeln und Petersilie garnieren.

VARIANTEN

1. Süßlich-scharf mit Pflaumen, Ingwer & Zimt: Aprikosen durch getrocknete Pflaumen ersetzen, die in Apfelsaft eingeweicht werden. Zusammen mit den Zwiebeln 2 EL gehackten Ingwer anschmoren und nach dem Ablöschen 1 Zimtstange mitkochen lassen. Mit Zimt- und Ingwerpulver sowie Cayennepfeffer abschmecken. Mit Petersilie bestreuen.

2. Mediterran mit Rotwein & Salbei: 4 Salbeiblätter, die Nadeln von 2 Rosmarinzweigen, 3 Knoblauchzehen und 100 g Schalotten fein hacken. Fleisch anbraten, Knoblauch und Schalotten 2 Min. mitbraten, dann Salbei und Rosmarin zugeben. Mit 300 ml Rotwein und 150 ml Brühe aufgießen und 2 Lorbeerblätter mitschmoren. Zum Schluss 500 g gehäutete, entkernte Tomaten würfeln und unterheben. Mit geriebener Muskatnuss abschmecken. 30 g Pinienkerne trocken goldgelb rösten, 8 Salbeiblätter in Butter braten. Beides über das Fleisch streuen.

Die einzelnen Gewürze in diesem Gericht kann man durch Hawayij (Seite 57) ersetzen, einer ausgewogenen Gewürzmischung aus dem Jemen. Als Beilage zu dem üppig-aromatischen Schmorlamm passt der marokkanische Couscous von Seite 180 oder Fladenbrot.

Lammkeule mit Kräuterkruste

Alle mediterranen Aromen finden in dieser Lammkeule zusammen.

ZUBEREITUNG: CA. 1 STD. 10 MIN.
GAREN: CA. 1 STD. 45 MIN.
PRO PORTION (BEI 6 PERSONEN): CA. 675 KCAL
FÜR 4–6 PERSONEN

1 Lammkeule (1,5–1,8 kg)
6 Knoblauchzehen
1 Bio-Zitrone | Salz
8 EL Olivenöl
1 Bund glatte Petersilie
1/2 Bund Basilikum
1/2 Bund Thymian
3 Zweige Rosmarin
6 Salbeiblätter
4–5 Scheiben trockenes
Vollkorn-Toastbrot (100–125 g)
schwarzer Pfeffer aus der Mühle
3 große Fleischtomaten (500 g)

1 Lammkeule von Fett und Häutchen befreien, kalt abspülen und trocken tupfen. Mit einem spitzen Messer ringsherum 12 kleine Einschnitte machen. 3 Knoblauchzehen schälen, längs vierteln und in die Einschnitte stecken. Zitrone heiß waschen, die Schale abreiben, 2 EL Saft auspressen.

2 Den Backofen auf 180° (Umluft 160°) vorheizen. Die Lammkeule salzen und mit 1 EL Zitronensaft gut einreiben. In einem Bräter in 4 EL Olivenöl etwa 15 Min. rundum anbraten. Den Bräter in den Ofen (Mitte) stellen und die Keule etwa 1 Std. 30 Min. garen.

3 Inzwischen die Kräuter waschen, trocken schütteln, von den Stielen zupfen und fein hacken. Brot grob zerteilen und im Mixer zu Bröseln zerkleinern. Kräuter, Brot, restliches Olivenöl, restlichen Zitronensaft und Zitronenschale zu einer Paste verrühren. Übrigen Knoblauch schälen und dazupressen, mit Salz und Pfeffer abschmecken. Die Tomaten waschen und grob würfeln.

4 Die Ofentemperatur auf 220° (Umluft 200°) erhöhen. Die Paste gleichmäßig auf die Keule streichen, die Tomatenwürfel neben der Keule verteilen. Die Lammkeule in weiteren 15 Min. knusprig überbacken. Dabei während der letzten 5 Min. eventuell den Grill zuschalten.

VARIANTE MIT PARMESANKRUSTE

3 EL getrocknete Kräuter der Provence im Mörser fein verreiben, mit 2 EL Olivenöl mischen und gleich nach dem Anbraten auf der Keule verstreichen. Inzwischen 100 g Weißbrot, 1 Bund glatte Petersilie, 3 Knoblauchzehen, 2 EL Olivenöl, Saft und Schale von 1/2 Bio-Zitrone mit 100 g frisch geriebenem Parmesan zu einer Paste verarbeiten. Auf der fast fertigen Keule verteilen und für 15 Min. bei 220° (Umluft 200°) knusprig überbacken.

Zu dieser würzigen Lammkeule schmecken grüne Bohnen, gebratene Champignons und Kartoffelgratin oder auch Kartoffelpüree mit schwarzen Oliven (Seite 191). Ein samtiger, fülliger Rotwein, beispielsweise ein Lagrein Dunkel aus Italien, macht das Ganze rund.

Frikadellen mit Petersilie

ZUBEREITUNG: CA. 45 MIN.
PRO PORTION: CA. 460 KCAL
FÜR 4 PERSONEN

1 Brötchen vom Vortag | 1 Zwiebel
1 kleines Bund Petersilie | 4 Stängel Liebstöckel
3 EL Öl | 500 g gemischtes Hackfleisch
1 Ei (Größe M) | 1 EL Ketchup | Salz | Pfeffer aus der Mühle
Paprikapulver | 1/2 EL Semmelbrösel (bei Bedarf)

1 Brötchen in lauwarmem Wasser einweichen. Zwiebel schälen und fein hacken. Petersilie und Liebstöckel waschen, trocken schütteln und die Blättchen fein hacken. Zwiebel und Kräuter in 1 EL Öl 2–3 Min. andünsten.

2 Das Brötchen fest ausdrücken. Mit Kräutermischung, Hackfleisch, Ei und Ketchup vermengen. Mit Salz, Pfeffer und Paprikapulver würzen. Ist der Hackteig zu weich, wenig Semmelbrösel unterkneten. Aus dem Hackteig mit angefeuchteten Händen 8–12 flache Frikadellen formen. In 2 EL Öl bei mittlerer Hitze pro Seite 8–12 Min. braten.

Frikadellen mit Thymian & Rosmarin

ZUBEREITUNG: CA. 45 MIN.
PRO PORTION: CA. 415 KCAL
FÜR 4 PERSONEN

1 Brötchen vom Vortag | 1 Schalotte
2 Knoblauchzehen | 1/2–1 kleine rote Chilischote
je 2 EL fein gehackter Rosmarin und Thymian
3 EL Olivenöl | 500 g Lammhackfleisch
1 Ei (Größe M) | Salz

1 Brötchen in lauwarmem Wasser einweichen. Schalotte und Knoblauch schälen und fein hacken. Chilischote putzen, entkernen, waschen und fein hacken. Schalotte, Knoblauch, Chili, Rosmarin und Thymian in 1 EL Olivenöl glasig dünsten.

2 Das Brötchen fest ausdrücken. Mit Kräutermischung, Hackfleisch, Ei und Salz vermengen. Aus dem Hackteig mit angefeuchteten Händen 8–12 flache Frikadellen formen.

3 Das restliche Öl erhitzen und die Frikadellen darin bei mittlerer Hitze pro Seite 8–12 Min. braten.

Frikadellen mit Kräuterfüllung

ZUBEREITUNG: CA. 40 MIN.
PRO PORTION: CA. 345 KCAL
FÜR 4 PERSONEN

500 g Kalbfleisch | 1 Brötchen vom Vortag
1 Ei (Größe M) | Salz | Pfeffer
geriebene Muskatnuss
je 1 EL gehackte Petersilie, Estragon, Minze und Oregano
2 EL weiche Butter + Butter zum Braten
Limettensaft

1 Das Kalbfleisch durch den Fleischwolf drehen. Brötchen in lauwarmem Wasser einweichen, fest ausdrücken. Mit Ei, Salz, Pfeffer und reichlich geriebener Muskatnuss unter das Hackfleisch mischen.

2 Petersilie, Estragon, Minze, Oregano, 2 EL Butter und etwas Limettensaft verrühren. Aus dem Hackteig 8 Kugeln formen. Jeweils ein Loch in die Mitte drücken und mit Kräuterbutter füllen. Wieder verschließen und flache Frikadellen formen.

3 Butter in einer Pfanne erhitzen und die Frikadellen darin bei mittlerer Hitze pro Seite 7 Min. braten.

Frikadellen mit Minze & Feta

ZUBEREITUNG: CA. 45 MIN.
PRO PORTION: CA. 425 KCAL
FÜR 4 PERSONEN

1 Brötchen vom Vortag | 80 g Schafskäse (Feta)
4 Zweige Minze | 1 Zweig Zitronenmelisse (nach Belieben)
500 g Lamm- oder Rinderhackfleisch
1 Ei (Größe M) | 1 TL gem. Kreuzkümmel
1 EL rosenscharfes Paprikapulver | Salz | 2 EL Olivenöl

1 Brötchen in lauwarmem Wasser einweichen. Schafskäse sehr fein würfeln. Minze und eventuell Zitronenmelisse waschen, trocken schütteln und die Blättchen sehr fein schneiden. Käse und 2 EL Kräuter mischen.

2 Das Brötchen fest ausdrücken. Mit Hackfleisch, restlichen Kräutern, Ei, Kreuzkümmel, Paprikapulver und dem Kräuterkäse vermengen. Den Hackteig kräftig salzen und mit angefeuchteten Händen 8–12 flache Frikadellen formen.

3 Das Öl erhitzen und die Frikadellen darin bei mittlerer Hitze pro Seite 8–12 Min. braten.

Ob Frikadellen, Fleischpflanzerl oder Buletten, Pelpettine oder Köfte: Hackfleischbällchen werden überall heiß geliebt. Und mit verschiedenen Kräutern lassen sie sich international variieren.

Saftiges Fleisch sucht kräftige Würze für innige Beziehung! Damit dem Braten die Aromen von Rosmarin, Salbei und Oregano durch und durch gehen, wird er mit der Kräuterpaste »gespickt«.

Toskanischer Kräuterbraten mit Rosmarinkartoffeln

Die Küche duftet wunderbar, wenn der saftige Braten im Ofen schmort. Und das Beste: Die Beilagen garen gleich mit. So haben Sie Zeit, mit Ihren Gästen ein Gläschen Prosecco zu trinken und sich mit ihnen relaxt aufs Essen zu freuen.

ZUBEREITUNG: CA. 45 MIN.
GAREN: CA. 2 STD.
MARINIEREN: 2 STD.
PRO PORTION: CA. 535 KCAL
FÜR 4 PERSONEN

6–8 große Zweige Rosmarin
4 Salbeiblättchen
gut 1 EL Oreganoblättchen
3 Knoblauchzehen
1 TL Fenchelsamen
1/2 TL schwarze Pfefferkörner
grobes Meersalz
3 EL Olivenöl
1,2 kg Schweinebraten ohne Schwarte
(z. B. Halsgrat, Nacken)
250 ml Weißwein
750 g festkochende Kartoffeln

AUSSERDEM

Küchengarn

1 Rosmarin, Salbei und Oregano waschen und trocken tupfen. Den Knoblauch schälen. Nadeln von 1 Rosmarinzweig abstreifen und mit den Salbei- und Oreganoblättern und dem Knoblauch grob zerkleinern. Mit den Fenchelsamen, den Pfefferkörnern und 1 TL grobem Meersalz im Mörser zerstoßen oder im Mixer grob pürieren. Die Mischung mit 1–2 EL Olivenöl verrühren.

2 Das Fleisch waschen und trocken tupfen. Mit der Messerspitze rundum mehrmals etwa 1/2 cm tief ins Fleisch stechen und die Kräutermischung in die Einschnitte drücken. Den Braten mit der restlichen Kräutermischung einreiben. 1 Rosmarinzweig beiseitelegen, restliche Zweige auf den Braten legen. Das Fleisch eng mit Küchengarn binden und mindestens 2 Std., besser 4 Std., marinieren.

3 Den Backofen auf 200° (Umluft 180°) vorheizen. Das Fleisch in einen großen Bräter legen, den Weißwein angießen. Im Ofen (Mitte) 1 Std. 15 Min. garen. Den Braten dabei mindestens einmal wenden und bei Bedarf etwas Wasser oder Wein nachgießen.

4 Inzwischen die Nadeln vom restlichen Rosmarinzweig streifen. Die Kartoffeln waschen, schälen und längs vierteln. Mit den Rosmarinnadeln und dem restlichen Olivenöl mischen. Kräftig salzen, zum Fleisch geben und 45 Min. mitgaren. Die Kartoffeln dabei mindestens einmal wenden und mit Bratflüssigkeit überziehen.

5 Das Fleisch aus dem Ofen nehmen und kurz in Alufolie ruhen lassen. Das Küchengarn entfernen. Den Braten in Scheiben schneiden und mit den Kartoffeln im Bräter servieren.

VARIANTEN

1. Mit Orange: Statt Salbei 1 Stück Bio-Orangenschale und 2 Gewürznelken sehr fein hacken und unter das Kräuteröl mischen.

2. Mit Thymian: Für eine herbere Variante – Rosmarin gegen Thymian austauschen, Salbei und Oregano gegen 2 Zweige Bohnenkraut.

Bœuf bourguignon mit Thymian

Zugegeben: Der Ragoutklassiker aus Frankreich braucht ganz schön viel Zeit. Doch das Warten lohnt sich – denn nur langes Schmoren macht das Rindfleisch so mürbe und zart, dass es förmlich auf der Zunge zergeht. Mit thymianwürziger Rotweinsauce ein Fest für die Sinne!

ZUBEREITUNG: CA. 3 STD.
MARINIEREN: 3 STD.
PRO PORTION (BEI 6 PERSONEN): CA. 385 KCAL
FÜR 4–6 PERSONEN

1 kg Rindfleisch zum Schmoren (Wade oder Schulter)
1 dickes Bund Thymian
2 Lorbeerblätter
5 EL Olivenöl
750 ml kräftiger Rotwein (am besten Burgunder)
2 EL Weinbrand (z. B. Armagnac)
300 g Schalotten
2 Knoblauchzehen
3 Möhren
Salz | Pfeffer aus der Mühle
1 EL Mehl
1 EL Tomatenmark
ca. 250 ml gut gewürzte Rinderbrühe

AUSSERDEM

Küchengarn

1 Das Rindfleisch waschen, trocken tupfen und in 3–4 cm große Würfel schneiden. Thymian waschen und trocken schütteln. Die Blättchen von 4–6 Thymianzweigen abstreifen und über die Rindfleischwürfel streuen. Restliche Thymianzweige und Lorbeer mit Küchengarn zu einem Kräutersträußchen zusammenbinden. Kräuterblättchen mit 2 EL Öl, Rotwein und 1 EL Weinbrand mischen und über das Fleisch gießen. Das Fleisch 3–4 Std. marinieren.

2 Schalotten, Knoblauch und Möhren schälen. 2 Schalotten und den Knoblauch sehr fein hacken. Möhren schräg in dickere Scheiben schneiden. Fleisch aus der Marinade nehmen und gut trocken tupfen. Fleischwürfel in drei Portionen in jeweils 1 EL Öl bei starker Hitze in einem großen Schmortopf rundum anbraten. Herausnehmen, mit Salz und Pfeffer würzen und mit Mehl bestäuben.

3 Ganze Schalotten und Möhren im Bratfett in 2–3 Min. leicht bräunen, herausnehmen und beiseitestellen. Die gehackten Schalotten mit dem Knoblauch und dem Tomatenmark kurz im Schmortopf anbraten. Fleisch und Kräutersträußchen dazugeben. Alles mit Marinade und etwas Rinderbrühe ablöschen. Aufkochen und zugedeckt bei schwacher Hitze 1 Std. 45 Min. sanft schmoren lassen. Bei Bedarf Marinade und Brühe angießen.

4 Die ganzen Schalotten und die Möhren zum Fleisch geben. Alles noch knapp 30 Min. zugedeckt weiterschmoren lassen. Falls nötig, die Sauce offen bei starker Hitze noch ein wenig einkochen lassen. Das Ragout mit Weinbrand, Salz und Pfeffer abschmecken und servieren.

Thymian und Lorbeer zum Sträußchen binden und mitschmoren. So bekommt die Sauce ein intensives Kräuteraroma.

Das Fleisch in heißem Fett bei starker Hitze anbraten. So schließen sich die Poren schnell, und das Fleisch bleibt saftig.

Das Ragout in einem Schmortopf mit dicht schließendem Deckel garen. Der lässt die Aromen nicht entweichen.

Leber mit Kräutern der Provence

Mit Kräutern veredelt, schwingen sich einfache Gerichte in ungeahnte kulinarische Höhen auf – wie dieses, dem ein Akkord aus fünf »grünen Franzosen« seine unverwechselbare Note verleiht.

ZUBEREITUNG: CA. 35 MIN.
PRO PORTION: CA. 305 KCAL
FÜR 4 PERSONEN

4 Scheiben Kalbsleber (à 150 g)
weißer Pfeffer aus der Mühle | 2 EL Mehl
je 1 kleiner Zweig Rosmarin, Thymian, Bohnenkraut, Oregano und Lavendel
125 g Schalotten | 2 Knoblauchzehen
1 EL Butter | 1 EL Olivenöl
150 g Kalbsfond (Glas)
200 ml Rotwein (z. B. Bandol aus der Provence)
Salz | 1 EL Rotweinessig

AUSSERDEM

Küchengarn

1 Leberscheiben kalt abspülen, trocken tupfen, pfeffern und in Mehl wenden. Kräuter waschen und mit Küchengarn zu einem Sträußchen binden. Schalotten und Knoblauch schälen, fein hacken. Butter und Öl in einer Pfanne erhitzen. Sobald die Butter bräunt, die Leberscheiben pro Seite 3 Min. braten. Aus der Pfanne heben.

2 Schalotten und Knoblauch im Bratfett anbräunen. Bratensatz mit Fond und Rotwein loskochen. Kräutersträußchen zugeben und alles 5 Min. kräftig kochen lassen. Die Sauce mit Salz, Pfeffer und Essig abschmecken. Die Leberscheiben salzen, in der Sauce wenden und darin erwärmen. Kräutersträußchen entfernen und die Leber servieren.

GRIECHISCHE VARIANTE MIT DILL

Die Leber in Stücke schneiden und anbraten. Statt Schalotten 4 gehackte Zwiebeln im Bratfett dünsten. 500 g gehäutete und entkernte, in Würfel geschnittene Tomaten zugeben, mit Salz und Pfeffer würzen und 2 Bund samt Stielen klein geschnittenen Dill zugeben. 20 Min. schmoren, dann die Leberstücke in der Sauce wenden und darin erwärmen.

Schweinebraten mit Kümmel

Ein Schweinebraten wird erst mit Knödeln und viel Sauce zum rundum gelungenen Genuss.

ZUBEREITUNG: CA. 1 STD.
GAREN: CA. 1 STD. 30 MIN.
PRO PORTION: CA. 780 KCAL
FÜR 6 PERSONEN

1 1/2 kg Schweinebraten (aus der Keule) mit Schwarte
Salz | schwarzer Pfeffer aus der Mühle | 3 EL Öl
3 mittelgroße Möhren | 1/2 Sellerieknolle
3 große Zwiebeln (250 g) | 1 Lorbeerblatt
1 TL schwarze Pfefferkörner | 1 EL Kümmel
250 ml dunkles Bier (oder Malzbier)
1 EL Speisestärke

1 Backofen auf 200° (Umluft 180°) vorheizen. Die Schwartenseite des Bratens mit 1 l kochendem Wasser übergießen. Abtrocknen und mit einem scharfen Messer rautenförmig einritzen. Salzen, pfeffern und etwa 10 Min. von allen Seiten in einem Bräter im heißen Öl anbraten. In den Ofen (Mitte) schieben und etwa 30 Min. offen garen. Inzwischen das Gemüse schälen und grob schneiden. Mit den Gewürzen zum Braten geben. Diesen weitere 1 Std. 30 Min. garen, dabei regelmäßig mit etwas Bier begießen. Falls die Kruste nicht knusprig genug ist, für die letzten Minuten den Grill einschalten.

2 Das Fleisch herausheben, locker in Alufolie einschlagen und kurz ruhen lasen. Den Fond mit etwas Wasser ablöschen und aufkochen, salzen und pfeffern. Stärke mit wenig kaltem Wasser glatt rühren, in den Fond geben und noch einmal kurz aufkochen lassen. Den Braten aufschneiden und mit der Sauce servieren. Dazu passen Semmelknödel oder Kartoffelklöße und Sauerkraut.

VARIANTEN
1. Mit milder Gemüse-Sahne-Sauce: Das angebratene Fleisch mit einigen Gewürznelken spicken. Kümmel durch 2 TL Pimentkörner und das Bier durch Orangensaft ersetzen. Das Wurzelgemüse zum Schluss durchpassieren und mit 200 g Sahne unter den Fond rühren. Mit Ingwerpulver sowie etwas gemahlenem Kardamom und Zimtpulver abschmecken.
2. Mit scharfsüßer Pflaumensauce: Statt Wurzelgemüse die doppelte Menge Zwiebeln nehmen und den Braten mit Apfelsaft begießen. Während des Garens 200 g weiche Backpflaumen in 500 ml Apfelsaft einweichen. Fond durch ein Sieb gießen. Zwiebeln und Pflaumen fein pürieren, durchpassieren und zum Fond geben. Mit Brühe aufgießen, bis die gewünschte Konsistenz erreicht ist. Mit Salz, Pfeffer, Piment, Muskatnuss und Cayennepfeffer pikant abschmecken.

Für eine Gemüse-Sahne-Sauce das mitgeschmorte Gemüse durch ein Sieb streichen.

Scharfe und süße Aromen vereinen sich in der Sauce aus Zwiebeln und Backpflaumen.

Der Klassiker aus Bayern in Reinform: saftig-zartes Fleisch unter würziger Kruste, die ihre Knusprigkeit dem Bier verdankt. Darum nicht vergessen, den Braten regelmäßig damit zu begießen.

Luau-Schwein im Tontopf

Luau – das ist der traditionelle hawaiische Festschmaus. Absoluter Höhepunkt dabei: Ein ganzes Schwein wird in Bananenblätter gehüllt und in einer Erdgrube auf heißen Steinen gegart. Hier eine küchentaugliche, aber nicht minder schmackhafte Version.

ZUBEREITUNG: CA. 45 MIN.
GAREN: CA. 5 STD.
PRO PORTION: CA. 345 KCAL
FÜR 6 PERSONEN

1,5 kg Schweinebraten ohne Knochen (Schulter)
5 Knoblauchzehen
2 kleine getrocknete Chilischoten
1 EL grobes Meersalz
2 TL gerebelter Oregano
Pfeffer aus der Mühle
2 EL Pflanzenöl
200 g verschiedene Kräuterblätter (Kardamom-, Birken- und Lindenblätter, Kresse, Sauerampfer, Borretsch, Basilikum, Schwarznessel, »cha plu«)
3 Kaffirlimettenblätter

FÜR DIE LUAU-SAUCE

3 EL getrocknete Hibiskusblüten (Malvenblüten)
200 g abgetropfte Guaven (Dose)
2 frische rote Chilischoten
30 g frischer Ingwer
1 Stängel Zitronengras
50 g Zucker
3 EL Apfelessig | Salz
schwarzer Pfeffer aus der Mühle
Tabasco

1 Den Schweinebraten mit Küchenpapier trocken tupfen. Den Knoblauch schälen und mit den getrockneten Chilis sowie dem groben Meersalz im Mörser zerstampfen. Oregano, Pfeffer und Öl untermischen. Den Braten damit rundum einreiben. Einen passenden Tontopf wässern.

2 Die Kräuterblätter waschen, aber nicht trocknen. Den Tontopf mit einem Drittel der Blätter auslegen. Den Schweinebraten daraufsetzen, mit den Kaffirlimettenblättern belegen und mit den restlichen Kräuterblättern bedecken. Den Tontopf verschließen und in den kalten Backofen (Mitte) stellen. Den Ofen auf 220° (Umluft 200°) schalten und den Braten 1 Std. 30 Min. garen. Die Temperatur auf 90° (Umluft 80°) reduzieren und den Braten weitere 3 Std. 30 Min. garen.

3 Inzwischen für die Sauce die Hibiskusblüten mit 75 ml kochendem Wasser übergießen, 10 Min. quellen, dann abtropfen lassen. Das Einweichwasser auffangen, einige Blüten zum Garnieren beiseitelegen, die übrigen fein hacken. Guaven mit dem Pürierstab oder im Mixer pürieren. Chilis putzen und entkernen, Ingwer schälen. Beides ganz klein würfeln. Zitronengras waschen, den unteren Abschnitt sehr fein hacken.

4 Den Zucker in einen Topf geben, mit etwas Wasser anfeuchten und bei mittlerer Hitze aufkochen lassen. Chilis, Ingwer und Zitronengras zugeben, kurz andünsten. Gehackte Hibiskusblüten samt Einweichwasser und den Essig zugeben. Aufkochen und etwa 10 Min. leise köcheln lassen. Guavenpüree unterrühren, mit Salz, Pfeffer und Tabasco pikant abschmecken. Abkühlen lassen.

5 Den fertigen Braten aus dem Tontopf heben, die Blätter abnehmen. Den Braten aufschneiden und auf einer Platte anrichten. Die Sauce mit den restlichen Hibiskusblüten garnieren und dazu servieren.

TIPP Wenn Sie lieber einen knusprigen Braten mögen, das ausgepackte Fleisch noch ein paar Minuten unterm heißen Grill rösten.

Wer denkt bei Hawaii nicht an üppige Blumenketten? Und Blüten gibt es auch in den Küchen der Pazifik-insel: Hier gibt Hibiskus der fruchtig-scharfen Sauce zum Braten einen säuerlichen Touch.

Lorbeer-Hähnchen auf dem Heubett

Ein herrlich duftendes Gericht: Die Heu- und Alpenkräuteraromen durchziehen das Fleisch und geben eine feine Würze, frischer Lorbeer würzt dezent von innen.

ZUBEREITUNG: CA. 15 MIN.
GAREN: CA. 1 STD.
PRO PORTION: CA. 590 KCAL
FÜR 4 PERSONEN

2 frische Brathähnchen (à 800 g)
8 frische Lorbeerblätter
Salz | weißer Pfeffer aus der Mühle
100 g Alpen-Wiesenheu
(Heimtierabteilung der Supermärkte)
50 g Butter
1/2 TL Cayennepfeffer

1 Die Hähnchen innen und außen unter fließendem kaltem Wasser waschen und mit Küchenpapier trocken tupfen. Die Hähnchen mit einer Geflügelschere auf der Rückenseite links und rechts des Rückgrats durchschneiden, die Bürzel entfernen.

2 Die Hähnchen mit der Hand so flach wie möglich drücken. Die Haut an Brust und Keulen mit den Fingern lockern, jeweils 1 Lorbeerblatt dazwischen schieben. Die Hähnchen mit Salz und Pfeffer würzen.

3 Backofen auf 220° (Umluft 200°) vorheizen. Ein Backblech mit Alufolie belegen. Das Heu darauf ausbreiten und die Hähnchen darauflegen. Die Butter mit dem Cayennepfeffer schmelzen lassen. Die Hähnchen mit etwas Cayennebutter bestreichen.

4 Das Blech in den Ofen (Mitte) schieben und die Hähnchen 20 Min. braten. Dabei gelegentlich prüfen, ob das Heu nicht verbrennt. Dann die Temperatur auf 200° (Umluft 180°) zurückschalten, die Hähnchen wieder mit Cayennebutter bestreichen und noch 40 Min. garen.

5 Die Hähnchen auf dem Heubett auftragen. Am Tisch mit der Geflügelschere halbieren und auf Teller verteilen.

VARIANTE MIT ROSMARIN
Wer einen üppig wachsenden Rosmarinstrauch im Garten hat, kann das Backblech dick mit Rosmarinzweigen belegen und die Hähnchen darauf garen.

Wie Hähnchen sich bettet, so schmeckt es: Auf duftigem Alpen-Wiesenheu im Ofen gegart, überzeugt der altbekannte Klassiker auch Grillhähnchenmüde.

Zu dem saftigen Geflügelgericht passen gegrillte Polenta-Ecken (Seite 183), und aus Resten wird leckeres Fastfood: Fleisch in Streifen schneiden, in der Sauce erwärmen und in warme Pittataschen füllen.

Tomatenhähnchen mit Orangen-Gremolata

Die leichte Säure der Tomaten verträgt sich wunderbar mit dem Aroma von Orangen und wird durch zarten Akazienhonig ausgeglichen.

In der Gremolata vereinen sich frische und scharfe Aromen.

Das Fleisch scharf anbraten, damit sich die Poren schließen.

Zwiebeln und Ingwer mit Knoblauch und Chili würzen.

Die Tomaten mit Orangenschale, Honig, Zimt verfeinern.

ZUBEREITUNG: CA. 50 MIN.
PRO PORTION: CA. 340 KCAL
FÜR 4 PERSONEN

FÜR DIE ORANGEN-GREMOLATA

1 große Bio-Orange
1 Bund glatte Petersilie
2 Knoblauchzehen
2 TL rosa Pfefferbeeren (Schinus)

FÜR DAS HÄHNCHEN

4 Hähnchenfilets (à 160–170 g)
3 Knoblauchzehen | 1 große Zwiebel (100 g)
50 g frischer Ingwer | 1 rote Chilischote
1 Bund glatte Petersilie
3 EL Olivenöl | 800 g Pizzatomaten (Dose)
2 EL Akazienhonig
2 TL getrocknete Orangenschalen (Seite 61)
1/2 – 1 TL Zimtpulver
Salz | schwarzer Pfeffer aus der Mühle

1 Für die Gremolata die Orange heiß waschen, die Schale fein abreiben. Petersilie waschen, trocken schütteln, die Blättchen abzupfen und sehr fein hacken. Den Knoblauch schälen und zwei Mal durch die Presse drücken. Rosa Pfefferbeeren im Mörser fein zerstoßen. Alles gut mischen.

2 Filets kalt waschen, trocken tupfen. Knoblauch und Zwiebel schälen, die Zwiebel mittelfein hacken. Ingwer schälen und sehr fein hacken, 3 EL abmessen. Chilischote aufschlitzen, die Samen entfernen, Schote sehr fein hacken. Petersilie waschen, trocken schütteln und grob hacken.

3 Hähnchenfilets in 1 EL Öl von jeder Seite 2–3 Min. scharf anbraten, herausnehmen und warm stellen. Zwiebel in 2 EL Öl in 5 Min. glasig schmoren. Ingwer zugeben, 2–3 Min. unter Rühren mitschmoren. Knoblauch dazupressen und noch etwa 1 Min. weiterschmoren, dann die Chilistückchen zugeben. Alles mit den Pizzatomaten ablöschen. Petersilie, Honig, Orangenschalen und Zimt untermischen. Mit Salz und Pfeffer abschmecken. Die Hähnchenfilets in die Sauce legen. Mit der Orangen-Gremolata bestreuen.

Involtini – vier Mal variiert

Involtini mit Meerrettich

ZUBEREITUNG: CA. 45 MIN.
PRO PORTION: CA. 470 KCAL
FÜR 4 PERSONEN

8 Putenschnitzel (à 80 g) | Salz | schwarzer Pfeffer
8–12 TL geriebener Meerrettich (Glas) | 8 Scheiben Serranoschinken
16 Salbeiblätter | 2 EL Öl
100 ml Sherry medium | 200 g Sahne
8 Zahnstocher

1 Schnitzel zwischen Frischhaltefolie flach klopfen, salzen und pfeffern. Mit Meerrettich bestreichen, mit Schinken und Salbeiblättern belegen. Aufrollen und mit Zahnstochern feststecken.

2 In einer Pfanne im Öl rundum 6–8 Min. anbraten. Zugedeckt bei schwacher bis mittlerer Hitze 15–20 Min. garen. Herausnehmen und warm stellen. Bratsatz mit Sherry ablöschen. Sahne zugießen und etwas einkochen lassen. Mit Salz und Pfeffer abschmecken. Dazu passt Baguette.

Involtini mit Curry

ZUBEREITUNG: CA. 40 MIN.
PRO PORTION: CA. 420 KCAL
FÜR 4 PERSONEN

8 Putenschnitzel (à 80 g) | Salz | schwarzer Pfeffer
3–4 TL Currypaste (mild oder »medium-hot«, Glas)
2 EL Öl | 50 ml Brühe | 200 g Sahne
150 g Mangochutney | Currypulver | 8 Zahnstocher

1 Schnitzel zwischen Frischhaltefolie flach klopfen, salzen und pfeffern. Mit Currypaste bestreichen, aufrollen und mit Zahnstochern feststecken.

2 Die Röllchen in einer Pfanne im Öl rundum 6–8 Min. anbraten. Zugedeckt bei schwacher bis mittlerer Hitze 15–20 Min. garen. Herausnehmen und warm stellen. Bratsatz mit Brühe ablöschen. Sahne zugießen und Mangochutney einrühren. Die Sauce mit Salz, Pfeffer und Currypulver abschmecken. Dazu schmeckt Reis.

Involtini mit Basilikum & Parmesan

ZUBEREITUNG: CA. 50 MIN.
PRO PORTION: CA. 495 KCAL
FÜR 4 PERSONEN

150 g Schalotten | 2 Knoblauchzehen
5–6 EL Olivenöl | 2 Bund fein gehacktes Basilikum
8 Putenschnitzel (à 80 g) | Salz | schwarzer Pfeffer
100 g Parmesanspäne | 100 ml Brühe
200 ml Weißwein | 8 Zahnstocher

1 Schalotten und Knoblauch schälen und fein hacken. In 2 EL Öl weich schmoren, mit dem Basilikum mischen. Schnitzel flach klopfen, salzen und pfeffern. Mit Basilikumpaste bestreichen, mit Käse bestreuen. Aufrollen und mit Zahnstochern feststecken.

2 Im Öl rundum 6–8 Min. anbraten. Zugedeckt bei schwacher bis mittlerer Hitze 15–20 Min. garen. Herausnehmen und warm stellen. Bratsatz mit Brühe und Weißwein ablöschen, auf die Hälfte einkochen. Restliches Öl nach und nach unterschlagen.

Involtini mit Gorgonzola & Walnuss

ZUBEREITUNG: CA. 45 MIN.
PRO PORTION: CA. 870 KCAL
FÜR 4 PERSONEN

300 g Gorgonzola | 200 g Frischkäse | schwarzer Pfeffer
100 g gehackte Walnüsse | 8 Putenschnitzel (à 80 g) | Salz
2 EL Öl | 200 ml Brühe | 80 ml Grappa | 8 Zahnstocher

1 Gorgonzola zerdrücken, mit dem Frischkäse mischen und pfeffern. Zwei Drittel der Creme mit den Nüssen mischen. Schnitzel flach klopfen, salzen und pfeffern. Mit der Nusscreme bestreichen, aufrollen und mit Zahnstochern feststecken.

2 Im Öl rundum 6–8 Min. anbraten. Zugedeckt bei schwacher bis mittlerer Hitze 15–20 Min. garen. Herausnehmen und warm stellen. Bratsatz mit Brühe ablöschen, die restliche Käsecreme einrühren. Die Sauce mit Grappa und Pfeffer abschmecken. Dazu passen Rösti.

Marokkanisches gefülltes Hähnchen

In diesem Gericht vereinen sich die Aromen des Orients. Ein etwas aufwendigeres Essen für einen besonderen Anlass und kühlere Abende, an denen die verwendeten Gewürze wohlige Wärme verbreiten.

ZUBEREITUNG: CA. 1 STD. 10 MIN.
GAREN: CA. 1 STD.
PRO PORTION: CA. 700 KCAL
FÜR 4 PERSONEN

FÜR DIE FÜLLUNG

200 g getrocknete Aprikosen
1–2 Zwiebeln (120 g)
2 Knoblauchzehen
Saft und Schale von 1 Bio-Zitrone
Saft und Schale von 1 1/2 Bio-Orangen
50 g Pinienkerne
1 Bund glatte Petersilie
2 EL Olivenöl
2 TL Honig
1/4 – 1/2 TL gem. Kreuzkümmel
1/4 – 1/2 TL gem. Koriander
1/4 – 1/2 TL getr. Orangenschalen (Seite 61)
1/4 – 1/2 TL gem. Ingwer
1/4 TL gem. Kardamom
1 Prise Cayennepfeffer
Salz | schwarzer Pfeffer aus der Mühle

FÜR DAS HÄHNCHEN

1 großes Hähnchen aus Freilandhaltung
3 EL Olivenöl
Saft von 1/2 Orange
2 EL Honig
1/2 TL gem. Kreuzkümmel
1/2 TL gem. Koriander
1/2 TL getr. Orangenschalen (Seite 61)
1/2 TL gem. Ingwer
1/4 TL gem. Kardamom
1 Prise Cayennepfeffer

AUSSERDEM

Küchengarn

1 Für die Füllung die Aprikosen fein hacken. Zwiebeln und Knoblauch schälen und getrennt fein hacken. Orangen und Zitrone heiß waschen, Schale hauchdünn abschälen und fein hacken. Saft auspressen. Pinienkerne in einer Pfanne ohne Fett goldgelb rösten. Petersilie waschen, trocken schütteln und grob hacken.

2 Zwiebeln im Öl in 4–5 Min. glasig dünsten. Knoblauch dazugeben, 1–2 Min. mitdünsten. Die gewürfelten Aprikosen zugeben, weiterschmoren, dann mit dem Orangen- und Zitronensaft ablöschen. Honig, Gewürze, Orangen- und Zitronenschalen zugeben. Mit Salz und Pfeffer abschmecken. Unter gelegentlichem Rühren schmoren, bis der Saft eingekocht ist. Die Masse abkühlen lassen, Pinienkerne und Petersilie untermischen.

3 Für das Hähnchen den Ofen und ein Backblech auf 220° (Umluft 200°) vorheizen. Das Hähnchen innen und außen waschen, trocken tupfen und salzen. Mit der Aprikosenmischung füllen und mit Küchengarn zubinden. Mit etwas Olivenöl einpinseln, das restliche Öl auf das heiße Backblech streichen. Das Hähnchen mit der Brust nach oben daraufsetzen. Im Ofen (zweite Schiene von unten) etwa 5 Min. anbraten, wenden und weitere 5 Min. braten.

4 Inzwischen den Honig mit Orangensaft und Gewürzen mischen. Das Hähnchen wieder umdrehen (Brustseite nach oben), mit Honigmischung einpinseln und etwa 1 Std. braten. Dabei ab und zu mit dem heruntertropfenden Saft bepinseln. Dazu passen Couscous (Seite 180) oder Reis mit Aprikosen (Seite 176) und Mandelsauce (Seite 315).

TIPPS Statt der einzelnen Gewürze für die Füllung 1–2 TL und für das Hähnchen 2 TL Marokkanisches Honiggewürz (Seite 59) verwenden. Für eine schnellere Variante die Füllung wie beschrieben zubereiten. 4 Hähnchenbrustfilets waschen und trocken tupfen. Seitlich eine Tasche hineinschneiden. Je 1–2 EL Füllung hineingeben, das Fleisch mit einem Zahnstocher zustecken. Die gefüllten Hähnchenfilets in Butterschmalz von jeder Seite in 5–6 Min. goldbraun braten.

Wer bei diesem Gericht einmal andere Würzwege einschlagen möchte, nimmt statt der einzelnen Gewürze für die Füllung und das Hähnchen jeweils 1–2 bzw. 2 TL milderes Persisches Rosengewürz (Seite 63) und ersetzt Honig und Zitrusfrüchte durch Granatapfelsirup und braunen Zucker.

Hähnchenbrust mit Estragon & Sahne

ZUBEREITUNG: CA. 35 MIN.
PRO PORTION: CA. 490 KCAL
FÜR 4 PERSONEN

4 Hähnchenbrustfilets (à ca. 170 g) | Salz | Pfeffer aus der Mühle
2–3 EL Butter | 1 gehackte Schalotte
2 reife Tomaten | 2 EL Estragon- oder Weißweinessig
2–3 EL fein gehackter Estragon | 200 g Sahne

1 Filets waschen, trocken tupfen und nach Belieben quer halbieren. Rundum kräftig salzen und pfeffern.

2 Butter in einer Pfanne erhitzen. Die Filets darin bei starker Hitze von beiden Seiten kurz anbraten. Schalotte zugeben und das Fleisch bei schwacher bis mittlerer Hitze in 8–12 Min. fertig garen.

3 Inzwischen Tomaten überbrühen, häuten, entkernen und würfeln. Die Filets aus der Pfanne nehmen und warm stellen. Bratsud mit Essig ablöschen. Sofort Tomatenwürfel und Estragon zugeben. Sahne zugießen, aufkochen und etwas einkochen lassen. Mit Salz, Pfeffer und Essig abschmecken. Die Filets in der Sauce erwärmen.

Hähnchenbrust mit Thai-Basilikum

ZUBEREITUNG: CA. 25 MIN.
PRO PORTION: CA. 320 KCAL
FÜR 4 PERSONEN

4 Hähnchenbrustfilets (à ca. 170 g) | Salz | Pfeffer aus der Mühle
2–3 EL Öl | 1 dicke Frühlingszwiebel
2 Knoblauchzehen | 1 Stück frischer Ingwer (2 cm)
1 Stück Schale von 1 Bio-Limette
1 kleines Bund Thai-Basilikum

1 Filets waschen und trocken tupfen. Rundum kräftig salzen und pfeffern. Öl in einer Pfanne erhitzen. Die Filets darin bei starker Hitze von beiden Seiten kurz anbraten, dann bei schwacher bis mittlerer Hitze in 8–12 Min. fertig garen.

2 Inzwischen Frühlingszwiebel waschen und putzen. Knoblauch und Ingwer schälen. Alles mit der Limettenschale sehr fein hacken. Basilikum waschen, trocken schütteln und die Blättchen in Streifen schneiden.

3 Die Filets aus der Pfanne nehmen und warm stellen. Limettenmix im Bratfett glasig dünsten, Basilikum ganz kurz mitdünsten. Die Filets mit der Kräutermischung bestreuen.

Hähnchenbrust mit Rucola & Zitrone

ZUBEREITUNG: CA. 45 MIN.
PRO PORTION: CA. 365 KCAL
FÜR 4 PERSONEN

4 Hähnchenbrustfilets (à ca. 170 g)
Selleriesalz | Pfeffer aus der Mühle
5 EL Olivenöl | 250 g Rucola
4 EL Zitronensaft | Salz

1 Die Filets waschen und trocken tupfen. Rundum kräftig mit Selleriesalz und Pfeffer würzen. Mit 1 EL Olivenöl bestreichen.

2 Rucola verlesen, harte Stängel abschneiden. Die Blätter waschen, abtropfen lassen und auf vier Tellern auslegen.

3 Eine Grillpfanne stark erhitzen. Die Filets darin pro Seite 5 Min. grillen. Pfanne vom Herd nehmen und die Filets kurz nachziehen lassen. Zitronensaft mit Salz und dem restlichen Olivenöl verquirlen. Die Filets in Streifen schneiden und auf dem Rucolabett anrichten. Mit dem Zitronenöl beträufeln.

Hähnchenbrust mit Speck & Petersilie

ZUBEREITUNG: CA. 30 MIN.
PRO PORTION: CA. 450 KCAL
FÜR 4 PERSONEN

4 Hähnchenbrustfilets (à ca. 170 g) | Salz | Pfeffer aus der Mühle
2–3 EL Butter | 80 g durchwachsener Räucherspeck
1 Knoblauchzehe | 1 kleines Bund Petersilie
einige Zweige Thymian

1 Filets waschen, trocken tupfen und rundum kräftig salzen und pfeffern. Butter in einer Pfanne erhitzen. Die Filets darin bei starker Hitze von beiden Seiten kurz anbraten, dann bei schwacher bis mittlerer Hitze in 8–12 Min. fertig garen.

2 Inzwischen den Speck ohne Schwarte und Knorpel in winzige Würfel schneiden. Knoblauch schälen und fein hacken. Petersilie und Thymian waschen, trocken schütteln und die Blättchen fein hacken.

3 Die Filets aus der Pfanne nehmen und warm stellen. Speck in der Pfanne bei starker Hitze kross braten. Knoblauch und Kräuter 1–2 Min. mitdünsten. Die Filets mit dem Kräuterspeck beträufeln und sofort servieren.

Zarte Hähnchenbrust immer wieder anders: mal mit säuerlicher Estragonsahne, mal mit feiner Thai-Note, dann sommerlich leicht mit Rucola oder deftig mit Kräuterspeck.

Dieses Wokgericht mit seiner Aromenvielfalt ist wahrlich eine Sünde wert – auch für diejenigen, die auf reichlich Schärfe eher empfindlich reagieren: Einfach eine Chilischote weniger nehmen, und das Gericht nur mit einem kleinen Spritzer Chilisauce abschmecken.

Entenbrust aus dem Wok

Fruchtig-säuerliche, würzige, süße und scharfe Geschmackskomponenten vereinen sich in diesem Gericht. Vom Fleisch wird alles überflüssige Fett entfernt, es bleibt nur köstlicher Geschmack.

ZUBEREITUNG: CA. 1 STD.
PRO PORTION: CA. 630 KCAL
FÜR 4 PERSONEN

3 Stangen zarter Lauch
1 großes Stück frischer Ingwer (40 g)
3 Barbarie-Entenbrüste (à ca. 300 g)
1 frische Ananas (ca. 600 g Fruchtfleisch)
2 rote Chilischoten
Salz | schwarzer Pfeffer aus der Mühle
3–4 EL Limettensaft
3–4 EL Ketchup Manis
3–4 EL süße Chilisauce

1 Lauch putzen und waschen, die festen weißen und hellgrünen Teile in schmale Ringe schneiden. 3–4 Ringe beiseitestellen. Ingwer schälen und fein hacken, 3 EL abmessen. Die Entenbrüste waschen und trocken tupfen. Die Fettseite vorsichtig von der Fleischseite trennen. Dafür mit einem spitzen Messer die verbindenden Häutchen einritzen und die Fettseite stückchenweise vom Fleisch ablösen.

2 Das Fett in 1/2 cm große Würfel schneiden. Diese im Wok etwa 15 Min. auslassen, dabei aber nicht zu dunkel werden lassen. Inzwischen die Ananas schälen, längs achteln, den Strunk entfernen, das Fruchtfleisch in dünne Scheiben schneiden. Grieben auf Küchenpapier entfetten. Das Entenfett aus dem Wok in ein Gefäß gießen und beiseitestellen. Chilis längs aufschlitzen, Trennwände und Samen entfernen. Die Schoten waschen und fein würfeln.

3 Das Entenfleisch in dünne Scheibchen schneiden. In 2 TL heißem Entenfett in etwa 4 Min. knusprig braten. Aus dem Wok nehmen, salzen, pfeffern und warm stellen. Ingwer in 2 TL Entenfett 1 Min. anbraten, Ananas dazugeben und 3–4 Min. unter Rühren braten. Aus dem Wok nehmen und warm halten.

4 Lauchringe und die Hälfte der Chiliwürfel in 2 TL Entenfett anbraten. Nach 1–2 Min. das Fleisch und die Ananas zurück in den Wok geben. Limettensaft und Ketchup Manis zugeben, alles gut mischen. Mit Chilisauce scharf-pikant abschmecken. Mit Lauchringen, den restlichen Chiliwürfeln und den ausgebackenen Grieben bestreuen.

VARIANTEN

1. Mit Garam Masala: Lauch durch das Weiß zarter Frühlingszwiebeln ersetzen, Ananas durch säuerliche Äpfel und Sultaninen. Mit Limettensaft, braunem Zucker, Cayennepfeffer und Garam Masala (fertig gekauft oder Rezept Seite 57) würzen. Mit in dünne Röllchen geschnittenem Frühlingszwiebelgrün bestreuen.

2. Omelett-Wrap: Entenbrust wie beschrieben zubereiten, aber nur je 1 EL Limettensaft und Ketchup Manis untermischen. Übrigen Limettensaft, Ketchup Manis und Chilisauce verrühren. 4 Eier mit Salz, Pfeffer, 2 EL Wasser und 2 EL Sojasauce mit dem Schneebesen verquirlen. Daraus 8 kleine dünne Omeletts backen. 8 Salatblätter waschen, trocken tupfen. Auf jedes Salatblatt 1 Omelett legen, darauf 2 EL Fleischmischung und ein paar Grieben geben. Aufrollen, mit dem Dip servieren.

Entenbrust mit Kräutern

Wenn Entenbrust erst in Wein mariniert und dann mit mediterranen Kräutern sanft geschmort wird, gibt das ein wunderbares Sonntagsessen.

ZUBEREITUNG: CA. 1 STD.
MARINIEREN: CA. 24 STD.
PRO PORTION: CA. 550 KCAL
FÜR 4 PERSONEN

2 Entenbrustfilets à ca. 300 g
Salz | schwarzer Pfeffer aus der Mühle
gut 500 ml trockener Weißwein
1 EL Butterschmalz
2 Schalotten
1 Knoblauchzehe
1 Zweig Thymian (möglichst Zitronenthymian)
1 Zweig Oregano
1 Zweig Minze
etwas Grün vom Gewürzfenchel
1 EL frische Rosmarinnadeln
50 g kalte Butter

1 Die Filets mit Küchenpapier trocken tupfen. Die Haut mit einem scharfen Messer rautenförmig bis in die Fettschicht (aber nicht bis ins Fleisch) einschneiden, damit sie sich beim Braten nicht verzieht. Die Filets von beiden Seiten salzen und pfeffern. In eine Schüssel legen und mit Weißwein übergießen, bis das Fleisch gut bedeckt ist. Zugedeckt 24 Std. im Kühlschrank marinieren, dabei gelegentlich wenden.

2 Die Filets aus dem Wein heben und gut trocken tupfen. Das Butterschmalz in einem schweren Schmortopf bei mittlerer Hitze erwärmen. Das Fleisch mit der Hautseite nach unten ins heiße Fett legen und offen 5 Min. anbraten. Den Topf fest zudecken und die Filets bei sehr schwacher Hitze 20 Min. im eigenen Saft schmoren lassen.

3 Schalotten und Knoblauch schälen, fein hacken. Kräuter waschen und trocken schütteln. Die Blättchen abzupfen und mit den Rosmarinnadeln fein hacken. Schalotten, Knoblauch und Kräuter bis auf 1 EL zum Fleisch geben, die Entenbrustfilets umdrehen und etwas Marinierwein angießen. Weitere 20 Min. bei sehr schwacher Hitze garen.

4 Backofen auf 75° (Umluft 60°) vorheizen. Die Entenbrustfilets aus dem Topf heben und zugedeckt im Ofen warm stellen. Vom Bratfond das Fett abschöpfen, den restlichen Wein angießen und bei starker Hitze auf die Hälfte einkochen lassen. Die Sauce durch ein Sieb streichen, wieder aufkochen und die Butter in kleinen Stücken mit dem Schneebesen einschlagen, bis die Sauce gebunden ist. Restliche Kräuter zugeben, mit Salz und Pfeffer abschmecken.

5 Die Entenbrustfilets quer zur Faser in ganz dünne Scheiben schneiden, auf Tellern anrichten und mit Sauce übergießen.

VARIANTE MIT PETERSILIE & BASILIKUM
Die Blättchen von jeweils 1/2 Bund Petersilie und Basilikum fein schneiden, die Hälfte davon mitschmoren. Die Sauce nach dem Einkochen statt mit Butter mit 100 g Crème fraîche binden, die übrigen Kräuter einrühren.

Während die Entenbrust sanft gart, können Sie sich an die Beilage machen, die allerdings nicht zu geschmacksintensiv sein darf – sonst konkurriert sie mit den kräftigen Kräuteraromen der Sauce. Ideal sind Ofen- oder Bratkartoffeln.

Mediterran-leichte Genießerküche: Vollreife, fast süßliche Tomaten, die reichlich Sonne getankt haben, runden das herbwürzige Lavendelaroma besonders fein ab.

Provenzalisches Kaninchen mit Lavendel

Geruhsamer Sommerabend: Kaninchen in den Ofen, und dann erst mal Zeit haben für anderes – Salat putzen, Baguette schneiden oder unter freiem Himmel einen kühlen Rosé als Aperitif genießen.

ZUBEREITUNG: CA. 30 MIN.
MARINIEREN: CA. 1 STD.
GAREN: CA. 1 STD. 30 MIN.
PRO PORTION: CA. 625 KCAL
FÜR 4 PERSONEN

6 kleine Zweige Lavendel
+ einige Zweige zum Garnieren
2 EL trockener Wermut (z. B. Noilly Prat)
4 EL Olivenöl
Salz | Pfeffer aus der Mühle
1 Kaninchen (1–1,2 kg, vom Händler in 6–8 Stücke geteilt)
3 Knoblauchzehen
1 Gemüsezwiebel
100–200 ml Hühnerbrühe
4 vollreife Tomaten
3 EL schwarze Oliven in Öl

1 Lavendel waschen und trocken schütteln. Blättchen von 1 Zweig abstreifen und sehr fein hacken. Mit Wermut, 2 EL Öl, Salz und Pfeffer verrühren. Kaninchenteile waschen, trocken tupfen und rundherum mit Lavendelöl einpinseln. Das Fleisch mindestens 1 Std. marinieren.

2 Backofen auf 180° (Umluft nicht empfehlenswert) vorheizen. Den Knoblauch und die Gemüsezwiebel schälen, halbieren. Knoblauch in Stifte, Zwiebel in Streifen schneiden. Den Boden eines Bräters mit 1 EL Öl ausstreichen. Zwiebel und Knoblauch hineingeben, die Kaninchenteile darauflegen. 4 Lavendelzweige dazwischenlegen. Das restliche Öl darüberträufeln. Die Kaninchenteile im Backofen (Mitte) 30 Min. garen, bis sie gebräunt sind. Dann wenden und weitere 40 Min. garen.

3 Den Bräter aus dem Ofen nehmen, Kaninchen herausheben, in eine ofenfeste Servierform geben und im Ofen weitere 10 Min. garen. Falls das Fleisch schon schön gebräunt ist, Temperatur dabei auf 160° reduzieren. Falls es noch blass ist, Temperatur auf 200° erhöhen. Inzwischen Tomaten überbrühen, häuten, entkernen und grob würfeln.

4 Im Bräter auf dem Herd Zwiebeln und Knoblauch nachbräunen, Tomaten kurz mitbraten. Mit Hühnerbrühe ablöschen. Die Oliven dazugeben und die Sauce offen in 15 Min. leicht einkochen lassen, abschmecken. Kaninchen in der Form mit der Sauce übergießen.

TIPP Hier brauchen Sie ein kleines Kaninchen. Größere Exemplare mit dem Gemüse anbraten und mit der Hühnerbrühe auf dem Herd zugedeckt mindestens 45 Min. schmoren. Tomaten dazugeben und weitere 15 Min. garen.

VARIANTEN

1. Baskisches Kaninchen: Olivenöl mit gehackter Petersilie und Thymian würzen. Zusätzlich zum Knoblauch 1–2 rote Chilischoten und 2 Stangen Sellerie zerkleinern. Sauce mit Thymian und grünen Oliven zubereiten. Fertiges Gericht mit fein gehackter Petersilie bestreuen.

2. Orientalisches Kaninchen: 3 EL Olivenöl mit Salz, Pfeffer, 1 EL gem. Mandeln und etwas gem. Koriander und Kreuzkümmel würzen. Kaninchen mit der Mischung einreiben. Statt Knoblauch 2 Stangen Sellerie und 2 Möhren putzen, waschen bzw. schälen, in feine Scheibchen schneiden und mitgaren. In der Sauce statt schwarzer Oliven halbierte helle Weintrauben mitgaren. Sauce mit Honig abschmecken. Das fertige Gericht mit reichlich frisch gehacktem Koriandergrün bestreut servieren.

Aus Resten von Roastbeef, Schweinebraten oder Hühnchen lässt sich schnell ein neues Geschmackserlebnis mit einer dieser vier köstlichen Saucen zaubern. Sie passen aber auch gut zu kurz gebratenen Hähnchenfilets oder zu Schweinekoteletts.

Mango-Limetten-Sauce

Diese Sauce ist schnell zubereitet, schmeckt heiß und kalt, besonders gut zu Geflügel.

ZUBEREITUNG: CA. 20 MIN.
PRO PORTION: CA. 210 KCAL
FÜR 4 PERSONEN

1 Bio-Limette
2 butterweiche, reife Mangos
(ca. 500 g Fruchtfleisch)
50 g blanchierte Mandeln
100 g Schmand
Salz | schwarzer Pfeffer aus der Mühle
Cayennepfeffer

Die Limette heiß waschen. Die Schale fein abreiben, 2 EL Saft auspressen. Die Mangos schälen, das Fruchtfleisch dicht am Kern abschneiden und grob hacken. Die Mandeln im Mixer sehr fein mahlen. Mangostücke, Limettensaft, gemahlene Mandeln und Schmand im Mixer zu einer glatten cremigen Sauce pürieren. Mit Salz, Pfeffer und etwas Cayennepfeffer abschmecken, mit Limettenschale bestreuen.

Fruchtig-scharfe Mandelsauce

Eine wirklich fixe Sauce, die man auch dann noch machen kann, wenn das Essen fast fertig ist. Sie passt zu Safranreis, Couscous, Geflügel, Ente und Schweinefleisch.

ZUBEREITUNG: CA. 10 MIN.
PRO PORTION: CA. 240 KCAL
FÜR 4 PERSONEN

100 g Mandelblättchen | 250 ml Orangensaft
1 EL konzentrierter Hühnerfond
75 g Crème fraîche
Orangenpfeffer (Seite 56)
Cayennepfeffer

Mandelblättchen im Mixer fein mahlen. Orangensaft mit Fond aufkochen. Mandeln einstreuen, leicht cremig einkochen lassen. Crème fraîche einrühren, mit Orangen-Pfeffer und Cayennepfeffer pikant scharf abschmecken.

VARIANTE MIT INGWER & ZIMT
Statt Cayennepfeffer Ingwerpulver und eine Prise Zimtpulver verwenden – oder Ras el Hanout (Seite 58).

Orangensauce

Eine konzentriert-fruchtige Sauce, die mit grünem Pfeffer, Cayennepfeffer und Kresse dreifach scharf gemacht wird und in eher kleiner Menge zu Nudeln und Fisch passt.

ZUBEREITUNG: CA. 30 MIN.
PRO PORTION: CA. 110 KCAL
FÜR 4 PERSONEN

400 ml frisch gepresster Orangensaft
1 EL brauner Zucker | 1 Bio-Orange
1 TL getr. grüner Pfeffer
3 EL Olivenöl | Salz | Cayennepfeffer
etwas Kresse oder Schnittlauch

Orangensaft mit Zucker auf 150 ml einkochen. Orange heiß waschen, mit dem Zestenreißer Streifen abziehen und fein hacken. Den grünen Pfeffer im Mörser zerdrücken, mit den Zesten mischen. Das Olivenöl langsam mit dem Schneebesen unter den reduzierten Saft schlagen, bis eine cremige Sauce entsteht. Die Pfeffermischung unterrühren, mit Salz und 1 Prise Cayennepfeffer abschmecken. Mit Kresse oder Schnittlauchröllchen bestreuen.

Portweinsauce

Eine superschnelle Sauce, die Eindruck macht. Lecker zu Ente oder Schwein.

ZUBEREITUNG: CA. 15 MIN.
PRO PORTION: CA. 220 KCAL | FÜR 4 PERSONEN

30 g Butter | 200 g Johannisbeergelee | 6 EL Portwein
4 EL Aceto balsamico | Salz | schwarzer Pfeffer | 1 Msp. gem. Piment

Die Butter in kleine Stücke schneiden und kurz ins Tiefkühlfach stellen. Gelee mit Portwein und Balsamico aufkochen, salzen, pfeffern, 3–4 Min. köcheln lassen. Nach und nach die eiskalte Butter mit dem Schneebesen unterschlagen. Die Sauce mit Piment abschmecken.

VARIANTEN
1. Scharf mit Ingwer: **Statt mit Piment auch mal mit fruchtig-scharfem Ingwerpulver abschmecken.**
2. Als Vinaigrette: **Dafür Gelee, Portwein, Balsamico, Salz und Pfeffer verrühren. Tropfenweise 3 EL Olivenöl unterschlagen. Schmeckt zu Rucola und Feldsalat sowie zu kaltem Braten.**

Ein Dessert ist der krönende Abschluss eines jeden guten Essens und nur zu steigern durch eine Auswahl vieler verschiedener Desserts. Ob Schokotörtchen, karamellisierte Früchte, Orangenschaum oder Parfait – alles lässt sich wunderbar miteinander kombinieren.

DESSERTS & GETRÄNKE

Melonenquark mit Minze

Karibisch inspiriert, schnell gemacht, vor dem Gaumen- ein Augenschmaus – und auch kindertauglich, wenn Sie die Alkoholika durch Apfel- und Orangensaft ersetzen.

ZUBEREITUNG: CA. 30 MIN.
MARINIERZEIT: CA. 1 STD.
PRO PORTION: CA. 260 KCAL
FÜR 4 PERSONEN

1 Honigmelone
3 EL brauner Rum
3 EL weißer Rum
1 EL Apricot Brandy
2 EL Limettensaft
1 TL abgeriebene Bio-Limettenschale
3 EL flüssiger, heller Honig
1 Spritzer Angostura Bitter
500 g Magerquark
3 Zweige frische Minze

1 Die Melone quer halbieren und die Kerne mit einem Löffel herauskratzen. Das Fruchtfleisch mit einem Kugelausstecher herauslösen. Das restliche Fruchtfleisch mit einem Löffel auskratzen und pürieren. In einer Schüssel beide Sorten Rum mit Apricot Brandy, Limettensaft und -schale, dem Honig und Angostura gut verrühren. Das Melonenpüree und die Melonenkugeln vorsichtig unterheben, zugedeckt etwa 1 Std. im Kühlschrank marinieren. Den Quark abtropfen lassen.

2 Die Melonenkugeln in einem Sieb abtropfen lassen, die Marinade auffangen. Den Quark mit so viel Marinade verrühren, dass er cremig ist. Minze waschen, Blättchen abzupfen und die Hälfte davon fein schneiden. Mit den Melonenkugeln unter den Quark heben, in den Melonenhälften anrichten, mit den übrigen Minzeblättchen garnieren.

VARIANTEN
1. Mit Waldmeister & Orange: 3–4 Zweige Waldmeister höchstens 15 Min. in der Rummischung ziehen lassen. Statt Limette Orangensaft und geriebene Orangenschale zugeben. Mit Waldmeistergrün garnieren.
2. Mit Kaffirlimette: 2 Kaffirlimettenblätter ohne die Mittelrippe in hauchfeine Streifen schneiden. Mit 1 TL geriebener Kaffirlimettenschale und ein paar Tropfen Saft unter die Marinade mischen.

Karamellisierte Früchte mit Orangenschaumcreme

Ein eindrucksvolles Dessert, das gar nicht so aufwendig herzustellen ist. Zumal sich die Orangenschaumcreme gut im Voraus zubereiten lässt.

ZUBEREITUNG: CA. 45 MIN.
PRO PORTION: CA. 230 KCAL
FÜR 6 PERSONEN

FÜR DIE KARAMELLISIERTEN FRÜCHTE

1/2 frische Ananas (ca. 300 g Fruchtfleisch)
1 große reife Mango | 4 Babybananen
30 g abgetropfter Ingwer in Sirup (Glas)
1 Saftorange | 1/2 Limette
50 g brauner Zucker
1/2 TL gem. Piment
1/2 TL gem. Kardamom
einige Blättchen Zitronenmelisse

FÜR DIE ORANGENSCHAUMCREME

75 g Zucker
2 TL getrocknete Orangenschalen (Seite 61)
5 Eigelb (von Eiern Größe L)
150 ml Orangensaft
2 EL Orangenblütenwasser

1 Für die Creme Zucker mit 1 1/2 TL Orangenschalen im Blitzhacker zu Puderzucker verarbeiten. Mit Eigelben, Orangensaft und Orangenblütenwasser mischen und über dem heißen Wasserbad in 8 Min. mit dem Schneebesen zu einer cremigen Masse aufschlagen. Restliche Orangenschalen darüberstreuen. Kalt stellen.

2 Für die Karamellfrüchte Ananas schälen, längs halbieren, Strunk entfernen. Die Hälften in etwa 2 cm dicke Spalten, diese in Dreiecke schneiden. Mango schälen und in ähnliche Stücke schneiden. Bananen schälen und in Scheiben schneiden. Ingwer fein hacken. Orange und Limette auspressen.

3 Zucker in einer Pfanne schmelzen und hellbraun karamellisieren lassen. Mangostücke etwa 2 Min. unter vorsichtigem Rühren darin braten, dann die Bananen, zuletzt die Ananas. Bevor der Karamell zu dunkel und fest wird, mit dem Zitrussaft ablöschen. Gewürze zugeben und die Sauce köcheln lassen, bis sie leicht eingedickt ist. Mit Ingwer und Melisseblättchen bestreuen. Mit der Orangenschaumcreme servieren.

VARIANTEN

1. Mit Weißweincreme: Orangensaft durch Weißwein, das Orangenblütenwasser durch Cream Sherry ersetzen und mit frischer Minze dekorieren.
2. Mit Apfelcreme: Zucker mit 1 TL Zimtpulver, Apfelsaft und Calvados mischen und mit Eigelb zur Creme aufschlagen. Mit Zimt bestäuben.
3. Mit Marsala oder Whisky: Bei den Früchten Orangen- und Limettensaft durch Marsala oder Whisky ersetzen, statt mit Piment und Kardamom mit Zimt oder einigen zerdrückten Pfefferkörnern würzen. Die Früchte durch Saisonobst (z. B. Pfirsiche, Nektarinen, Aprikosen) ersetzen.

Die aromatisierte Eigelbmischung über dem heißen Wasserbad cremig schlagen.

Die Ananasspalten quer in schmale, mundgerechte Stücke schneiden.

Früchte mit dem Zitrussaft ablöschen, sobald der Zucker gut gebräunt ist.

Melone in Sternanissirup

Süß-würziger Sternanissirup steigert das natürliche Aroma der Melonen. Dazu passt Vanilleeis.

ZUBEREITUNG: CA. 50 MIN.
MARINIEREN: 8 STD.
PRO PORTION: CA. 215 KCAL
FÜR 6 PERSONEN

4 Bio-Limetten
300 g brauner Zucker | 3–4 Sternanis
2 kleine reife Melonen (z. B. Cantaloupe)
Melisseblättchen zum Dekorieren

1 Limetten heiß waschen, mit dem Sparschäler sehr dünn, ohne die weiße Haut, schälen. Limetten auspressen, Saft durch ein Sieb geben. Saft und Schale mit 500 ml Wasser, Zucker und Sternanis aufkochen. Etwa 20 Min. köcheln lassen, dabei auf etwa 300 ml reduzieren. Limettenschalen entfernen, abkühlen lassen.

2 Melonen halbieren, die Samen entfernen, aus dem Fruchtfleisch Kugeln ausstechen und mit etwa 150 ml Sirup begießen. Mindestens 8 Std., besser über Nacht, im Kühlschrank marinieren. Den restlichen Sirup für anderweitige Verwendung im Kühlschrank lagern. Die Melonenkugeln mit einigen Melisseblättchen dekorieren.

VARIANTE MIT ZIMT & KARDAMOM
Anstelle von Sternanis den Sirup mit 2 Zimtstangen, 5 Kardamomkapseln und 2 Gewürznelken aromatisieren.

Dunkle Chili-Mousse

Herbbittere Schokolade, kräftiger Espresso und eine großzügige Prise Cayennepfeffer verbinden sich hier zu einem aufregenden Dessert mit Schärfe-Kick.

ZUBEREITUNG: CA. 30 MIN.
KÜHLEN: CA. 6 STD.
PRO PORTION: CA. 355 KCAL
FÜR 6 PERSONEN

200 g sehr gute dunkle Schokolade (70–75 % Kakao)
2 Eier (Größe M)
50 g Zucker | Salz
200 g Sahne
1 EL Vanillezucker (Tipp Seite 62)
2 EL sehr starker Espresso
2 EL Grappa
1–2 Msp. Cayennepfeffer

1 Die Schokolade in Stückchen brechen und über dem heißen Wasserbad schmelzen lassen. Abkühlen lassen, bis die Schokolade nur noch lauwarm ist.

2 Inzwischen die Eier trennen. Die Eiweiße steif schlagen und kühl stellen. In einer zweiten Schüssel die Eigelbe mit dem Zucker und 1 kleinen Prise Salz schaumig rühren, bis die Masse cremig und hell ist. Die Sahne steif schlagen, dabei den Vanillezucker einrieseln lassen.

3 Die Eigelbcreme unter die flüssige Schokolade rühren. Espresso, Grappa und Cayennepfeffer zugeben. Weiterrühren, bis sich alles verbunden hat. Die Schlagsahne unterheben und zuletzt den Eischnee unterziehen. Die Creme etwa 6 Std. in den Kühlschrank stellen, bis sie fest ist. Zum Servieren mit zwei Esslöffeln Nocken abstechen. Mit frischen Erdbeeren servieren.

VARIANTEN

1. Mit Orangen: Statt mit Grappa und Cayennepfeffer mit 2 EL Orangenlikör und 2 TL getrocknete Orangenschalen (Seite 61) würzen. Orangenfilets mit etwas Orangenblütenwasser marinieren und mit der Mousse servieren.

2. Mit Kaffeelikör: 1 TL gemahlenen Kardamom, 1/2 TL Zimtpulver und 1/4 TL frisch gemahlene Muskatnuss mischen. Mit 2 EL Kaffeelikör zur Schokoladen-Eigelb-Masse geben.

Schokomousse ist für viele der Inbegriff eines edlen Desserts. Servieren Sie Ihren Gästen einmal diese Variante mit feiner Schärfe.

Schokotörtchen mit Ingwer

ZUBEREITUNG: CA. 40 MIN. | BACKEN: CA. 20 MIN.
PRO STÜCK: CA. 350 KCAL
FÜR 12 STÜCK

200 g Ingwer in Sirup (Glas) | 3 Eier (Größe L) | 180 g Zucker
200 g dunkle Schokolade (70–75 % Kakao) in Stücken
140 g Butter in Stücken | 1–2 TL Ingwerpulver
200 ml Ingwersirup (Glas) | Muffinblech | 12 Papierförmchen

1 Backofen auf 180° (Umluft 160°) vorheizen. Papierförmchen in die Mulden des Muffinblechs setzen. Ingwer hacken. Die Hälfte davon in die Förmchen streuen.

2 Eier und 60 g Zucker in etwa 10 Min. dickschaumig schlagen. Restlichen Zucker mit 5 EL Wasser zu Sirup kochen. Schokolade und Butter darin unter Rühren schmelzen lassen. Schokomasse, restliche Ingwerstückchen und Ingwerpulver behutsam unter die Eiercreme heben.

3 Den Teig in die Förmchen verteilen. Im Ofen (Mitte) 18–20 Min. backen. Die Törtchen leicht abgekühlt aus der Form lösen, mit Ingwersirup beträufeln. Dazu passt Vanilleeis.

Schokotörtchen mit Orange

ZUBEREITUNG: CA. 40 MIN. | BACKEN: CA. 20 MIN.
PRO STÜCK: CA. 390 KCAL
FÜR 12 STÜCK

200 g gehacktes Orangeat | 3 Eier (Größe L) | 180 g Zucker
200 g dunkle Schokolade (70–75 % Kakao) in Stücken
140 g Butter in Stücken | 2 TL getr. Orangenschalen (Seite 61)
1 TL gem. Kardamom | 150 ml Orangensirup (Seite 62)
3–4 EL Orangenlikör | Muffinblech | 12 Papierförmchen

1 Backofen auf 180° (Umluft 160°) vorheizen. Papierförmchen in die Mulden des Muffinblechs setzen. 100 g Orangeat darin verteilen.

2 Eier und 60 g Zucker in etwa 10 Min. dickschaumig schlagen. Restlichen Zucker mit 5 EL Wasser zu Sirup kochen. Schokolade und Butter darin unter Rühren schmelzen lassen. Schokomasse, 100 g Orangeat, Orangenschalen und Kardamom behutsam unter die Eiercreme heben. Den Teig in die Förmchen verteilen. Im Ofen (Mitte) 18–20 Min. backen. Leicht abgekühlt aus der Form lösen. Sirup und Likör mischen, über die Törtchen träufeln. Dazu passt ein Orangensalat.

Schokotörtchen mit Mandeln

ZUBEREITUNG: CA. 40 MIN. | BACKEN: CA. 20 MIN.
PRO STÜCK: CA. 390 KCAL
FÜR 12 STÜCK

200 g Mandelblättchen | 3 Eier (Größe L) | 180 g Zucker
200 g dunkle Schokolade (70–75 % Kakao) in Stücken
140 g Butter in Stücken | 1 TL Zimtpulver
2 TL getr. Orangenschalen (Seite 61) | 150 ml Mandelsirup
3–4 EL Mandellikör | Muffinblech | 12 Papierförmchen

1 Backofen auf 180° (Umluft 160°) vorheizen. Papierförmchen in die Mulden des Muffinblechs setzen. 100 g Mandeln goldgelb rösten. In die Förmchen streuen. Restliche Mandeln im Mörser zerstoßen.

2 Eier und 60 g Zucker in etwa 10 Min. dickschaumig schlagen. Restlichen Zucker mit 5 EL Wasser zu Sirup kochen. Schokolade und Butter darin unter Rühren schmelzen lassen. Schokomasse, zerstoßene Mandeln und Zimt unter die Eiercreme heben. Den Teig in die Förmchen verteilen. Im Ofen (Mitte) 18–20 Min. backen. Leicht abgekühlt aus der Form lösen. Sirup und Likör mischen, über die Törtchen träufeln. Dazu passen gehäutete und in Spalten geschnittene Pfirsiche.

Schokotörtchen mit Kirschen

ZUBEREITUNG: CA. 40 MIN. | BACKEN: CA. 20 MIN.
PRO STÜCK: CA. 330 KCAL
FÜR 12 STÜCK

80 g kandierte Kirschen | 3 Eier (Größe L) | 180 g Zucker
200 g dunkle Schokolade (70–75 % Kakao) in Stücken
140 g Butter in Stücken | 1/2–1 TL ger. Muskatnuss
1 Glas abgetropfte Schattenmorellen (680 g, Saft aufheben)
2–3 EL Kirschwasser Muffinblech | 12 Papierförmchen

1 Backofen auf 180° (Umluft 160°) vorheizen. Papierförmchen in die Mulden des Muffinblechs setzen. Kandierte Kirschen in Scheiben schneiden, in die Förmchen streuen.

2 Eier und 60 g Zucker dickschaumig schlagen. 120 g Zucker mit 5 EL Wasser zu Sirup kochen. Schokolade und Butter darin schmelzen lassen. Schokomasse und Muskat unter die Eiercreme heben. Den Teig in die Förmchen füllen. Im Ofen (Mitte) 18–20 Min. backen. Leicht abgekühlt aus der Form lösen.

3 Kirschsaft zu einem dicklichen Sirup einkochen. Kirschen pürieren, mit Sirup und Kirschwasser mischen. Mit den Törtchen anrichten. Dazu passt Joghurt-Kirsch-Eis.

Mit Ingwer, kandierten Orangen, Kirschen oder Mandeln schmecken die kleinen Törtchen immer wieder anders. Jetzt fehlen nur noch einige frische oder marinierte Früchte, eine Kugel Eis oder ganz klassisch ein Klecks Schlagsahne zum Schokoglück.

Salbeimäuschen mit Aprikosensauce

Werden Salbeiblätter durch einen luftigen Ausbackteig gezogen und frittiert, plustern sie sich wie kleine Mäuse auf. Zum Essen werden sie am »Schwänzchen« (dem Stiel) gepackt und in die Aprikosensauce gedippt.

ZUBEREITUNG: CA. 1 STD.
PRO PORTION (BEI 6 PERSONEN): CA. 340 KCAL
FÜR 4–6 PERSONEN

FÜR DIE SALBEIMÄUSCHEN

1 großes Bund frischer Salbei (ca. 50 Blättchen)
200 g Mehl (Type 550)
150 ml helles Bier
1 Prise Salz
2 Eier (Größe S)
1 EL Pflanzenöl
Butterschmalz zum Ausbacken
4 EL Puderzucker zum Bestreuen

FÜR DIE APRIKOSENSAUCE

500 g Aprikosen
75 g Zucker
2 EL Apricot Brandy

1 Den Salbei kurz waschen, trocken schütteln und die Blättchen abzupfen. Auf Küchenpapier ausbreiten und bis zum Frittieren trocknen lassen. Das Mehl in eine Schüssel sieben, das Bier nach und nach mit einer Gabel unterrühren, salzen. Eier und Öl untermischen, den Teig 30 Min. quellen lassen.

2 Für die Aprikosensauce die Aprikosen waschen, halbieren und entsteinen. Den Zucker in einen Topf streuen und mit ein paar Tropfen Wasser befeuchten. Bei mittlerer Hitze aufschäumen lassen, die Aprikosen zugeben und etwa 10 Min. leise köcheln lassen, bis sie zerfallen. Durch ein Sieb streichen oder mit dem Pürierstab glatt mixen. Mit Apricot Brandy verrühren, abkühlen lassen.

3 In einem breiten Topf oder in der Fritteuse reichlich Butterschmalz auf 175° erhitzen, bis sich an einem eingetauchten Holzstäbchen kleine Bläschen bilden. Die Salbeiblätter einzeln durch den Ausbackteig ziehen und portionsweise im heißen Fett in 2–3 Min. goldbraun frittieren. Fertige Blätter herausheben, abtropfen lassen und auf Küchenpapier entfetten. Heiß zu der lauwarmen Aprikosensauce servieren.

VARIANTEN
1. Mit Holunderblüten: Statt Salbeiblättern 8 Holunderblütendolden vorsichtig in stehendem Wasser waschen, abtropfen lassen. Den Bierteig etwas flüssiger bereiten, die Dolden eintauchen und wie die Salbeiblätter knusprig goldbraun frittieren.
2. Mit Wildkräutern: Klassisch sind Beinwellblätter, lecker aber auch Sauerampfer, Löwenzahn, Spitzwegerich oder junge Lindenblätter.

Am besten zum Frittieren eignen sich schöne, große Salbeiblätter.

Im Zuckersirup entwickeln die Aprikosen eine perfekte fruchtige Süße.

Kontrastierende Aromen und Konsistenzen kitzeln den Gaumen aufs Angenehmste.

Beerenratatouille mit Zitronenthymian

Am besten schmecken die heißen Beeren, wenn noch eine Kugel Walnusseis darauf schmilzt.

ZUBEREITUNG: CA. 30 MIN.
PRO PORTION: CA. 85 KCAL
FÜR 4 PERSONEN

350 g gemischte Beeren und Kirschen (Erdbeeren, Himbeeren, Brombeeren, Johannisbeeren)
4 Zweige Zitronenthymian
4 EL Zucker
100 ml kräftiger Rotwein

1 Beeren und Kirschen waschen, putzen und gut abtropfen lassen. Zitronenthymian waschen, trocken schütteln und die Blättchen abzupfen. Die Zweigspitzen ganz lassen und zum Garnieren beiseitelegen.

2 Den Zucker in einen Topf streuen, mit ein paar Tropfen Wasser befeuchten. Bei mittlerer Hitze honigfarben karamellisieren lassen. Den Rotwein angießen (Vorsicht, das spritzt!) und einmal aufkochen, bis sich der Karamell aufgelöst hat. Die Zitronenthymianblättchen, die Beeren und Kirschen zugeben. Schwenken, bis die Beeren gut heiß sind (sie sollen jedoch nicht zerfallen). Heiß in Dessertschälchen verteilen und mit den Zitronenthymianspitzen garnieren.

VARIANTE MIT ANANASSALBEI
Statt Zitronenthymian in Streifen geschnittene Ananassalbeiblätter kurz im Karamell schwenken. Wer hat, garniert mit den dekorativen Salbeiblüten.

Ananasparfait mit Mandel-Vanille-Krokant

Ein köstlich-exotisches, kühl-fruchtiges Dessert, aromatisiert mit weißem Rum, Sternanis und Gewürznelken.

ZUBEREITUNG: CA. 40 MIN.
KÜHLEN: CA. 3 STD.
PRO PORTION (BEI 6 PERSONEN): CA. 395 KCAL
FÜR 4–6 PERSONEN

FÜR DAS PARFAIT

1 süße Ananas (500 g Fruchtfleisch)
2 Gewürznelken | 1 Sternanis
1 1/2 EL Limettensaft
4 Eigelb (von Eiern Größe M)
3 EL feiner brauner Zucker (siehe Tipp)
2 Eiweiß (von Eiern Größe M)
3 EL weißer Rum
200 g Sahne

FÜR DEN KROKANT

50 g Mandelblättchen
2 Vanilleschoten
150 g Zucker | Salz
1 1/2 TL gem. Kardamom

AUSSERDEM

4–6 Portionsförmchen

1 Ananas schälen, vierteln und den Strunk entfernen. Das Fruchtfleisch in Stücke schneiden, 500 g abwiegen, pürieren und durch ein Sieb streichen. Mit Gewürzen und Limettensaft aufkochen, 10 Min. leicht köcheln und dabei etwas einkochen lassen. Erkalten lassen und die Gewürze entfernen.

2 Eigelbe mit 2 EL Zucker schaumig schlagen. Eiweiße steif schlagen, dabei den restlichen Zucker einrieseln lassen. Eigelbmasse und Rum unter das Fruchtpüree heben, dann den Eischnee unterziehen. Sahne steif schlagen und ebenfalls unterheben. Die Masse in die Förmchen füllen, für 3 Std. in das Tiefkühlfach stellen.

3 Inzwischen für den Krokant die Mandelblättchen bei schwacher bis mittlerer Hitze in einer Pfanne ohne Fett goldbraun rösten. Vanilleschoten längs aufschlitzen, die Samen herauskratzen und mit 1 EL Zucker mischen. Restlichen Zucker mit 1 Prise Salz in der Pfanne hellbraun karamellisieren. Mandeln, Vanillezucker und Kardamom untermischen. Den Karamell auf die mit Backpapier belegte Rückseite eines Backblechs gießen, mit Backpapier abdecken und mit dem Nudelholz sehr dünn auswalzen. Abkühlen lassen, das Backpapier abziehen, den Krokant in Stücke brechen.

4 Zum Servieren die Förmchen mit dem Parfait kurz in heißes Wasser tauchen, dann stürzen. Die Parfaits mit frischer Ananas und Mandel-Vanille-Krokant anrichten.

TIPP Brauner Zucker ist oft grobkörnig und schwer löslich. Besser zu verarbeiten ist er, wenn man ihn im Blitzhacker zu Puderzucker zerkleinert.

VARIANTEN
1. Mit Mango: Das Parfait statt mit Ananas mit frischen Mangos zubereiten. Pürierte Mangos mit 3 angedrückten Kardamomkapseln und 1 Zimtstange aufkochen. Nach dem Abkühlen die Gewürze herausnehmen, 3 EL Orangen- oder Aprikosenlikör untermischen. Mit Minzeblättchen und gehackten Pistazien anrichten.
2. Mit Zimt oder Cayennepfeffer: Den Krokant statt mit Vanille mit Zimtpulver oder 1 guten Prise Cayennepfeffer würzen.

Wer keine Portionsförmchen hat, kann das Parfait auch in eine Kastenform füllen. Zum Servieren in Scheiben schneiden und mit frischer Ananas und Krokant anrichten.

Waldmeisternudeln mit Ingwerbröseln

Kaum zu glauben, aber diese Nudeln duften wunderbar nach Zimt. Süßscharfe, knusprige Ingwerbrösel darüber – und das ungewöhnliche Dessert betört Nase und Gaumen.

ZUBEREITUNG: CA. 45 MIN.
RUHEN: CA. 45 MIN.
PRO PORTION (BEI 6 PERSONEN): CA. 430 KCAL
FÜR 4–6 PERSONEN

FÜR DIE NUDELN

8 Stängel Waldmeister
100 ml Weißwein
200 g Mehl
100 g Kamut-Vollkornmehl (Reformhaus, Bioladen)
Salz | 2 Eier (Größe M)
Mehl zum Arbeiten

FÜR DIE INGWERBRÖSEL

1 Stück frischer Ingwer (ca. 30 g)
75 g Butter
75 g Semmelbrösel
120 g Zucker

1 Für die Nudeln Waldmeister waschen, trocken tupfen und etwas antrocknen lassen, damit sich das Aroma entwickelt. Die Hälfte der Stängel in den Weißwein legen und 15 Min. ziehen lassen. Wieder herausnehmen. Mehl und Kamutmehl mit 1 Prise Salz, den Eiern und etwa 4 EL Waldmeisterwein vermischen und gut verkneten. Den Teig zu einer Kugel formen, mit etwas Mehl bestreuen und in Frischhaltefolie wickeln. Bei Zimmertemperatur 30 Min. ruhen lassen.

2 Den Nudelteig nochmals durchkneten, in eigroße Stücke teilen und auf wenig Mehl dünn ausrollen oder durch die Nudelmaschine drehen. Zu Bandnudeln schneiden. Reichlich Wasser aufkochen, salzen, die Nudeln einstreuen und in 5–7 Min. bissfest garen.

3 Inzwischen für die Brösel den Ingwer schälen und auf einer Gemüsereibe fein raspeln. In einem Pfännchen die Butter erhitzen und die Semmelbrösel darin unter Rühren hellbraun rösten. Zucker und Ingwer zugeben und leicht karamellisieren lassen.

4 Die Nudeln abgießen und kurz abtropfen lassen. Auf Teller verteilen und mit Ingwerbröseln bestreuen. Mit den restlichen Waldmeisterzweigen garnieren.

VARIANTEN

1. Mit Holunderblüten: 2 Holunderblütendolden kurz in stehendem Wasser waschen, abtropfen lassen und im Wein 30 Min. ziehen lassen, 4 EL davon unter das Mehl mischen (es dürfen auch ein paar Blütenblätter dabei sein).

2. Mit Ananassalbei: 1 Handvoll Ananassalbeiblätter im Wein 30 Min. ziehen lassen. Die Blätter mit Küchenpapier trocken tupfen und jeweils zwischen zwei Nudelplatten legen. Die Nudelplatten nochmals ausrollen und zwischen den Blättern zu breiten Nudeln schneiden.

Innerhalb kurzer Zeit nimmt der Wein ein intensives Waldmeisteraroma an.

Scharfes Ingweraroma harmoniert bestens mit leicht karamellisiertem Zucker.

Bandnudeln selbst herzustellen geht mit der Nudelmaschine schnell und einfach.

Bratäpfel mit Zitronenmelisse

Ein Dessert, das an kalten Tagen auch wunderbar zu einer Tasse Darjeeling-Tee schmeckt – am besten frisch aus dem Ofen.

ZUBEREITUNG: CA. 10 MIN.
BACKEN: 20–30 MIN.
PRO PORTION: CA. 265 KCAL
FÜR 4 PERSONEN

125 g Crème fraîche
1 EL Ahornsirup
8 Walnusskerne
5 Stängel Zitronenmelisse
4 mittelgroße Bio-Äpfel
(z. B. Cox Orange, Elstar)
Butter für die Form

1 Backofen auf 200° (Umluft 180°) vorheizen. Crème fraîche mit dem Ahornsirup glatt rühren. Walnusskerne grob hacken. Zitronenmelisse waschen, trocken schütteln. Einige Blättchen fürs Garnieren beiseitelegen. Restliche Blättchen sehr fein hacken. Nüsse und Zitronenmelisse unter die Crème fraîche rühren.

2 Die Äpfel waschen und trocken reiben. Von den Äpfeln jeweils einen Deckel abschneiden. Mit einem spitzen Messer oder scharfkantigen Löffel das Kernhaus herausschneiden. Eine flache Auflaufform mit Butter ausstreichen. Jeweils 1 Klecks Crème fraîche in die Äpfel füllen. Die Deckel wieder auf die Äpfel legen. Die Äpfel in die Form setzen und im Backofen (Mitte) etwa 30 Min. backen, bis sie schön weich sind. Zur Probe mit einem Holz- oder Metallstäbchen einstechen. Die Äpfel mit Kräuterblättchen garnieren und heiß servieren.

Crêpes – vier Mal variiert

Crêpes klassisch

ZUBEREITUNG: CA. 25 MIN. | RUHEN: CA. 30 MIN.
PRO PORTION: CA. 225 KCAL
FÜR 4 PERSONEN | 8 CRÊPES

60 g Mehl | 1 Prise Salz
2 Eier (Größe M) | 2 EL Öl | 100 ml Milch
Butter zum Backen

1 Alle Zutaten in einer Schüssel mit dem Schneebesen zu einem leichten Teig verrühren. Zugedeckt etwa 30 Min. ruhen lassen.

2 Etwas Butter in einer beschichteten Pfanne (etwa 15 cm Ø) erhitzen. Wenig Teig hineingeben und rasch durch Rütteln auf dem Boden der Pfanne verteilen. Etwa 1 1/2 Min. backen, bis die Crêpe goldgelb und leicht gebräunt ist. Wenden und von der anderen Seite etwa 30 Sek. backen. Herausnehmen und mit einer Sauce (siehe rechts) servieren. Auf diese Weise noch weitere 7 Crêpes backen.

Crêpes mit Banane & Kokos

ZUBEREITUNG: CA. 25 MIN. | RUHEN: CA. 30 MIN.
PRO PORTION: CA. 455 KCAL
FÜR 4 PERSONEN | 8 CRÊPES

1 Rezept Crêpes klassisch
2–3 Bananen (300 g) | 20 g Butter
2 EL brauner Zucker | 5–6 EL Kokosmilch (Dose)
Saft von 1/2 Limette | geröstete Kokosraspel

1 Den Teig wie links beschrieben zubereiten. Die Bananen schälen und quer halbieren. In der Butter in 6–8 Min. goldbraun braten. Mit Zucker bestreuen und karamellisieren lassen. Die Bananen mit der Kokosmilch pürieren. Das Püree mit Limettensaft abschmecken.

2 Die Crêpes wie beschrieben backen, mit der Sauce bestreichen, zusammenklappen und mit Kokosraspeln bestreuen.

Crêpes mit Schokolade

ZUBEREITUNG: CA. 25 MIN. | RUHEN: CA. 30 MIN.
PRO PORTION: CA. 420 KCAL
FÜR 4 PERSONEN | 8 CRÊPES

1 Rezept Crêpes klassisch
100 ml Kondensmilch | 100 g Bitterschokolade
Zucker (nach Belieben)
2 EL Mandellikör (z. B. Amaretto)

1 Den Teig wie links beschrieben zubereiten. Kondensmilch aufkochen und sofort vom Herd nehmen. Schokolade in Stücke brechen und in der heißen Kondensmilch unter Rühren auflösen. Nach Belieben noch etwas Zucker zugeben. Die Schokoladensauce mit Mandellikör abschmecken.

2 Die Crêpes wie beschrieben backen, mit der Schokosauce übergießen und servieren.

Crêpes mit Apfel & Zimt

ZUBEREITUNG: CA. 25 MIN. | RUHEN: CA. 30 MIN.
PRO PORTION: CA. 490 KCAL
FÜR 4 PERSONEN | 8 CRÊPES

1 Rezept Crêpes klassisch
500 g Äpfel | 50 g Butter
2–3 EL Akazienhonig
75 g Crème fraîche | Zimtpulver

1 Den Teig wie links beschrieben zubereiten. Die Äpfel schälen und in kleine Würfel schneiden. In der Butter in 3–4 Min. hellbraun und weich schmoren. Honig zugeben und 1 Min. weiterschmoren. Die Crème fraîche glatt rühren.

2 Die Crêpes wie beschrieben backen. Mit der Apfelsauce bestreichen, mit Zimt bestreuen und auf jede Portion einen Klecks Crème fraîche setzen. Zusammenfalten und servieren.

Minzeparfait

Ein Sommerdessert mit »Geschmacksregler« – hier in der kräftigen Version mit Pfefferminze. Mit zarter Apfelminze schmeckt das Dessert dezenter und zusätzlich nach grünem Apfel.

ZUBEREITUNG: CA. 40 MIN.
KÜHLEN: CA. 3 STD.
PRO PORTION: CA. 350 KCAL
FÜR 4 PERSONEN

FÜR DAS PARFAIT

1 dickes Bund Pfefferminze
1 EL Zitronensaft
1 EL Pfefferminz- oder Zitronenlikör
3 EL Zucker
300 g Sahne
4 sehr frische Eigelb (von Eiern Größe M)
1 EL weiche Butter
6 EL Pfefferminzsirup

FÜR DIE SAUCE

2 reife weiße Pfirsiche
1 TL Zitronensaft
2 EL Zucker
2 EL Zitronenlikör
1–2 EL Pfefferminzsirup (nach Belieben)
1 Handvoll Himbeeren

AUSSERDEM

4 Portionsförmchen

1 Die Minze waschen und trocken schütteln. Einige besonders schöne Blättchen abzupfen und zum Garnieren beiseitelegen. Etwa 10–15 weitere Blättchen abzupfen, sehr fein hacken und ebenfalls beiseitestellen. Die restlichen Blättchen abzupfen, in einen Kaffeebecher drücken und mit einem Löffel oder Stößel grob zerquetschen.

2 Etwa 150 ml Wasser mit Zitronensaft, Likör und Zucker aufkochen und unter Rühren auf die Hälfte einkochen lassen. Den Zuckersirup sprudelnd kochend über die Kräuterblättchen gießen. Die Kräuter etwa 15 Min. ziehen und dabei auch abkühlen lassen. Dann pürieren und durch ein Sieb passieren.

3 Inzwischen die Sahne steif schlagen. Ein heißes Wasserbad vorbereiten. Einen zweiten Topf mit Eiswasser füllen. Eigelbe und Butter in einer Edelstahlschüssel verrühren. Eiermischung über dem heißen Wasserbad weißschaumig schlagen. Schüssel ins Eiswasser setzen und kalt weiterschlagen, bis die Masse dickcremig ist. Dabei nach und nach den Minzsirup unterschlagen. Schlagsahne und gehackte Minze mit einem Holzlöffel unterziehen. Die Parfaitmasse in die Förmchen füllen und etwa 3 Std. tiefkühlen. Dabei gelegentlich umrühren.

4 Für die Sauce Pfirsiche überbrühen, häuten, das Fruchtfleisch vom Stein lösen. Mit Zitronensaft, Zucker, Likör und eventuell 1–2 EL Minzsirup pürieren. Himbeeren verlesen und vorsichtig waschen.

5 Zum Servieren die Förmchen in heißes Wasser tauchen. Das Parfait auf Dessertteller stürzen, mit Pfirsichsauce umgießen und mit Minzeblättchen und Himbeeren garniert servieren.

VARIANTEN

1. Mit Mangosauce: Mango schälen, Fruchtfleisch vom Stein schneiden. Einen Teil davon in Schnitze schneiden, Rest mit etwas Mineralwasser und Minzsirup fein pürieren. Das Parfait auf einem Teller mit etwas Fruchtpüree umgießen und mit Mangoschnitzen und Minzeblättchen dekorieren.
2. Mit Schokosauce: 100 g Sahne mit 1 EL Minzsirup erhitzen und 50 g Zartbitterschokolade darin unter Rühren schmelzen lassen. Sofort heiß zum Minzeparfait servieren.

Lassen Sie sich eiskalt erwischen: von sahnigem Parfait mit reichlich Pfefferminze. Für Erfrischung hoch zwei und innerlich ein paar Grade weniger an heißen Tagen.

Kardamomcreme mit Papayasauce

Ein indisch inspiriertes Dessert: sehr erfrischend und dabei hocharomatisch.

ZUBEREITUNG: CA. 30 MIN.
ABTROPFEN: CA. 8 STD.
PRO PORTION: CA. 360 KCAL
FÜR 4 PERSONEN

FÜR DIE CREME

10 grüne Kardamomkapseln
1 kg Vollmilchjoghurt (3,5 % Fett) | 1/2 TL Zimtpulver
1 1/2 TL gem. getr. Orangenschalen (Seite 61)
1 Bio-Orange
150 g Sahne | 2 TL Vanillezucker (Tipp Seite 62)
2 EL Pistazienkerne

FÜR DIE PAPAYASAUCE

2 große reife Papayas
1–2 EL brauner Zucker | 3–4 TL Limettensaft

1 Für die Creme die Samen aus den Kardamomkapseln lösen, im Mörser fein zerreiben. Joghurt mit Kardamom, Zimt und den gemahlenen Orangenschalen mischen. In ein mit Mull ausgelegtes Sieb geben, über einer Schüssel im Kühlschrank mindestens 8 Std. abtropfen lassen.

2 Für die Sauce die Papayas schälen, halbieren und die Kerne herauskratzen. Das Fruchtfleisch in Stücke schneiden, pürieren und durch ein Sieb streichen. Mit Zucker und Limettensaft abschmecken.

3 Die Orange heiß waschen, die Schale fein abreiben. Den Saft auspressen. Joghurt mit Orangensaft und -schale mischen. Sahne mit dem Vanillezucker steif schlagen, unterheben. Portionsweise mit der Papayasauce anrichten und mit Pistazien bestreuen.

VARIANTEN
1. Mit Curry oder Garam Masala: Bei der Creme Kardamom und Zimt durch 1 TL mildes Currypulver oder Garam Masala ersetzen.
2. Mit Kokos: Den Joghurt mit 3–4 EL Kokosraspeln mischen. Die Pistazienkerne durch Kokos-Chips ersetzen.

Gegrillte Feigen auf Marzipansauce

Ein absolut verführerisches Rezept, in dem Mandeln gleich drei Mal anders auftreten: als Marzipan, als Likör und als geröstete Blättchen – ein köstlicher Rahmen für frische Feigen mit etwas Amaretto-Mascarpone als i-Tüpfelchen.

ZUBEREITUNG: CA. 25 MIN.
PRO PORTION: CA. 445 KCAL
FÜR 4 PERSONEN

150 ml Orangensaft
75 g Sahne
100 g Marzipan-Rohmasse
4 EL Mandellikör (z. B. Amaretto)
4 EL Mandelblättchen
8 frische Feigen
2–3 TL Vanillezucker (Tipp Seite 62)
100 g Mascarpone

1 Den Backofengrill auf 250° vorheizen. Orangensaft und Sahne aufkochen. Marzipan zerkleinern und darin schmelzen lassen. 2 EL Likör zugeben, 5 Min. leise köcheln lassen.

2 Die Mandelblättchen in einer Pfanne ohne Fett goldgelb rösten und beiseitestellen. Feigen abbrausen und trocken tupfen. Die Früchte quer in je 3–4 Scheiben schneiden.

3 Marzipansauce auf vier feuerfeste Dessertteller verteilen. Feigenscheiben daraufsetzen, mit etwas Vanillezucker bestreuen. Im Ofen (oben) 4–5 Min. grillen, bis das Marzipan am Rand leicht bräunt.

4 Den Mascarpone mit dem restlichen Likör mischen. Auf jede Portion ein paar Kleckse Mascarpone setzen, mit Mandelblättchen bestreuen und sofort servieren.

TIPP Statt die Feigen in Scheiben zu schneiden, kann man sie auch von oben kreuzweise einschneiden, etwas auseinander drücken und auf jede Saucenportion jeweils 2 dieser »Feigenblüten« setzen.

VARIANTE
Den Mascarpone durch Vanilleeis und die Feigen durch geschälte, reife Birnen ersetzen.

Feigen quer in dicke Scheiben schneiden, die Anschnitte werden nicht benötigt.

Das Dessert aus dem Ofen nehmen, sobald die Sauce am Rand leicht gebräunt ist.

Cremiger Mascarpone mit mandelsüßem Likör vollendet das Gericht.

Rote Zora

Der Drink schmeckt fruchtig, hat durch das Basilikum aber auch eine feinwürzige Note. Besonders hübsch mit einer Erdbeere oder einer Zitronenscheibe am Glasrand.

ZUBEREITUNG: CA. 5 MIN.
PRO DRINK: CA. 175 KCAL | FÜR 1 DRINK

4 große Blätter Basilikum | 2 cl Limoncello (ital. Zitronenlikör)
3 Erdbeeren (50 g) | 2 cl Wodka | 2 cl Aperol | 1 cl Erdbeersirup

AUSSERDEM: großes Cocktailglas (30 cl) | Stößel | gestoßenes Eis elektrischer Mixer | Trinkhalm

1 Die Basilikumblätter waschen, trocken tupfen, in Streifen schneiden und in das Glas geben. Den Limoncello darüber gießen und das Basilikum mit dem Stößel anquetschen.

2 Die Erdbeeren waschen, putzen und klein würfeln. Mit dem Wodka, dem Aperol, dem Erdbeersirup und 4–5 EL gestoßenem Eis im Mixer zu einer homogenen Flüssigkeit durchmixen.

3 Glas zu einem Drittel mit gestoßenem Eis auffüllen. Inhalt des Mixers hineinrühren und Drink mit Trinkhalm servieren.

Yellow Mellow

Schnell gemixt und einfach erfrischend: Zitronenmelisse und Bitter Lemon verleihen dem fruchtigen Drink eine feinherbe Note. Für das »crushed ice« Eiswürfel in ein Küchentuch einschlagen und mit einem Holzhammer zerkleinern.

ZUBEREITUNG: CA. 5 MIN.
PRO DRINK: CA. 60 KCAL | FÜR 1 DRINK

6–8 Blätter Zitronenmelisse | 1 gelbe Kiwi (geputzt 85 g)
4 cl Ananassaft | 1 Spritzer Rose's Lime Juice
eiskaltes Bitter Lemon zum Auffüllen

AUSSERDEM: elektrischer Mixer | großes Cocktailglas (30 cl) gestoßenes Eis | Trinkhalm

1 Die Zitronenmelisse waschen, trocken tupfen und in feine Streifen schneiden. Die Kiwi schälen und klein würfeln. Zitronenmelisse, Kiwi, Ananassaft und Lime Juice im Mixer durchmixen, bis eine homogene Flüssigkeit entstanden ist.

2 Das Cocktailglas bis kurz unter den Rand mit gestoßenem Eis auffüllen. Den Inhalt des Mixers darübergießen. Den Drink mit Bitter Lemon aufgießen und mit dem Trinkhalm servieren.

Melosa

Salbei aromatisiert den frischen Cocktail und passt zum kräftigen Tequila. Melosa mal als Digestif nach einem mediterranen Menü servieren: Mit seiner feinen Süße und der sahnigen Konsistenz kann der Drink auch das Dessert ersetzen.

ZUBEREITUNG: CA. 5 MIN.
PRO DRINK: CA. 190 KCAL | FÜR 1 DRINK

4 kleine Blätter Salbei + 1 kleiner Zweig für die Deko | 2 cl brauner Tequila | 3 cl grüner Melonenlikör | 1/2–1 cl frisch gepresster Limettensaft | 1 cl Triple-Sec-Sirup (oder Zuckersirup) | 2 cl Sahne

AUSSERDEM: Shaker | Eiswürfel | Barsieb | Cocktailschale (15 cl)

1 Salbeiblätter und -zweig waschen, trocken tupfen. Blätter in Streifen schneiden und in den Shaker geben. Den Tequila, den Melonenlikör, den Limettensaft, den Triple-Sec-Sirup und die Sahne mit 4 Eiswürfeln dazugeben. Den Shaker verschließen und etwa 20 Sek. kräftig schütteln.

2 Den Inhalt des Shakers durch das Barsieb in die Cocktailschale gießen. Den Salbeizweig in den Drink stellen und sofort servieren.

Mojito

Den Klassiker aus Kuba genießen Sie am besten an einem lauen Sommerabend unter freiem Himmel: Minze sorgt mit Limettensaft für Frische, weißer Rum für das Karibik-Feeling.

ZUBEREITUNG: CA. 5 MIN.
PRO DRINK: CA. 215 KCAL | FÜR 1 DRINK

10 Blätter frische Minze
4 cl frisch gepresster Limettensaft
2 TL Zucker | 1 cl Zuckersirup | 6 cl weißer Rum
1 Spritzer kohlensäurehaltiges Mineralwasser

AUSSERDEM: Tumbler (15 cl) | Stößel | gestoßenes Eis | Trinkhalm

1 Die Minzeblätter waschen und trocken tupfen. Mit dem Limettensaft, dem Zucker und dem Zuckersirup in den Tumbler geben. Die Minze mit dem Stößel etwas anquetschen. Den Rum darübergießen und das Glas mit gestoßenem Eis auffüllen.

2 Den Drink mit dem Mineralwasser abspritzen und von oben nach unten einmal kräftig durchrühren. Mit dem Trinkhalm servieren.

Frisches Grün mit Spirituosen und/oder Säften zu begießen ist Trend. Warum das so ist? Mit den hier vorgestellten Drinks haben Sie es schnell herausgeschmeckt! Hinten links Rote Zora, dann im Uhrzeigersinn weiter mit Melosa, Mojito und Yellow Mellow.

Bowle – vier Mal variiert

Bowle mit Veilchenblüten

ZUBEREITUNG: CA. 10 MIN. | RUHEN: CA. 30 MIN.
PRO PORTION: CA. 220 KCAL
FÜR 6 PERSONEN

1 Handvoll frische Veilchenblüten
100 ml trockener Sherry | 2 EL frisch gepresster Zitronensaft
2 EL Puderzucker | 2 Flaschen milder Weißwein
1 Flasche sprudelndes Mineralwasser
ca. 150 g Eiswürfel

AUSSERDEM: Bowlengefäß

1 Die Veilchenblüten vorsichtig in stehendem Wasser waschen und in einem Sieb abtropfen lassen. Ins Bowlengefäß füllen. Mit Sherry und Zitronensaft übergießen und 30 Min. ziehen lassen.

2 Den Puderzucker einrühren. Die Bowle mit Weißwein und Mineralwasser aufgießen und die Eiswürfel zugeben.

Bowle mit Minze & Erdbeeren

ZUBEREITUNG: CA. 10 MIN. | RUHEN: CA. 30 MIN.
PRO PORTION: CA. 330 KCAL
FÜR 6 PERSONEN

3 Zweige Japanische Minze | 3–4 EL Zucker
2 Flaschen halbtrockener oder milder Weißwein
350 g kleine, halbierte Erdbeeren
1 Flasche eiskalter trockener Sekt (oder sprudelndes Mineralwasser)
ca. 150 g Eiswürfel

AUSSERDEM: Bowlengefäß

1 Minze waschen, trocken tupfen, Zweigspitzen abzupfen und beiseitelegen. Restliche Zweige und Zucker ins Bowlengefäß geben. 1 Flasche Wein aufgießen und 30 Min. ziehen lassen.

2 Die Minzezweige entfernen. Die Zweigspitzen und die Erdbeeren zugeben. Die Bowle mit dem restlichen Wein und dem Sekt aufgießen. Die Eiswürfel zugeben.

Bowle mit Borretsch

ZUBEREITUNG: CA. 10 MIN. | RUHEN: CA. 1 STD.
PRO PORTION: CA. 315 KCAL
FÜR 6 PERSONEN

1 kleine Salatgurke
1 Handvoll zarte Borretschblätter | 3–4 EL Zucker
2 Flaschen gut gekühlter trockener Roséwein
1 Flasche eiskalter roter Sekt | ca. 150 g Eiswürfel
Borretschblüten (nach Belieben)

AUSSERDEM: Bowlengefäß

1 Die Salatgurke schälen, längs halbieren und die Kerne herausschaben. Die Hälften würfeln. Borretschblätter waschen und trocken tupfen. Gurke und Borretsch ins Bowlengefäß geben, mit Zucker bestreuen und 1 Std. ziehen lassen.

2 Die Bowle mit Roséwein und Sekt aufgießen und die Eiswürfel zugeben. Nach Belieben mit Borretschblüten dekorieren.

Bowle mit Zitronenverbene

ZUBEREITUNG: CA. 10 MIN. | RUHEN: CA. 30 MIN.
PRO PORTION: CA. 310 KCAL
FÜR 6 PERSONEN

1 Handvoll Zitronenverbenenblätter
2 Bio-Zitronen | 3–4 EL Zucker
2 Flaschen halbtrockener oder milder Weißwein
1 Flasche eiskalter Prosecco | ca. 150 g Eiswürfel

AUSSERDEM: Bowlengefäß

1 Zitronenverbenenblätter waschen und trocken tupfen. Zitronen heiß waschen und abtrocknen. Die Schale als langen Streifen abschälen. Mit der Zitronenverbene ins Bowlengefäß geben. Mit Zucker bestreuen, 1 Flasche Wein aufgießen und den Ansatz 30 Min. ziehen lassen.

2 Die Zitronen auspressen. Die Bowle mit Zitronensaft, restlichem Wein und Prosecco aufgießen. Die Eiswürfel zugeben.

Löwenzahn-Bitterlikör

Grüngelb in der Farbe und feinherb im Geschmack kurbelt der Kräuterbitter nicht nur die Verdauung an – er wirkt außerdem gefäßstärkend und beruhigend.

ZUBEREITUNG: CA. 30 MIN.
RUHEN: CA. 6 WOCHEN
PRO GLÄSCHEN (2 CL) CA. 20 KCAL
ERGIBT CA. 900 ML

30 g Löwenzahnblüten | 20 g Löwenzahnblätter
20 g Löwenzahnwurzeln
300 ml reiner Alkohol (90 Vol.-%; Apotheke)
60 g Zucker

AUSSERDEM

1 weithalsige Flasche von ca. 1 l Inhalt | Kaffeefiltertüten | mehrere kleine Flaschen zum Abfüllen des fertigen Likörs

1 Die Löwenzahnblüten und -blätter vorsichtig in stehendem Wasser waschen, in einem Sieb gut abtropfen lassen. Die Wurzeln waschen, die braunen Häute mit dem Daumennagel abstreifen. Alles klein schneiden und in die Flasche geben. Mit dem Alkohol übergießen und verschließen. Die Flasche etwa 3 Wochen an einem dunklen Ort stehen lassen. Dabei gelegentlich schütteln.

2 Den Löwenzahnextrakt durch einen Kaffeefilter seihen. 600 ml Wasser mit dem Zucker aufkochen, abkühlen lassen. Unter den Löwenzahnextrakt mischen und alles noch einmal durch einen doppelten Kaffeefilter seihen. In Flaschen füllen und am besten nochmals 3 Wochen dunkel ruhen lassen.

Mohnblüten-Bitter

Die rote Farbe erinnert an einen italienischen Bitterlikör und auch das fruchtig-herbe Aroma ist ähnlich. Schmeckt als Aperitif mit Prosecco oder Orangensaft.

ZUBEREITUNG: CA. 30 MIN.
RUHEN: CA. 6 WOCHEN
PRO GLÄSCHEN (2 CL): CA. 45 KCAL
ERGIBT CA. 800 ML

30 dunkelrote Mohnblüten
450 ml reiner Alkohol (90 Vol.-%; Apotheke)
2 EL Zitronensaft | 2 große Bio-Orangen
20 g Chinarinde (Apotheke)
2 EL Pimentkörner | 2 Sternanis
2 Zweige Zitronenverbene | 150 g Zucker

AUSSERDEM

Kaffeefiltertüten | mehrere kleine Flaschen zum Abfüllen des fertigen Bitters

1 Die Mohnblütenblätter abzupfen. Mit 150 ml Alkohol und dem Zitronensaft in ein Glas geben, verschließen. Orangen heiß waschen, die Schalen mit einem Zestenreißer abziehen. Schalen mit Chinarinde, Piment, Sternanis und Zitronenverbene in ein zweites Glas geben, mit 300 ml Alkohol übergießen. Beide Ansätze 2 Wochen an einem dunklen Ort ziehen lassen. Dabei gelegentlich schütteln.

2 Den Zucker mit 550 ml Wasser aufkochen, abkühlen lassen. Beide Alkoholansätze nacheinander durch einen doppelten Kaffeefilter seihen. Die Filtertüten fest ausdrücken. Beide Ansätze mit dem Zuckersirup vermischen, in eine Flasche füllen und verschließen. 4 Wochen dunkel ruhen lassen, dann nochmals durch einen doppelten Kaffeefilter seihen, in Flaschen füllen.

Den einen vor dem Essen, den anderen danach: Mohnblüten-Bitter (rechts) lässt sich ähnlich wie Campari oder Aperol mit Sekt oder Prosecco, Säften oder Soda zum Aperitif verlängern. Ein Schlückchen Löwenzahn-Bitter (links) »after dinner« räumt den Magen auf.

NACHSCHLAG

Register

(L): kennzeichnet Seiten mit Sachinformationen im Lexikon
(V): Würzvariante eines Rezeptes

A

B

C

D

E

F

G

H

L

M

Q

R

S

Adressen

FRISCHE KRÄUTER, KRÄUTERPFLANZEN, SAATGUT UND GEWÜRZE ONLINE BESTELLEN:

1001 Gewürze
www.1001gewuerze.de
Hier können Sie die Gewürzmischungen aus diesem Buch von Bettina Matthaei und viele andere ausgefallene Mischungen online bestellen.

BOS FOOD GmbH
Grünstr. 24 c, 40667 Meerbusch
www.bosfood.de
Lebensmittel, Würzmittel und Gewürze

Dey Gewürze
Jungstr. 2, CH-8052 Zürich
Tel. +41 (0) 444 32 79 51
www.deygewuerze.de
www.deygewuerze.ch
Internationale Gewürze und -mischungen, große Auswahl an Currysorten

Die Blumenschule
Augsburger Str. 62, 89956 Schongau
www.blumenschule.de
Kräuterpflanzen und Kräuter-Saatgut

Die Kräuterei
Silvia Heinrich, 26121 Oldenburg
Alexanderstr. 29
www.kraeuterei.de
Frische Gewürze, Duft- und Heilkräuterpflanzen in Bio-Qualität

Dreschlfegel GbR
In der Aue 31, 37213 Witzenhausen
www.dreschflegel-saatgut.de
Biosaatgut für Kräuter, Gewürzpflanzen, Gemüse

GASTEREA-Versand
Brucher Weg 72, 58507 Lüdenscheid,
www.gasterea.de
Internationale Gewürze, Kräuter, Gewürzmischungen, Saucen und Pasten – Start-, Einsteiger- und Probierpakete

Gewürzhaus Alsbach
An der Staufenmauer 11, 60311 Frankfurt,
www.alsbachgewuerze.de
Afrikanische und orientalische Gewürze

Gourmondo GmbH & Co KG
St.-Heinricher-Str. 40, 82402 Seeshaupt
www.gourmondo.de
Frische Kräuter, Würzen, Gewürze und Lebensmittel aus Italien, China, Japan, Südostasien, Indien

HeBo-Gewürze
Langenfelde 39, 23611 Bad Schwartau
www.hebo-gewuerze.de
Internationale Gewürze, Kräuter und Gewürzmischungen, Gewürzzubehör

Kräuter-Reich
Volker Derwahl
Finkenweg 3, 56459 Kölbingen
www.kraeuter-reich.de
Bio-Kräuterprodukte und -gewürze, Kräuter-Saatgut, Braunglasflaschen zur Lagerung von getrockneten Kräutern und Gewürzen

PflanzenReich
Dirk Mann
Schönbacher Str. 25, 02708 Lawalde
www.pflanzenreich.com
Kräuterpflanzen

Rühlemann's Kräuter & Duftpflanzen
Auf dem Berg 2, 27367 Horstedt
www.ruehlemanns.de
Kräuterpflanzen (Versand bis Oktober) und Kräuter-Saatgut (Versand ganzjährig)

Staudengärtnerei Gaissmayer
Jungviehweide 3, 89257 Illertissen
www.gaissmayer.de
Bio-Küchenkräuter und –Teekräuter

TALI
Steinweg 1, 34298 Helsa,
www.tali.de
Internationale Gewürze, Kräuter und Mischungen, Nüsse und Trockenfrüchte, Zutaten für die orientalische (speziell persische) und asiatische Küche

Violas Gewürze & Delikatessen
Eppendorfer Baum 43, 20249 Hamburg,
www.violas.de
Internationale Gewürze und Gewürzmischungen, Essige, Öle, Pasta und mehr

Impressum

DIE AUTOREN
Susanne Bodensteiner war Redakteurin bei der größten deutschen Zeitschrift für Essen und Trinken und arbeitet seit mehr als 15 Jahren als freie Food-Autorin. Von Apfelminze bis Zitronengras hegt und pflegt die leidenschaftliche Köchin gut 30 Kräuter aus aller Welt auf ihrem Küchenbalkon und lässt sich von ihnen zu immer neuen Kreationen in ihrer Küche inspirieren.
Reinhardt Hess lernte das Handwerk des Food-Journalisten in der Kochredaktion der größten deutschen Zeitschrift für Essen und Trinken. Danach arbeitete er bei Kochbuchverlagen und entwickelte eine Vorliebe für die kräuterwürzige Mittelmeerküche und Wildkräuter. Als freier Autor hat er rund 50 Koch- und Weinbücher selbst verfasst oder daran mitgearbeitet, fünf davon wurden von der GAD mit Silbermedaillen ausgezeichnet.
Bettina Matthaei ist als Drehbuchautorin, Grafikerin und Dozentin an Film- und Designschulen vielfach kreativ tätig. Auch Kochen ist für sie ein schöpferischer Akt. Sie selbst kocht selten nach Rezept. Lieber lässt sie sich von ausgefallenen Gewürzen zu eigenen Kreationen inspirieren. Das Erfinden neuer Gerichte und eigener Gewürzmischungen ist neben der Entwicklung von Medienkonzepten für Kinder ihre zweite Leidenschaft.

DIE FOTOGRAFEN
Jan-Peter Westermann und **Nikolai Buroh** sind die kreativen Köpfe der international gefragten Westermann Studios in Hamburg. In der Thematik »Kräuter und Gewürze« fanden sie eine Aufgabenstellung, die in ihrer Vielschichtigkeit und Zartheit einen besonderen Anspruch an ihr fotografisches Können stellte.
Die Fotografen danken dem Team: *Fotografie*: Chiara Cigliutti, Thordis Rüggeberg, Bea Singer; *Styling*: Anja Buroh, Maria Grossmann; *Foodstyling*: Roland Geiselmann, Sarah Trenkle, Pio, Rocco Dressel, Maren Jahnke, Maik Schacht, Alexandra Böhme; *Assistenz*: Nina Hollenbeck, Yvonne Gastler, Anna Brauns, Nassim Azarmsa, Britta Kohl.

Projektleitung: Dr. Maria Haumaier
Lektorat: Petra Teetz
Korrektorat: Ulrike Wagner
Innenlayout, Typographie und Umschlaggestaltung: independent Medien-Design, Horst Moser, München
Satz: Bernd Walser, Buchproduktion, München
Herstellung: Christine Mahnecke
Repro: Longo AG, Bozen
Druck: Firmengruppe APPL, aprinta druck, Wemding
Bindung: Conzella, Pfarrkirchen

Syndication: www.jalag-syndication.de
ISBN 978-3-8338-2262-9

1. Auflage 2011

Dieses Buch ist eine Zusammenstellung aus den beiden Titeln WÜRZEN und KRÄUTER aus dem GRÄFE UND UNZER VERLAG.

GRÄFE UND UNZER

Ein Unternehmen der
GANSKE VERLAGSGRUPPE

Unsere Garantie

Alle Informationen in diesem Ratgeber sind sorgfältig und gewissenhaft geprüft. Sollte dennoch einmal ein Fehler enthalten sein, schicken Sie uns das Buch mit dem entsprechenden Hinweis an unseren Leserservice zurück. Wir tauschen Ihnen den GU-Ratgeber gegen einen anderen zum gleichen oder ähnlichen Thema um.

Liebe Leserin und lieber Leser,

wir freuen uns, dass Sie sich für ein GU-Buch entschieden haben. Mit Ihrem Kauf setzen Sie auf die Qualität, Kompetenz und Aktualität unserer Ratgeber. Dafür sagen wir Danke! Wir wollen als führender Ratgeberverlag noch besser werden. Daher ist uns Ihre Meinung wichtig. Bitte senden Sie uns Ihre Anregungen, Ihre Kritik oder Ihr Lob zu unseren Büchern. Haben Sie Fragen oder benötigen Sie weiteren Rat zum Thema? Wir freuen uns auf Ihre Nachricht!

Wir sind für Sie da!
Montag - Donnerstag:
8.00 – 18.00 Uhr;
Freitag: 8.00 – 16.00 Uhr
Tel.: 0180 - 5 00 50 54*
Fax: 0180 - 5 01 20 54*
E-Mail:
leserservice@graefe-und-unzer.de

*(0,14 €/Min. aus dem dt. Festnetz/ Mobilfunkpreise max. 0,42 €/Min.)

P.S.: Wollen Sie noch mehr Aktuelles von GU wissen, dann abonnieren Sie doch unseren kostenlosen GU-Online-Newsletter und/oder unsere kostenlosen Kundenmagazine.

GRÄFE UND UNZER VERLAG
Leserservice
Postfach 86 03 13
81630 München

UMWELTHINWEIS
Diese Buch ist auf PEFC-zertifiziertem Papier aus nachhaltiger Waldwirtschaft gedruckt. Um Rohstoffe zu sparen, haben wir auf Folienverpackung verzichtet.